यस्ता कुराहरूको विरुद्ध
कुनै व्यवस्था छैन

यस्ता कुराहरूको विरुद्ध कुनै व्यवस्था छैन

डा. जेरक ली

URIM BOOKS

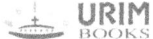

यस्ता कुराहरूको विरुद्धमा कुनै व्यवस्था छैन डा. जेरक लीद्वारा
ऊरीम बुक्सद्वारा प्रकाशित (प्रतिनिधिः सियोङ किअन बिन)
३६१-६६, सिन्देबाङ्ग-डोङ्ग, डोङ्गजाक-गु, सियोल, कोरिया
www.urimbooks.com

सर्वाधिकार सुरक्षित । यस प्रकाशन र यसको कुनै पनि भाग, पुनः प्राप्य हुने गरी राख्न वा कुनै पनि विद्युतीय, यान्त्रिक, छायाप्रति, रेकर्ड वा अन्य कुनै प्रतिरूपमा अरू कुनै माध्यमद्वारा प्रकाशकको पूर्व लिखित अनुमति विना प्रतिलिपि तयार गर्न र प्रेषण गर्न पाइनेछैन ।

उल्लेख गरिएका कुराहरू बाहेक, सबै पवित्र उद्धरणहरू पवित्र बाइबल, नयाँ अमेरिकन मानक बाइबल (ल्भ्ड बभ्च्क्ष्ॠब्ल क्ब्ल्म्ब्च्म द्यक्ष्चीभ) ® प्रकाशनाधिकार © १९६०, १९६२, १९६३, १९६८, १९७१, १९७२, १९७३, १९७५, १९७७, १९९५ लकम्यान फाउन्डेसनबाट उद्धृत गरिएका हुन् । अनुमतिद्वारा प्रयोग गरिएको ।

प्रकाशनाधिकार © २०१३ डा. जेरक ली

आइ.एस्.बि.एन: 979-11-263-1000-5 03230

अनुवादको निमित्त प्रकाशनाधिकार © २०१३ डा. एस्तर के. चङ्ग । अनुमतिद्वारा प्रयोग गरिएको ।

पहिलो संस्करण : अक्टोबर २०१३

२००९ मा ऊरीम बुक्सद्वारा कोरियन भाषामा सियोल कोरियामा प्रकाशित

डा. ग्यूमसुन बिनद्वारा सम्पादित
डिजाइनः सम्पादकीय विभाग, ऊरीम बुक्स
मुद्रणः येवोन प्रिन्टिङ कम्पनी
अधिक जानकारीको लागि : urimbook@hotmail.com मा सम्पर्क गर्नुहोस्

"तर पवित्र आत्माको फलचाहिँ प्रेम, आनन्द, शान्ति, धैर्य, दया, भलाइ, विश्वस्तता, नम्रता, संयम हुन्। यस्ता कुराहरूको विरुद्धमा कुनै व्यवस्था छैन।"

(गलाती ५:२२-२३)

प्रस्तावना

पवित्र आत्माका फलहरू जसको विरुद्धमा कुनै व्यवस्था छैन, ती फलहरू फलाउँदा इसाईहरूले साँचो स्वतन्त्रता प्राप्त गर्न सक्छन्

सबैजनाले आफ्नो परिवेश र परिस्थिति अनुसार नियम र विधिहरू मान्नु पर्ने हुन्छ। तिनीहरूलाई ती नियमहरू बन्धनहरूभैँ लागेको खण्डमा, तिनीहरूले बोझ र पीडा अनुभव गर्नेछन्। अनि केवल बोझ महसूस गरेकै कारण यदि तिनीहरू दुराचारिता र अनुशासनहीनताको अनुसरण गर्छन् भने, त्यो स्वतन्त्रता होइन। यस्ता कुराहरूप्रति आसक्त हुँदा, तिनीहरूले रित्तो महसूस गर्ने मात्र होइन तर अन्ततः अनन्त मृत्युले तिनीहरूलाई पर्खिरहेको हुन्छ।

साँचो स्वतन्त्रता भनेको अनन्त मृत्यु र सबै आँसु, दुःख अनि पीडाबाट छुटकारा पाउनु हो। योचाहिँ हामीमा यस्ता कुराहरू निम्त्याउने मौलिक स्वभावलाई नियन्त्रण गर्नु र यी कुराहरूलाई अधीनमा राख्ने शक्ति प्राप्त गर्नु हो। प्रेमको परमेश्वर हामीले दुःख पाएको चाहनुहुन्न, र यसकारणले गर्दा अनन्त जीवन अनि साँचो स्वतन्त्रता प्राप्त गर्ने तरिकाहरू उहाँले बाइबलमा उल्लेख गर्नुभएको छ।

अपराधीहरू वा देशको कानून भङ्ग गर्ने मानिसहरू प्रहरीलाई देख्दा अत्तालिन्छन्। तर कानून पालना गर्ने मानिसहरूले त्यस्तो महसूस गर्नुपर्दैन, बरु तिनीहरूले सधैँ प्रहरीसित सहयोग माग्न सक्छन् र प्रहरीको साथमा सुरक्षित महसूस गर्छन्।

त्यसैगरी, सत्यतामा जिउनेहरूलाई कुनै कुराको डर हुँदैन र तिनीहरू साँचो रूपमा स्वतन्त्र हुँदछन् किनभने परमेश्वरको व्यवस्था आशिषहरूको मार्ग हो भनी तिनीहरूले बुझेका हुन्छन्। समुद्रमा खुला रूपले पौडने व्हेल माछा र आकाशमा उड्ने

चीलहरूझैं तिनीहरू स्वतन्त्र हुन्छन्।

परमेश्वरको व्यवस्थालाई चारवटा कुराहरूमा वर्गीकरण गर्न सकिन्छ। यसले हामीलाई निश्चित कुराहरू गर्न, नगर्न, राख्न र फाल्नका निम्ति भन्दछ। दिनहरू बित्दै जाँदा, संसारमा अझ बढी पाप र दुष्टता बढी रहेको छ, र यसकारणले गर्दा धेरै मानिसहरूलाई परमेश्वरको व्यवस्था बोझिलो लाग्दछ र तिनीहरू यसलाई पालन गर्दैनन्। पुरानो करारको समयमा इस्राएलका मानिसहरूले मोशाको व्यवस्था पालन नगर्दा धेरै दुःख पाएका थिए।

त्यसैले, परमेश्वरले येशूलाई यस पृथ्वीमा पठाइदिनुभयो र सबैलाई व्यवस्थाको श्रापबाट छुटकारा दिनुभयो। पापरहित येशू क्रूसमा मर्नुभयो, र उहाँमा विश्वास गर्ने जो कोही पनि विश्वासद्वारा बाँच्न सक्छ। मानिसहरूले येशू ख्रीष्टलाई ग्रहण गरेर पवित्र आत्माको वरदान पाएपछि, तिनीहरू परमेश्वरका सन्तानहरू बन्दछन् र पवित्र आत्माको अगुवाइमा तिनीहरूले पवित्र आत्माका फलहरू पनि फलाउन सक्छन्।

पवित्र आत्मा हाम्रो हृदयमा आउनु भएपछि, उहाँले हामीलाई परमेश्वरका गहिरा कुराहरू बुझ्न र परमेश्वरको वचनअनुसार जिउन सहायता गर्नुहुन्छ। उदाहरणको लागि, यदि कुनै व्यक्तिलाई हामीले क्षमा दिन सकेका छैनौं भने, उहाँले हामीलाई प्रभुको क्षमाशीलता र प्रेम याद दिलाउनुहुन्छ र त्यो व्यक्तिलाई क्षमा गरिदिन

हामीलाई सहायता गर्नुहुन्छ। त्यसपछि, हामीले आफ्नो हृदयबाट चाँडै नै दुष्टतालाई त्याग्न सक्छौं र त्यसको साटो भलाइ र प्रेमले हृदय भर्न सक्छौं। यसरी, हामीले पवित्र आत्माको अगुवाइद्वारा पवित्र आत्माका फलहरू फलाउँदा, हामी सत्यमा स्वतन्त्र मात्र हुँदैनौं तर परमेश्वरबाट हामीले प्रशस्त प्रेम र आशिष्हरू पनि प्राप्त गर्नेछौं।

हामी कति मात्रामा पवित्र भएका छौं र परमेश्वरको सिंहासन नजीक पुग्न सक्छौं र हामीले कति मात्रामा हाम्रो दुलहा प्रभुको हृदय आफूमा सम्वर्द्धन गरेका छौं भन्ने कुरा पवित्र आत्माको फलद्वारा जाँच्न सकिन्छ। हामी जति धेरै पवित्र आत्माका फलहरू फलाउँछौं, त्यति नै बढी उज्ज्वल र सुन्दर स्वर्गीय निवासस्थानमा हामी प्रवेश गर्नेछौं। स्वर्गको नयाँ यरूशलेममा प्रवेश गर्नको लागि हामीले केवल केही फलहरू मात्र फलाउने होइन तर सबै फलहरू पूर्ण नापमा र सुन्दर तरिकाले फलाउनु पर्दछ।

यो पुस्तक, यस्ता कुराहरूको विरुद्धमा कुनै व्यवस्था छैन ले निश्चित उदाहरणहरूका साथमा तपाईंहरूलाई पवित्र आत्माका नौवटा फलहरूको आत्मिक अर्थ सजिलो गरी बुझाउनेछ। १ कोरिन्थी १३ अध्यायमा भएको आत्मिक प्रेम, मत्ती ५ अध्यायमा भएको डाँडाको उपदेश र पवित्र आत्माका फलहरू हामीलाई सही विश्वासमा डोऱ्याउने स्तम्भ चिन्हहरू हुन्। हामी हाम्रो विश्वासको अन्तिम गन्तव्य, नयाँ यरूशलेमसम्म नपुगुन्जेल यिनले हामीलाई अगुवाइ गर्नेछन्।

म सम्पादकीय विभागको निर्देशक ग्यूमसुन बिन र अन्य सबै कर्मचारीहरूलाई

धन्यवाद दिन्छु र यस पुस्तकद्वारा तपाईंहरूले चाँडै पवित्र आत्माका नौवटा फलहरू फलाउनुभएको होस् भनी म प्रभुको नाउँमा प्रार्थना गर्दछु, जसले गर्दा तपाईंहरू साँचो रूपले स्वतन्त्र हुनुभएर नयाँ यरूशलेमका वासिन्दाहरू बन्नुहुनेछ।

जेरक ली

परिचय

पवित्र आत्माका फलहरू जसको विरुद्धमा कुनै व्यवस्था छैन, ती फलहरू फलाउँदा इसाईहरूले साँचो स्वतन्त्रता प्राप्त गर्न सक्छन्

यो आधुनिक संसारमा सबैजना व्यस्त छन् । मानिसहरू धेरै कुरा प्राप्त र उपभोग गर्न काम गर्छन् र परिश्रम गर्छन् । यो संसारको चलन जेभएतापनि कतिपय मानिसहरूको आ-आफ्नै जीवनका उद्देश्यहरू हुन्छन् तर यस्ता मानिसहरू पनि आफूले सही प्रकारको जीवन जिइरहेको छु कि छैन भनी समयसमयमा घोत्लिने गर्दछन् । अनि तिनीहरूले आफ्नो विगतलाई फर्केर हेर्न सक्छन् । हाम्रो विश्वासको यात्रामा पनि, जब हामी आफूलाई परमेश्वरको वचनद्वारा जाँचेर हेर्छौं तब हामी छिट्टै वृद्धि भएर स्वर्गको राज्यसम्म पुग्ने छोटो बाटो पहिल्याउन सक्छौं ।

अध्याय १ 'पवित्र आत्माको फल फलाउनु' ले आदमको पापको कारण मरेको मृत आत्मालाई जागृत तुल्याउनु हुने पवित्र आत्माको बारेमा व्याख्या गर्दछ । हामीले पवित्र आत्माका इच्छाहरूलाई पछ्याउँदा हामी प्रशस्तसित पवित्र आत्माका फलहरू फलाउन सक्छौं भनी यसले हामीलाई बताउँदछ ।

अध्याय २ 'प्रेम' ले हामीलाई पवित्र आत्माको पहिलो फल 'प्रेम' के हो भन्ने बारेमा बताउँछ । आदमको पतन भएपछि भ्रष्ट भएको प्रेमका केही रूपहरू पनि यसले देखाउँदछ, र परमेश्वरलाई खुशी तुल्याउने प्रेम सम्वर्द्धन गर्ने तरिकाहरूका बारेमा यसले हामीलाई बताउँदछ ।

अध्याय ३ 'आनन्द' ले भन्दछ कि हाम्रो विश्वास सही छ कि छैन भनी हामीले जाँच्ने मुख्य मापदण्ड भनेको नै आनन्द हो र हामीले किन पहिलो प्रेमको आनन्द गुमाएका छौं भन्ने कारण बारे यसले हामीलाई बताउँदछ ।

अध्याय ४, 'शान्ति' ले भन्दछ कि परमेश्वरसित शान्तिमा रहनका लागि हामीले पापका पर्खालहरू भत्काउनु जरुरी छ, र हामीले आफैंसित र अरूसित पनि शान्ति कायम गर्नु पर्दछ । यसले हामीलाई शान्ति कायम गर्ने प्रक्रियामा भलाइका वचनहरू बोल्नु र अरूको दृष्टिकोणबाट सोच्नु कति महत्वपूर्ण छ भन्ने कुरा पनि बुझाउँदछ ।

अध्याय ५, 'धैर्य' ले बताउँदछ कि साँचो धैर्य भनेको केवल नराम्रा भावनाहरूलाई दबाएर राख्नुमात्र होइन तर दुष्टताविनाको असल हृदय लिएर धीरजी हुनु हो र जब हामीमा साँचो शान्ति हुँदछ तब हामीले ठूला आशिष्हरू प्राप्त गर्नेछौं । यसले तीन प्रकारका धैर्य बारे गहन रूपमा उल्लेख गर्दछ ; आफ्नो हृदय परिवर्तन गर्ने धैर्य ; मानिसहरू सितको धैर्य ; परमेश्वरसित सम्बन्धित धैर्य ।

अध्याय ६, 'दया' ले प्रभुको उदाहरणद्वारा कस्तो प्रकारको मानिसमा दया हुँदछ भन्ने बारेमा हामीलाई सिकाउँदछ । दयाका गुणहरूलाई हेर्ने क्रममा, यसले हामीलाई 'प्रेम'

बाट यो कसरी भिन्न छ भन्ने बारेमा पनि बताउँदछ । अन्त्यमा, यसले हामीलाई परमेश्वरको प्रेम र आशिष् प्राप्त गर्ने मार्ग देखाउँदछ ।

अध्याय ७ 'भलाइ' ले हामीलाई कहिल्यै झगडा नगर्नुहुने वा नचिच्च्याउनुहुने अनि फुटेको निगालो समेत नभाँच्नुहुने र धिपधिप भइरहेको सलेदो पनि ननिभाउनुहुने प्रभुको उदाहरणद्वारा भलाइको हृदयबारे बताउँदछ । हामीले भलाइको फल फलाउन र ख्रीष्टको सुगन्ध छर्न सकेका होऔं भनी यसले भलाइलाई अन्य फलहरूबाट अलग्गै वर्गीकृत गर्दछ ।

अध्याय ८, 'विश्वस्तता' ले हामी परमेश्वरको सम्पूर्ण घरानामा विश्वासयोग्य हुँदा हामीले कस्ता प्रकारका आशिष्हरू प्राप्त गर्छौं भन्ने बारेमा हामीलाई सिकाउँदछ । मोशा र योसेफका उदाहरणहरूद्वारा, कस्तो प्रकारको व्यक्तिले विश्वस्तताको फल फलाएको हुन्छ भनी यसले हामीलाई बुझाउँदछ ।

अध्याय ९ 'नम्रता' ले परमेश्वरको दृष्टिमा नम्रताको अर्थ के हो भनी व्याख्या गर्दछ र यसले नम्रताको फल फलाएका मानिसहरूका गुणहरू वर्णन गर्दछ । हामीले नम्रताको फल फलाउन के गर्नुपर्छ भनी बुझाउनका लागि यसले हामीलाई चार प्रकार

का जमीनहरूको उदाहरण दिएको छ । यसले अन्त्यमा हामीलाई नम्रहरूलाई दिइने आशिष्‌हरूका बारेमा बताउँदछ ।

अध्याय १०, 'संयम' ले संयमको महत्व र किन संयमलाई पवित्र आत्माका नौ वटा फलहरूमध्ये अन्तिम फलको रूपमा उल्लेख गरिएको छ भन्ने बारेमा बताउँदछ । संयमको फल अपरिहार्य कुरा हो, जसले पवित्र आत्माका अन्य आठ वटा फलहरूलाई नियन्त्रण गर्दछ ।

अध्याय ११, 'यस्ता कुराहरूको विरुद्धमा कुनै व्यवस्था छैन' यस पुस्तकको निष्कर्ष हो, जसले हामीलाई पवित्र आत्मालाई पछ्याउनुको महत्व बुझ्न सहायता गर्दछ, र पवित्र आत्माको सहायताद्वारा सबै पाठकहरू चाँडै नै सम्पूर्ण आत्माका मानिसहरू बन्नुभएको होस् भन्ने चाहना राख्दछ ।

हामी लामो समयदेखि विश्वासीहरू हुँदैमा वा हामीलाई बाइबलको धेरै ज्ञान हुँदै मा हाम्रो विश्वास ठूलो छ भनी हामी भन्न सक्दैनौं । हामीले आफ्नो हृदय कति मात्रामा सत्यताको हृदयमा परिवर्तन गरेका छौं र हामीले कति मात्रामा प्रभुको हृदय आफूमा सम्वर्द्धन गरेका छौं, सोही अनुरूप हाम्रो विश्वासको नाप निर्धारित हुँदछ ।

सबै पाठकहरूले आफ्नो विश्वासलाई जाँचेर हेर्न सक्नुहुनेछ र पवित्र आत्माको अगुवाइद्वारा पवित्र आत्माका नौवटा फलहरू प्रशस्तसित फलाउनुहुनेछ भनी म आशा गर्दछु।

ग्यूमसुन बिन
निर्देशक, सम्पादकीय विभाग

सूचीहरू

प्रस्तावना · vii

परिचय · xi

अध्याय १

आत्माको फल फलाउनका लागि ... 1

अध्याय २

प्रेम ... 13

अध्याय ३

आनन्द ... 29

अध्याय ४

शान्ति ... 47

अध्याय ५

धैर्य ... 67

अध्याय ६

दया   85

अध्याय ७

भलाइ   101

अध्याय ८

विश्वस्तता   119

अध्याय ९

नम्रता   137

अध्याय १०

संयम   159

अध्याय ११

यस्ता कुराहरूको विरुद्धमा कुनै व्यवस्था छैन   175

गलाती ५:१६-२१

“तर म भन्दछु, पवित्र आत्माद्वारा हिँड, र पाप-स्वभावका लालसा पूरा नगर । किनकि पाप-स्वभावका लालसा पवित्र आत्माको विरुद्ध हुन्छन्, अनि पवित्र आत्माको इच्छा पाप-स्वभावको विरुद्ध । तिमी जे गर्न चाहन्छौं त्यसबाट तिमीहरूलाई रोक्नका निम्ति यीचाहिँ एउटा अर्काको विरुद्धमा हुन्छन् । तर यदि तिमीहरू पवित्र आत्माद्वारा डोऱ्याइएका हौ भनेता तिमीहरू व्यवस्थाको अधीनमा हुँदैनौ । पाप स्वभावका कामहरू प्रत्यक्ष छन्, जो यी नै हुन्- व्यभिचार, अपवित्रता, लम्पटपना, मूर्तिपूजा, मन्त्रतन्त्र, दुश्मनी, झैँझगडा, ईर्ष्या, क्रोध, स्वार्थीपन, फूट, गुटबन्दी, डाह, पियक्कडपन, मोजमज्जा र यस्तै अरू, जसका विषयमा म तिमीहरूलाई चेताउनी दिन्छु, र अघि पनि दिएकै हुँ । जस-जसले यस्ता कामहरू गर्दछन्, परमेश्वरका राज्यका हकदार बन्नेछैनन् ।”

अध्याय १

आत्माको फल फलाउनको लागि

पवित्र आत्माले मृत आत्मालाई जागृत गराउनुहुन्छ
आत्माको फल फलाउनको लागि
पवित्र आत्माका इच्छाहरू र शरीरका इच्छाहरू
भलाइ गर्नमा हामी नथाकौं

आत्माको फल फलाउनको लागि

यदि चालकहरूले खुला राजमार्गमा गाडी चलाउने हो भने तिनीहरूलाई ताजगी महसूस हुन्छ । तर यदि तिनीहरूले त्यो क्षेत्रमा पहिलोचोटि गाडी हाँक्दै छन् भने तिनीहरू होशियार हुनुपर्दछ र जागा रहनुपर्दछ । तर यदि तिनीहरूको कारमा जि.पि.एस् नेभिगेसन प्रणाली हुने हो भने के हुनेछ त ? तिनीहरूले बाटोको बारेमा विस्तृत जानकारी र सही मार्ग दर्शन पाउन सक्छन्, जसले गर्दा तिनीहरू बाटो नबिराई आफ्नो गन्तव्यसम्म पुग्न सक्छन् ।

स्वर्गीय राज्यको मार्गमा हाम्रो विश्वासको यात्रा पनि यस्तै छ । परमेश्वरमा विश्वास राख्ने र उहाँको वचन अनुसार जिउनेहरूलाई पवित्र आत्माले सुरक्षा दिनुहुन्छ र अगुवाइ गर्नुहुन्छ जसले गर्दा तिनीहरू बाधाहरू र जीवनका कठिनाइहरूबाट उम्कन सक्छन् । स्वर्गीय राज्यको हाम्रो गन्तव्यमा पवित्र आत्माले हामीलाई छोटो र सजिलो मार्गबाट डोऱ्याउनु हुन्छ ।

पवित्र आत्माले मृत आत्मालाई जागृत गराउनुहुन्छ

पहिलो मानिस आदमलाई परमेश्वरले बनाउनुभएर नाकमा जीवनको सास फुकिदिनु भएपछि उहाँ जीवित आत्मा बन्नुभयो । 'जीवनको सास' चाहिँ 'मौलिक ज्योतिमा भएको शक्ति' हो र यो आदम अदनको बगैंचामा रहनुहुँदा उहाँका सन्तानहरूमा वंशाणुगत रूपमा सरेर गयो ।

तरैपनि, जब आदम र हब्बाले अनाज्ञाकारिताको पाप गर्नुभएर पृथ्वीमा धपाइनुभयो, तब सबै कुरा पहिलेको जस्तै रहेन । परमेश्वरले आदम र हब्बाबाट जीवनको सासको धेरै भाग लिनुभएर केवल यसको अत्यल्प मात्रा मात्र राखिदिनु भयो र यो नै 'जीवनको बीउ हो' । अनि आदम र हब्बाबाट यो जीवनको बीउ तिनीहरूका सन्तानमा सर्न सक्दैन ।

त्यसकारण गर्भावस्थाको छैटौं महिनामा, परमेश्वरले बच्चाको आत्मामा जीवनको बीउ हालिदिनु हुन्छ र यसलाई मानिसको केन्द्रिय भाग, हृदयभित्र रहेको एउटा कोषको

कोषकेन्द्रमा राखिदिनु हुन्छ जुनचाहिँ हो । येश ख्रीष्टलाई ग्रहण नगरेकाहरूमा, जीवनको बीउ कडा बोक्राभित्र छोपिएको बीउझैं निष्क्रिय भएर रहन्छ । जीवनको बीउ निष्क्रिय हुँदा आत्मा मरेको छ भनी हामी भन्न सक्छौं । आत्मा मृत भएको अवस्थामा, कुनै पनि व्यक्तिले अनन्त जीवन प्राप्त गर्न वा स्वर्गीय राज्यमा प्रवेश गर्न सक्दैन ।

आदमको पतनपछि, सबै मानव जातिहरूको मृत्यु निश्चित थियो । तिनीहरूले फेरि अनन्त जीवन प्राप्त गर्नका लागि, मृत्युको मुख्य कारण पापबाट क्षमा पाउनुपर्दछ र तिनीहरूको मृत आत्मा जागृत हुनुपर्दछ । यसकारणले गर्दा प्रेमको परमेश्वरले आफ्नो एक मात्र पुत्र येशूलाई प्रायश्चितको रूपमा यस पृथ्वीमा पठाइदिनुभयो र मुक्तिको मार्ग खोलिदिनुभयो । अर्थात्, हाम्रो मृत आत्मालाई जागृत तुल्याउनका लागि येशूले सम्पूर्ण मानव जातिका पापहरू लिनुभयो अनि क्रूसमा मर्नुभयो । सबै मानिसहरूले अनन्त जीवन प्राप्त गर्नका लागि उहाँ बाटो, सत्य र जीवन बन्नुभयो ।

त्यसकारण, हामीले येशू ख्रीष्टलाई आफ्नो व्यक्तिगत मुक्तिदाताको रूपमा ग्रहण गर्दा, हाम्रा पापहरू क्षमा हुन्छन् ; हामी परमेश्वरका सन्तानहरू बन्दछौं र पवित्र आत्माको वरदान प्राप्त गर्दछौं । कडा बोक्राभित्र छोपिएर निष्क्रिय अवस्थामा रहेको जीवनको बीउ पवित्र आत्माको शक्तिद्वारा जागृत हुँदछ र सक्रिय बन्दछ । मृत आत्मा जागृत हुनु भनेको यही हो । यस बारेमा यूहन्ना ३:६ ले भन्दछ, "पवित्र आत्माबाट जन्मे को आत्मा हो ।" टुसा उम्रिएको बीउ त्यतिखेर मात्र वृद्धि हुन सक्छ जब त्यसले पानी र घामको किरण पाउँदछ । त्यसैगरी, जीवनको बीउको पनि मुना पलाएरपछि त्यो वृद्धि हुनका लागि त्यसलाई आत्मिक पानी र ज्योतिको आवश्यकता पर्दछ । अर्थात्, हाम्रो आत्मा वृद्धि हुनका लागि, हामीले परमेश्वरको वचन सिक्नुपर्दछ, जुनचाहिँ आत्मिक पानी हो र हामी परमेश्वरको वचनअनुसार चल्नुपर्दछ, जुनचाहिँ आत्मिक ज्योति हो ।

हाम्रो हृदयभित्र आउनुभएको पवित्र आत्माले हामीलाई पाप, धार्मिकता र न्यायको बारेमा जान्न दिनुहुन्छ । उहाँले हामीलाई पाप र व्यवस्थाहीनता त्यागेर धार्मिकतामा जिउन सहायता गर्नुहुन्छ । उहाँले हामीलाई शक्ति दिनुहुन्छ जसको कारणले गर्दा हामी

सत्यतामा सोच्न, बोल्न, र कार्य गर्न सक्छौं । उहाँले हामीलाई स्वर्गीय राज्यको लागि विश्वास र आशा लिएर विश्वासी जीवन जिउन सहायता गर्नुहुन्छ, जसले गर्दा हाम्रो आत्मा राम्रोसित वृद्धि हुन सक्छ । तपाईंहरूलाई राम्रोसित बुझाउनका लागि मलाई एउटा उदाहरण बताउन दिनुहोस् ।

एउटा बालक सुखी परिवारमा हुर्किएको थियो । एकदिन ऊ एउटा पहाडमा गएर चारैतिरको दृश्य हेरी, "याहू" भनेर चिच्च्यायो । तर कसैले ठ्याक्कै त्यसैगरी, "याहू !" भनेर चिच्च्याईकन जवाफ दियो । त्यो बालकले चकित हुँदै सोध्यो, "तिमी को हौ ?" र अर्कोले पनि त्यही कुरा दोहोऱ्यायो । त्यो व्यक्तिले आफ्नो नक्कल गरेको देखेर त्यस केटालाई रीस उठ्यो र उसले भन्यो, "के तिमी मसँग झगडा गर्नलाई निहुँ खोज्दैछौ ?" र त्यही उत्तर फिर्ता आयो । कसैले उसलाई हेरिरहेको छ भन्ने उसलाई अनुभव भयो र ऊ भयभीत भयो ।

ऊ चाँडै त्यो पहाडबाट तल ओर्लियो र आफ्नी आमालाई ती कुराहरू बतायो । उसले भन्यो, "आमा, त्यो पहाडमा एउटा निकै खराब मान्छे छ ।" तर उसकी आमाले मुसुक्क हाँसेर भनिन्, "मलाई लाग्छ त्यो पहाडमा भएको व्यक्ति राम्रो मान्छे हो, र ऊ तिम्रो साथी हुन सक्छ । तिमी किन भोलि त्यो पहाडमा गएर ऊसित माफी माग्दैनौं ?" अर्को बिहान त्यो केटा फेरि पहाडको टुप्पामा गएर ठूलो स्वरमा यसो भन्दै चिच्च्यायो, "हिजोको लागि मलाई माफ गरिदेऊ । के तिमी मेरो साथी बन्छौं ?" अनि त्यही उत्तर फिर्ता आयो ।

ती आमाले आफ्नो सानो छोरालाई त्यो कुरा के थियो भनी महसूस गराइन् । पवित्र आत्माले हाम्रो विश्वासको यात्रामा एक कोमल आमालेझैं सहायता गर्नुहुन्छ ।

पवित्र आत्माको फल फलाउनु

कुनै बीउलाई रोपेपछि, त्यसको टुसा उम्रन्छ, त्यो बढ्छ र त्यसमा फूल फुल्छ अनि फूल फुलेपछि त्यसको नतीजास्वरूप त्यहाँ फल फल्दछ । त्यसैगरी, जब हामीमा परमे

श्वरद्वारा रोपिएको जीवनको बीउ पवित्र आत्माद्वारा अङ्कुरित हुँदछ, तब त्यो वृद्धि हुँदछ र त्यसले पवित्र आत्माका फलहरू फलाउँदछ । तरैपनि, पवित्र आत्मा प्राप्त गर्ने सबैले पवित्र आत्माका फलहरू फलाउँदैनन् । हामीले पवित्र आत्माको अगुवाइलाई पछ्याउँदा मात्र हामी पवित्र आत्माका फलहरू फलाउन सक्छौं ।

पवित्र आत्मालाई विद्युत् उत्पादन गर्ने जेनरेटरसित तुलना गर्न सकिन्छ । जेनरेटरले कार्य गर्दा विद्युत् उत्पादन हुन्छ । यदि यो जेनरेटरलाई बिजुलीको चिमसित जोडेर त्यहाँ विद्युत् प्रवाह हुने हो भने त्यो चिममा बत्ती बल्दछ । ज्योति आएपछि अन्धकार हटेर जाँदछ । त्यसैगरी, जब पवित्र आत्माले हामीमा काम गर्नुहुन्छ, तब हामीभित्र भएको अन्धकार हटेर जाँदछ किनकि हाम्रो हृदयभित्र ज्योति आउँदछ । त्यसपछि, हामी पवित्र आत्माका फलहरू फलाउन सक्छौं ।

तर यहाँ एउटा महत्वपूर्ण कुरा छ । बिजुलीको चिममा बत्ती बल्नको लागि, त्यो चिमलाई जेनरेटरसित जोडेर मात्र पुग्दैन । कसैले त्यो जेनरेटरलाई सञ्चालनमा गर्नु पर्दछ । परमेश्वरले हामीलाई पवित्र आत्मा नामक जेनरेटर दिनुभएको छ, र यो जे नरेटर, पवित्र आत्मालाई हामीले सञ्चालन गर्नुपर्दछ ।

हामीले पवित्र आत्माको जेनरेटरलाई सञ्चालन गर्नका लागि हामी सधैं जागा रहेर जोशिलो भई प्रार्थना गर्नुपर्दछ । सत्यलाई पछ्याउनका लागि हामीले पवित्र आत्माको अगुवाइलाई आज्ञापालन गर्नुपर्दछ । जब हामी पवित्र आत्माको अगुवाइ र प्रेरणालाई पछ्याउँदछौं, तब हामी पवित्र आत्माका इच्छाहरूलाई पछ्याइरहेका छौं भनी हामी भन्दछौं । हामीले परिश्रमपूर्वक पवित्र आत्माका इच्छाहरूलाई पछ्याउँदा हामी पवित्र आत्माले भरिनेछौं र यसो गर्दा, हाम्रो हृदय सत्यतामा परिवर्तन हुनेछ । हामीले पवित्र आत्माको भरपूरी प्राप्त गर्दा, हामी पवित्र आत्माका फलहरू फलाउनेछौं ।

जब हामी हाम्रो हृदयबाट सबै पापमय स्वभावहरूलाई त्याग्छौं र पवित्र आत्माको सहायताद्वारा आत्माको हृदय सम्वर्द्धन गर्छौं तब पवित्र आत्माका फलहरू देखा पर्न थाल्दछन् । तर जसरी एउटै झुप्पाको अङ्गुरका दानाहरूको पनि पाक्ने समय र आकार

एकैनासको हुँदैन, त्यसैगरी पवित्र आत्माका केही फलहरू पूरै पाकिसक्दा अन्य फलहरू पाक्न बाँकी रहेका हुन सक्छन् । कसैमा प्रेमको फल प्रशस्तसित फलेको भएतापनि संयमको फल पर्याप्त मात्रामा नफलेको हुन सक्दछ । अथवा, कसैमा विश्वासयोग्यताको फल पूरै पाकेको भएतापनि नम्रताको फल पाक्न बाँकी रहेको हुन सक्दछ ।

तरैपनि, समय बित्दै जाँदा, अङ्गुरका ती सबै दानाहरू पूर्ण रूपमा पाक्नेछन् र सम्पूर्ण भुप्पामा नै गाढा प्याजी रङको ठूलो दानाका अङ्गुरहरू हुनेछन् । त्यसैगरी, यदि हामीले पवित्र आत्माका सबै फलहरू पूर्ण रूपले फलाएका छौं भने, यसको मतलब हामी परमेश्वरको चाहना अनुरूप सम्पूर्ण आत्माको मानिस बनेका छौं । यस्ता मानिसहरूले आफ्नो जीवनको हरेक पक्षमा ख्रीष्टको सुगन्ध फैलाउनु हुन्छ । उहाँहरूले पवित्र आत्माको स्वर स्पष्टसित सुन्नुहुनेछ र परमेश्वरलाई महिमा दिनका लागि पवित्र आत्माको शक्ति प्रकट गर्नुहुनेछ । उहाँहरू पूर्ण रूपले परमेश्वरसित समरूप हुनुभएको कारणले गर्दा, उहाँहरूलाई परमेश्वरको सिंहासन भएको स्थान, नयाँ यरूशलेममा प्रवेश गर्ने योग्यताहरू प्रदान गरिन्छ ।

पवित्र आत्माका इच्छाहरू र शरीरका इच्छाहरू

हामीले पवित्र आत्माका इच्छाहरू पछ्याउन प्रयास गर्दा, अर्को प्रकारको इच्छाले हामीलाई बाधा दिँदछ । त्योचाहिँ शरीरको इच्छा हो । शरीरका इच्छाहरूले परमेश्वरको वचन विपरीत रहेका असत्यतालाई पछ्याउँदछन् । तिनले हामीलाई शरीरका अभिलाषाहरू, आँखाका अभिलाषाहरू अनि जीवनको शेखीजस्ता कुराहरू ग्रहण गर्न लगाउँदछन् । तिनले हामीलाई पाप गर्न र अधार्मिकता अनि व्यवस्थाहीनतामा चल्न लगाउँछन् ।

हालै, एक जना व्यक्ति अश्लील सामग्रीहरू हेर्ने लत त्यागनका लागि प्रार्थना गरि माग्न मकहाँ आउनुभएको थियो । उहाँले भन्नुभयो कि शुरूमा उहाँले ती कुराहरू हेर्न शुरू गर्नुहुँदा ती कुराहरू हेरेर रमाइलो गर्नका लागि होइन तर तिनले मानिसहरूलाई

कसरी प्रभावित तुल्याउँदछन् भनी थाहा गर्नका लागि हेर्न थाल्नुभएको थियो । तर उहाँले एकपटक त्यो हेर्नु भएपछि उहाँलाई निरन्तर तिनै कुराहरूको याद आइरह्यो र फेरि त्यो हेर्न मन लाग्यो । तर उहाँभित्र पवित्र आत्माले उहाँलाई त्यसो नगर्नका लागि आग्रह गरिरहनुभएको थियो र उहाँले कष्टित महसूस गर्नुभयो ।

यस्तो अवस्थामा, आँखाको अभिलाषा अर्थात्, आँखा र कानद्वारा देखेका र सुनेका कुराहरूद्वारा उहाँको हृदय उत्तेजित भएको थियो । यदि हामीले शरीरका अभिलाषाहरूलाई त्यागेनौं तर तिनलाई ग्रहण गरिरह्यौं भने, चाँडै नै हामीले असत्यतापूर्ण कुराहरू दुइ, तीन, चार पटक सम्म लिनेछौं र त्यसपछि पनि त्यो सङ्ख्या बढ्ने क्रम जारी नै रहनेछ ।

यसैकारण गलाती ५:१६-१८ ले भन्दछ, "तर म भन्दछु, पवित्र आत्माद्वारा हिँड, र पाप-स्वभावका लालसा पूरा नगर । किनकि पाप-स्वभावका लालसा पवित्र आत्माको विरुद्ध हुन्छन्, अनि पवित्र आत्माको इच्छा पाप-स्वभावको विरुद्ध । तिमी जे गर्न चाहन्छौं त्यसबाट तिमीहरूलाई रोक्नका निम्ति यीचाहिँ एउटा अर्काको विरुद्धमा हुन्छन् । तर यदि तिमीहरू पवित्र आत्माद्वारा डोर्‍याइएका हौ भनेता तिमीहरू व्यवस्थाको अधीनमा हुँदैनौ ।" एकातिर, जब हामी पवित्र आत्माका इच्छाहरू पछ्याउँछौं, तब हाम्रो हृदयमा हामी शान्ति महसूस गर्दछौं र पवित्र आत्मा आनन्दित हुनुभएको कारण हामी आनन्दित हुनेछौं । अर्कोतिर, यदि हामी शरीरका इच्छाहरूअनुसार चल्छौं भने हामीभित्र पवित्र आत्मा शोकित हुनुभएको कारण हाम्रो हृदय व्याकुल हुनेछ । त्यस्तै, हामी आत्माको भर पूरी गुमाउनेछौं, त्यसैले पवित्र आत्माका इच्छाहरू पछ्याउन हामीलाई झन् कठिन हुनेछ ।

पावलले रोमी ७:२२-२४ मा यसबारे यसो भनेर चर्चा गर्नुभएको छ, "किनकि म मेरो अन्तस्करणमा परमेश्वरको व्यवस्थामा आनन्दित हुन्छु, तर मेरा अङ्गहरूमा अर्को नियमले मेरो मनमा रहेको नियमसँग युद्ध गर्दछ, र मेरा अङ्गहरूमा वास गर्ने पापको नियमले मलाई बन्धनमा पार्दछ । हाय, म कस्तो दुःखी मानिस ! यस मृत्युको शरीरबाट

8

मलाई कसले छुटाउला ?" हामी उद्धार पाएर परमेश्वरको सन्तान बन्छौं कि मृत्युको मार्गमा जाने अन्धकारको सन्तान बन्छौं भन्ने कुरा हामी पवित्र आत्माका इच्छाहरू अथवा शरीरका इच्छाहरूमध्ये कुनचाहिँलाई पछ्याउँछौं, सोही कुरामा निर्धारित हुँदछ ।

गलाती ६:८ ले भन्दछ, "जसले आफ्नो पापमय स्वभावको निम्ति रोप्तछ, त्यसले आफ्नो पापमय स्वभावबाट नै सर्वनाशको कटनी गर्नेछ । तर जसले आत्माको निम्ति रोप्तछ, त्यसले आत्माबाट नै अनन्त जीवनको कटनी गर्नेछ," यदि हामी शरीरका इच्छाहरूलाई पछ्याउँछौं भने, हामी केवल शरीरका कार्यहरू गर्नेछौं, जुनचाहिँ पाप र व्यवस्थाहीनता हुन् र अन्ततः हामी स्वर्गको राज्यमा प्रवेश गर्नेछैनौं (गलाती ५:१९-२१) । तर यदि हामीले पवित्र आत्माका इच्छाहरूलाई पछ्यायौं भने, हामी पवित्र आत्माका नौवटा फलहरू फलाउनेछौं (गलाती ५:२२-२३) ।

भलाइ गर्ने काममा हामी नथाकौं

हामी जति मात्रामा पवित्र आत्मालाई पछ्याउँदै विश्वासलाई कार्यमा उतार्छौं सोही अनुरूप हामी पवित्र आत्माका फलहरू फलाउँछौं र परमेश्वरको साँचो सन्तान बन्दछौं । मानिसको हृदयभित्र सत्यको हृदय र असत्यको हृदय हुन्छन् । सत्यको हृदयले हामीलाई पवित्र आत्माका इच्छाहरू पछ्याउन अनि परमेश्वरको वचनअनुसार जिउन अगुवाइ गर्दछ । असत्यको हृदयले हामीलाई शरीरका इच्छाहरू पछ्याउन र अन्धकारमा जिउन लगाउँछ ।

उदाहरणको लागि, प्रभुको दिनलाई पवित्र राख्नु परमेश्वरका छोराछोरीहरूले पालन गर्नैपर्ने दश आज्ञाहरूमध्येको एक हो । तर पसल चलाउने कुनै विश्वासी जसको विश्वास कमजोर छ, उहाँलाई आइतबारको दिन आफ्नो पसल बन्द गर्दा नाफा गुमाउने डर भएको कारण उहाँको हृदय कष्टित हुन सक्दछ । यहाँ, शरीरका इच्छाहरूले उहाँलाई यसरी सोच्न लगाउँछन्, 'एक हप्ता बिराएर पसल बन्द गरे कसो होला ? अथवा पसलमा पालो गरी बस्नको लागि म आइतबार बिहानको आराधना सेवामा गएर

मेरी श्रीमतीचाहिँ बेलुकीको आराधना सेवामा जाँदा हुन्छ होला ।' तर पवित्र आत्माका इच्छाहरूले उहाँलाई परमेश्वरको वचन पालन गर्नका लागि यसरी बुझ्न सहायता गर्नुहुन्छ, "यदि मैले प्रभुको दिनलाई पवित्र राखें भने, परमेश्वरले मलाई आइतबारको दिनमा मैले पसल खोलेर कमाउने नाफाभन्दा बढी आशिष् दिनुहुनेछ ।"

पवित्र आत्माले हामीलाई हाम्रो दुर्बलतामा सहायता गर्नुहुन्छ र शब्दमा व्यक्त गर्न नसकिने सुस्केराको साथमा हाम्रो निम्ति अन्तर्बिन्ती गर्नुहुन्छ (रोमी ८:२६) । जब हामी पवित्र आत्माको यस्तो सहायतालाई पछ्याएर सत्यतामा चल्दछौं, तब हाम्रो हृदयमा शान्ति हुनेछ र हाम्रो विश्वास दिन प्रतिदिन वृद्धि हुनेछ ।

बाइबलमा लेखिएको परमेश्वरको वचन कहिल्यै परिवर्तन नहुने सत्य हो; यो स्वयम् भलाइ हो । यसले परमेश्वरका छोराछोरीहरूलाई अनन्त जीवन दिन्छ, र यो ज्योतिले तिनीहरूलाई अनन्त खुशी अनि आनन्दमा डोऱ्याउँदछ । पवित्र आत्माद्वारा डोऱ्याइएका परमेश्वरका सन्तानहरूले पाप-स्वभावलाई त्यसको वासना र लालसासहित क्रूसमा टाँग्नु पर्दछ । उहाँहरूले परमेश्वरको वचनअनुरूप पवित्र आत्माका इच्छाहरूलाई पनि पछ्याउनु पर्दछ र भलाइ गर्नमा थाक्नु हुँदैन ।

मत्ती १२:३५ ले भन्दछ,"असल मानिसले आफू भित्र भरिएका असल थोकबाट असलै थोक निकाल्छ, तर दुष्ट मानिसले आफूमा भरिएको दुष्टताबाट दुष्ट थोक नै निकाल्छ ।" त्यसैले जोशिलो भई प्रार्थना गरेर हामीले आफ्नो हृदयबाट दुष्टतालाई हटाउनु पर्दछ र भलाइका कार्यहरू थुपार्नु पर्दछ ।

गलाती ५:१३-१५ ले भन्दछ,"भाइ हो, तिमीहरू त स्वतन्त्रताको निम्ति बोलाइएका हौ । केवल त्यस स्वतन्त्रतालाई पापमय स्वभावको निम्ति प्रयोग नगर । तर प्रेममा तिमीहरू एक अर्काको सेवक बन । किनभने समस्त व्यवस्था एउटै वचनमा पूरा भएको छ 'तैंले आफ्नो छिमेकीलाई आफूलाई झैं प्रेम गर् ।' तर तिमीहरू एउटाले अर्कालाई टोक्ने र निल्ने गर्छौ भनेता होशियार गर, तिमीहरू एक अर्काबाट नै खतम हुनु नपरोस् ।"

त्यस्तै गलाती ६:१-२ ले भन्दछ, “भाइ हो, यदि कुनै मानिस अपराधमा पक्राउ पऱ्यो भने तिमीहरू जो आत्मिक छौ, तिमीहरूले नै नम्रतापूर्वक तिनको सुधार गर । आफ्नै पनि विचार राख, नत्रता तिमीहरू पनि परीक्षामा पर्नेछौ । एउटाले अर्काको भार उठाओ, र यसरी ख्रीष्टको व्यवस्था पूरा गर ।”

जब हामी माथि उल्लेख गरिएझैं परमेश्वरका वचनहरू पालन गर्छौं, तब हामी प्रशस्तसित पवित्र आत्माको फल फलाउन अनि आत्मा र सम्पूर्ण आत्माको मानिस बन्न सक्छौं । अनि, हामीले आफ्नो प्रार्थनामा मागेका सबै थोक प्राप्त गर्नेछौं र अनन्त स्वर्गीय राज्यको नयाँ यरूशलेममा प्रवेश गर्नेछौं ।

१ यूहन्ना ४:७-८,

"प्रिय हो, हामी एउटाले अर्कालाई प्रेम गरौं, किनभने प्रेम परमेश्वरबाट आउँछ। जसले प्रेम गर्छ त्यो परमेश्वरबाट जन्मेको हो, र परमेश्वरलाई चिन्छ। प्रेम नगर्नेले परमेश्वरलाई चिन्दैन, किनभने परमेश्वर प्रेम हुनुहुन्छ।"

अध्याय २

प्रेम

आत्मिक प्रेमको उच्चतम तह
शारीरिक प्रेम समयसितै परिवर्तन हुन्छ
आत्मिक प्रेमले आफ्नो जीवन समेत दिन्छ
परमेश्वरप्रतिको साँचो प्रेम
प्रेमको फल फलाउनका लागि

प्रेम

प्रेम मानिसहरूको कल्पनाभन्दा पनि अधिक शक्तिशाली हुन्छ । प्रेमको शक्तिद्वारा, हामी परमेश्वरबाट त्यागिएर मृत्युको बाटोमा गइरहेका मानिसहरूलाई बचाउन सक्छौं । प्रेमले तिनीहरूलाई नयाँ सामर्थ्य र प्रेरणा दिन सक्छ । यदि हामीले प्रेमको शक्तिद्वारा मानिसहरूका दोषहरूलाई ढाकिदियौं भने उदेकका परिवर्तनहरू हुनेछन् र ठूला आशिष् हरू आउनेछन् किनभने परमेश्वर भलाइ, प्रेम, सत्यता र न्यायको माझमा काम गर्नुहुन्छ ।

समाजशास्त्रमा शोध कार्य गर्ने एउटा समूहले बाल्टिमोर शहरको निर्धन र अकिञ्चन अवस्थाहरूमा रहेका २०० जना विद्यार्थीहरूमा एक अध्ययन गरेको थियो । त्यो समूहको निष्कर्षअनुसार ती विद्यार्थीहरू भविष्यमा सफल हुने सम्भावना र आशा थोरै थियो । तर २५ वर्षपछि तिनै विद्यार्थीहरूलाई अनुगमन गर्दा अचम्मलाग्दो परिणाम पाइएको थियो । ती २०० जना मध्ये १७६ जना विद्यार्थीहरू वकिल, चिकित्सक, प्रचारक वा व्यापारी जस्ता सामाजिक तवरले सफल व्यक्तिहरू बनेका थिए । निश्चय नै शो धकर्ताहरूले ती विद्यार्थीहरूलाई तिनीहरूले आफू वरिपरि रहेको त्यस्तो प्रतिकूल वातावरणमाथि कसरी विजय प्राप्त गर्न सके भनी प्रश्न गरेका थिए, र ती सबैले एक जना शिक्षकको नाम लिए । ती शिक्षकलाई उनले यस्तो आश्चर्यजनक परिवर्तन कसरी ल्याउन सके भनी प्रश्न गर्दा उनले यसरी उत्तर दिएका थिए, “मैले त केवल तिनीहरूलाई प्रेम गरेँ र तिनीहरूले यो कुरा थाहा पाए ।”

अब, पवित्र आत्माका नौवटा फलहरूमध्येको पहिलो फल, प्रेम के हो त ?

आत्मिक प्रेमको उच्चतम तह

सामान्यतया प्रेमलाई शारीरिक प्रेम र आत्मिक प्रेममा वर्गीकरण गर्न सकिन्छ । शार ीरिक प्रेमले आफ्नै फाइदा खोज्दछ । यो अर्थहीन प्रेम हो जो समयको बहावसँगै परि वर्तन हुँदछ । तर आत्मिक प्रेमले अरूको फाइदा खोज्छ र यो कुनै पनि परिस्थितिमा परिवर्तन हुँदैन । १ कोरिन्थी १३ अध्यायले यस्तो आत्मिक प्रेमको बारेमा विस्तृत रूपमा

वर्णन गरेको छ ।

“प्रेम सहनशील हुन्छ र दयालु हुन्छ । प्रेमले डाह गर्दैन, न शेखी गर्छ । प्रेम हठी हुँदै न, न ढीट हुन्छ । प्रेमले आफ्नै कुरामा जिद्दी गर्दैन, झर्को मान्दैन, खराबीको हिसाब र ाख्दैन । प्रेम खराबीमा प्रसन्न हुँदैन, तर ठीक कुरामा रमाउँछ । प्रेमले सबै कुरा सहन्छ, सबै कुराको पत्यार गर्छ, सबै कुरामा आशा राख्छ, सबै कुरामा स्थिर रहन्छ ।” (पद४-७)

त्यसोभए, गलाती ५ अध्यायमा भएको प्रेमको फल र १ कोरिन्थी १३ अध्यायमा भएको आत्मिक प्रेम कसरी फरक छन् त ? पवित्र आत्माको फलको रूपमा रहेको प्रेममा बलिदानी प्रेम हुँदछ जसद्वारा मानिसले आफ्नो जीवन समेत दिन सक्छ ? यो प्रेम १ कोरिन्थी १३ अध्यायमा उल्लेख गरिएको प्रेमभन्दा एक तह माथिको प्रेम हो । यो आत्मिक प्रेमको उच्चतम तह हो ।

यदि हामी प्रेमको फल फलाएर अरूको निम्ति आफ्नो जविन बलिदान गर्न सक्छौं भने, हामी जुनसुकै कुरा र जोसुकैलाई पनि प्रेम गर्न सक्छौं । परमेश्वरले आफ्नो सबै कुरा दिनुभएर हामीलाई प्रेम गर्नुभएको छ र प्रभुले आफ्नो सारा जीवन दिनुभएर हामीलाई प्रेम गर्नुभएको छ । यदि हामीमा यस्तो प्रेम छ भने, हामी परमेश्वर अनि उहाँको राज्य र धार्मिकताको निम्ति आफो जीवन बलिदान गर्न सक्छौं । थपअझ, हामीले परमेश्वरलाई प्रेम गर्ने हुनाले, हामीमा यस्तो उच्च तहको प्रेम हुन सक्छ जसद्वारा हामी आफ्ना अन्य दाजुभाइहरूका निम्ति मात्र होइन तर हामीलाई घृणा गर्ने शत्रुहरूका निम्ति पनि आफ्नो जीवन दिन सक्छौं ।

१ यूहन्ना ४:२०-२१ ले भन्दछ, “यदि कसैले ‘म परमेश्वरलाई प्रेम गर्छु’ भन्छ, तर आफ्नो भाइलाई घृणा गर्छ भने त्यो झूटो हो, किनकि आफूले देखेको आफ्नो भाइलाई नै प्रेम नगर्नेले नदेखेका परमेश्वरलाई प्रेम गर्न सक्दैन । हामीले उहाँबाट यो आज्ञा पाएका छौं, कि जसले परमेश्वरलाई प्रेम गर्छ त्यसले आफ्नो भाइलाई पनि प्रेम गर्नुपर्छ ।”

त्यसकारण, यदि हामी परमेश्वरलाई प्रेम गर्छौं भने हामी सबैलाई प्रेम गर्नेछौं । यदि कसैलाई घृणा गर्दै हामी परमेश्वरलाई प्रेम गर्छौं भनी भन्दछौं भने हामी झूट बोलिरहेका हुन्छौं ।

शारीरिक प्रेम समयसितै परिवर्तन हुन्छ

परमेश्वरले पहिलो मानिस आदमलाई सृष्टि गर्नुहुँदा, परमेश्वरले उहाँलाई आत्मिक प्रेमद्वारा प्रेम गर्नुभयो । उहाँले पूर्वतिर अदनमा एउटा सुन्दर बगैँचा बनाउनुभयो र मानिसलाई त्यहाँ कुनै अभावविना रहन दिनुभयो । परमेश्वर उहाँको साथमा हिँड्नुभयो । परमेश्वरले उहाँलाई बस्नको लागि उत्तम निवासस्थान अदनको बगैँचा मात्र दिनुभएन तर यस पृथ्वीमा भएका सबै कुरालाई वशमा पारेर शासन गर्ने अख्तियार पनि दिनुभयो ।

परमेश्वरले आदमलाई प्रशस्तसित आत्मिक प्रेम दिनुभयो । तर आदमले कहिल्यै पनि परमेश्वरको प्रेम महसूस गर्न सक्नुभएन । आदमले कहिल्यै पनि घृणा वा परिवर्तन हुने शारीरिक प्रेम अनुभव गर्नुभएको थिएन, त्यसैले परमेश्वरको प्रेम कति अमूल्य हुन्छ भनी उहाँले महसूस नै गर्नुभएको थिएन । धेरै लामो समय बितेपछि, आदम सर्पद्वारा परीक्षामा लोभिनुभयो र उहाँले परमेश्वरको वचन उल्लङ्घन गर्नुभयो । परमेश्वरले निषेध गर्नुभएको फल उहाँले खानुभयो (उत्पत्ति २:१७, ३:१-६) ।

नतिजास्वरूप, आदमको हृदयभित्र पाप प्रवेश गऱ्यो र उहाँ अब परमेश्वरसित सञ्चार गर्न नसक्ने शरीरको मानिस बन्नुभयो । त्यसपछि परमेश्वरले उहाँलाई अदनको बगैँचामा रहन दिन सक्नुभएन र उहाँ यस पृथ्वीमा धपाइनुभयो । मानव सम्वर्द्धनबाट गुज्रदाँ (उत्पत्ति ३:२३), आदमका सन्ततिहरू अर्थात् सबै मानव जातिहरूले घृणा, ईर्ष्या, पीडा, दुःख, रोग र चोट जस्ता अदनमा भएको प्रेमका विपरीत गुणहरू अनुभव गरेर सापेक्षताको बारेमा जाने र अनुभव गरे । यसै दौरानमा तिनीहरू आत्मिक प्रेमबाट टाढिँदै गए । पापहरूको कारणले गर्दा तिनीहरूको हृदय भ्रष्ट भएर शारीरिक हृदय बन्दा

तिनीहरूको प्रेम शारीरिक प्रेम बन्न पुग्यो ।

आदमको पतनदेखि यता धेरै समय बितिसकेको छ र आज यस संसारमा आत्मिक प्रेम भेट्टाउन झन् बढी कठिन भएको छ । मानिसहरूले आफ्नो प्रेम विभिन्न तरिकाले व्यक्त गर्दछन्, तर तिनीहरूको प्रेम समयसितै परिवर्तन हुने शारीरिक प्रेम हो । समय बित्दै जाँदा र परिस्थिति अनि अवस्थाहरू परिवर्तन हुँदा, तिनीहरूले आफ्नो मन परि वर्तन गर्दछन् र आफ्नै फाइदा खोजेर आफ्ना प्रिय जनहरूलाई धोखा दिन्छन् । त्यस्तै अरूले पहिला आफूलाई केही कुरा दिएका छन् वा अरूलाई दिनु आफ्नो निम्ति फाइदाजनक छ भने तिनीहरू अरूलाई आफ्नो कुरा दिने गर्दछन् । यदि आफूले दिएअनुसार नै तपाईं फिर्ता पाउन चाहनुहुन्छ, वा आफूले चाहेको वा उपेक्षा गरेअनुसार अरूले तपाईंलाई प्रतिफल नदिँदा यदि तपाईं निराश बन्नुहुन्छ भने, यो पनि शारीरिक प्रे म हो ।

कुनै पुरुष र महिलाबीच भर्खरै प्रेम शुरू हुँदा, तिनीहरूले 'एक अर्कालाई सदैव प्रेम गर्नेछौं' र 'एक अर्काविना बाँच्न सक्दैनौं' भनी भन्न सक्छन् । तर धेरैजसो अवस्थाहरूमा तिनीहरूले विवाहपश्चात् आफ्नो मन परिवर्तन गर्छन् । समय बित्दै जाँदा, तिनीहरूले आफ्नो जीवन साथीका अवगुणहरू देख्न थाल्दछन् । विगत्मा तिनीहरूलाई एक अर्काका सबै कुराहरू मन पर्दथ्यो अनि तिनीहरू एक अर्कालाई खुशी तुल्याउन प्रयत्न गर्दथे, तर अब तिनीहरू त्यसो गर्न सक्दैनन् । तिनीहरू ठुस्किन्छन् र एक अर्कालाई दुःख दिन्छन् । आफूले चाहेको जस्तो आफ्नो श्रीमान् वा श्रीमतीले नगर्दा तिनीहरू उदास बन्न सक्छन् । केही दशक अघिसम्म पनि सम्बन्ध विच्छेद कमै हुने गर्दथ्यो, तर अहिले सम्बन्ध विच्छे द धेरै सजिलो भएको छ र सम्बन्ध विच्छेद हुनसाथ धेरै मानिसहरू तुरुन्तै अर्को विवाह गर्ने गर्दछन् । तरैपनि, तिनीहरू सधैं आफूले अरूलाई साँचो प्रेम गरेको छु भनी भन्दछन् । योचाहिँ शारीरिक प्रेम हो ।

आमाबावु र छोराछोरीबीचको प्रेममा पनि धेरै भिन्नता छैन । निश्चय नै, केही आमाबुवाहरूले आफ्ना छोराछोरीहरूका लागि आफ्नो जीवन पनि दिन सक्छन्, तर तिनीहरूले यसो गरेतापनि, यदि तिनीहरूले यस्तो प्रेम केवल आफ्ना छोराछोरीहरूलाई मात्र दिँदछन् भने यो आत्मिक प्रेम होइन । यदि हामीमा आत्मिक प्रेम छ भने, हामीले

यस्तो प्रेम आफ्ना छोराछोरीहरूलाई मात्र नभई सबैलाई दिन सक्छौं । तर संसारमा अझ धेरै दुष्टता वृद्धि हुँदै जाँदा आफ्ना छोराछोरीका लागि आफ्नो जीवन दिनसक्ने आमाबुवा भेट्टाउन पनि गाह्रो हुन थालेको छ । केही आर्थिक लाभ वा मतभेदका कारण धेरै आमाबुवाहरू र छोराछोरीहरूबीच शत्रुता हुने गर्दछ ।

दाजुभाइ तथा दिदीबहिनीहरू अनि साथीहरूबीचको प्रेमचाहिँ कस्तो हुन्छ त ? पैसाको कारोबारमा सम्लग्न हुँदा धेरै दाजुभाइहरू आपसमा शत्रुझैं बन्दछन् । साथीहरूबीच पनि प्राय यस्तो हुने गर्दछ । परिस्थितिहरू राम्रो हुँदा र केही कुराहरूमा सहमत हुँदा तिनीहरू एक अर्कालाई प्रेम गर्दछन् । तर परिस्थिति फरक भएको खण्डमा तिनीहरूको प्रेम जति बेला पनि परिवर्तन हुन सक्छ । साथै, धेरै जसो घटनाहरूमा, मानिसहरूले आफूले दिए जत्तिकै फिर्ता पाउन चाहन्छन् । तिनीहरू जोशिलो भएको समयमा, कुनै पनि कुरा फिर्ता पाउने आशा नराखी तिनीहरू दिन सक्छन् । तर तिनीहरूको जोश सेलाएपछि आफूले केवल दिनु परेको र केही फिर्ता नपाएकोमा तिनीहरू पछुतो मान्दछन् । यसको अर्थ, तिनीहरू फिर्तामा केही चाहन्छन् । यस प्रकार को प्रेमचाहिँ शारीरिक प्रेम हो ।

आत्मिक प्रेमले आफ्नो जीवन समेत दिन्छ

यदि कसैले आफूले प्रेम गरेको कुनै व्यक्तिको लागि आफ्नो जीवन दिँदछ भने यो कुराले हाम्रो हृदयलाई छुन्छ । तर, यदि हामीलाई अरू कसैको लागि हामीले आफ्नो जीवन दिनु पर्नेछ भन्ने थाहा भयो भने त्यो व्यक्तिलाई प्रेम गर्न हामीलाई कठिन हुँदछ । यस प्रकारले मानिसको प्रेम सीमित हुन्छ ।

एक राजा थिए र तिनको एक अति नै प्यारो छोरा थिए । तिनको राज्यमा, एक कुख्यात हत्यारा थियो जसले मृत्युदण्डको सजाय पाएको थियो । त्यो अपराधीको लागि बाँच्ने एउटै उपाय भनेको कुनै एक निर्दोष व्यक्ति उसको सट्टामा मर्नु पर्ने थियो । यस्तो अवस्थामा, के ती राजाले आफ्नो निर्दोष छोरालाई त्यस हत्याराको निम्ति मर्न दिन

सक्छन् त ? यस्तो प्रकारको घटना सम्पूर्ण मानव इतिहासमा कहिल्यै पनि घटेको थिएन । तर सृष्टिकर्ता परमेश्वर, जसलाई यस पृथ्वीको कुनै पनि राजा महाराजासँग तुलना गर्न सकिँदैन, उहाँले आफ्नो एकमात्र पुत्र हाम्रो लागि दिनुभयो । उहाँ हामीलाई त्यति धेरै प्रेम गर्नु हुन्छ (रोमी ५:८) ।

आदमको पापको कारणले, सबै मानव जातिहरू पापको ज्याला तिर्नको लागि मृत्युको मार्गमा जानुपर्ने भयो । मानव जातिलाई बचाउन अनि तिनीहरूलाई स्वर्गमा डोऱ्याउनका लागि तिनीहरूका पापको समस्या समाधान हुनु पर्दथ्यो । परमेश्वर र मानवजातिको बीचमा रहेको पापको यस समस्या समाधान गर्नको लागि, परमेश्वरले आफ्नो एकमात्र पुत्र येशूलाई तिनीहरूको पापको मूल्य तिरिदिन पठाउनु भयो ।

गलाती ३:१३ ले भन्दछ, "काठमा झुण्डिने हरेक श्रापित हुन्छ ।" "पापको ज्याला मृत्यु हो" भन्ने व्यवस्थाको सरापबाट हामीलाई स्वतन्त्र गराउनका लागि येशू काठको क्रूसमा झुण्डिनु भयो (रोमी ६:२३) । साथै, रगत नबगाईकन पाप क्षमा नहुने कारणले गर्दा उहाँले आफ्नो सबै रगत र पानी बगाउनु भयो (हिब्रू ९:२२) । येशूले हाम्रो सट्टामा दण्डहरू भोग्नु भयो, र उहाँलाई विश्वास गर्ने हरेकले आफ्ना पापहरूबाट क्षमा पाउनेछ र अनन्त जीवन प्राप्त गर्नेछ ।

परमेश्वरलाई थाहा थियो कि पापीहरूले उहाँको पुत्र येशूलाई सताउनेछन् र गिल्ला गर्नेछन्, र अन्ततः उहाँलाई क्रूसमा चढाउने छन् । तैपनि, अनन्त मृत्युमा फालिन निश्चित भएका पापी मानवजातिलाई बचाउनका लागि, परमेश्वरले येशूलाई यस पृथ्वीमा पठाउनु भयो ।

१ यूहन्ना ४:९-१० ले भन्दछ, "परमेश्वरको प्रेम हाम्रा माझमा यसरी प्रकट भयो, कि उहाँले आफ्ना एकमात्र पुत्र संसारमा पठाउनुभयो, ताकि पुत्रद्वारा हामी जिउन सकौं । प्रेम यसैमा छ, कि हामीले परमेश्वरलाई प्रेम गरेका होइनौं, तर उहाँले हामीलाई प्रेम गर्नुभयो, र हाम्रा पापको प्रायश्चित हुनका निम्ति आफ्ना पुत्र पठाउनुभयो ।"

आफ्नो एकमात्र पुत्र येशूलाई क्रूसमा झुण्डिन दिनु भएर परमेश्वरले हामीप्रतिको उहाँको प्रेम स्पष्ट रूपमा देखाउनु भयो । येशूले मानवजातिलाई तिनीहरूका पापहरूबाट छुटकारा दिनका लागि आफैलाई क्रूसमा बलिदान गर्नुभई आफ्नो प्रेम प्रकट

गर्नु भयो । आफ्नो पुत्र दिनुभई परमेश्वरले प्रकट गर्नु भएको यो प्रेम, अनन्तसम्म परिवर्तन नहुने प्रेम हो जुन प्रेमले रगतको अन्तिम थोपा सम्म पनि दिएर आफ्नो सारा जीवन दिँदछ ।

परमेश्वरप्रतिको साँचो प्रेम

के हामीमा पनि यस्तो तहको प्रेम हुनसक्छ ? १ यूहन्ना ४:७-८ ले भन्दछ, "प्रिय हो, हामी एउटाले अर्कालाई प्रेम गरौं, किनभने प्रेम परमेश्वरबाट आउँछ । जसले प्रेम गर्छ त्यो परमेश्वरबाट जन्मेको हो, र परमेश्वरलाई चिन्छ । प्रेम नगर्नेले परमेश्वरलाई चिन्दैन, किनभने परमेश्वर प्रेम हुनुहुन्छ ।"

यदि परमेश्वरले हामीलाई दिनुभएको प्रेम हामीले केवल आफ्नो मस्तिष्कमा ज्ञानको रूपमा मात्र नराखी हाम्रो हृदयको गहिराइमा महसूस गर्दछौं भने, हामी स्वभाविक रूपमा नै परमेश्वरलाई सत्यतामा प्रेम गर्नेछौं । हाम्रो इसाई जीवनमा, हामीले असह्य परीक्षाहरूको सामना गर्न सक्छौं, वा यस्तो परिस्थितिको सामना गर्न सक्छौं जहाँ हामीले आफूसित भएका सबै कुराहरू र हामीलाई अमूल्य लाग्ने कुराहरू गुमाउन सक्छौं । हामीमा साँचो प्रेम रहुञ्जेलसम्म यस्ता परिस्थितिहरूमा समेत हाम्रो हृदय डगमगाउने छैन ।

मैले झण्डै मेरा तीनै जना अमूल्य छोरीहरूलाई गुमाएको थिएँ । ३० वर्षभन्दा अघि कोरियामा, प्रायजसो मानिसहरूले तातोपनाको लागि कोइलाका ब्रिकेटहरू प्रयोग गर्थे । कोइलाबाट निस्कने कार्बन मनोक्साइड ग्याँसको कारण प्राय दुर्घटनाहरू भइरहन्थे । यो चाहिँ चर्च स्थापना लगत्तैपछिको घटना हो र मेरो निवासस्थान चर्च भवनको भुइँ तल्लामा थियो । मेरो तीनै जना छोरीहरूका साथै एक जना जवान व्यक्तिलाई कार्बन मनोक्साइड ग्याँसले घातक रूपमा असर गरेको थियो । उहाँहरूले पूरै रात त्यो ग्याँसमा सास लिनुभएको थियो र उहाँहरूको स्वास्थ्यमा सुधार आउने कुनै आशा देखिएको थिएन ।

मेरा छोरीहरूलाई अचेतन अवस्थामा देखेर, म कत्ति पनि दुःखित भइनँ नता मैले कुनै गुनासो नै गरेँ । उहाँहरू आँशु, दुःख वा पीडा नभएको सुन्दर स्वर्गमा शान्तिसित जिउनुहुनेछ भन्ने सोचेर म केवल धन्यवादी भएँ । तर त्यो जवान व्यक्तिचाहिँ चर्चको एक साधारण सदस्य मात्र हुनुहुन्थ्यो, त्यसैले परमेश्वरको अपमान नहोस् भनेर मैले परमेश्वरसित त्यो व्यक्तिलाई पुनरुज्जीवित पारिदिन अनुरोध गरेँ । मैले त्यो जवान व्यक्तिमाथि आफ्नो हात राखेँ र उहाँको निम्ति प्रार्थना गरिदिएँ । त्यसपछि मैले मेरी कान्छी छोरीको लागि प्रार्थना गरेँ । मैले उहाँको लागि प्रार्थना गरिरहेको समयमा त्यो जवान व्यक्ति होशमा आउनुभयो । मैले मेरी माहिली छोरीको लागि प्रार्थना गर्दा मेरी कान्छी छोरी उठ्नुभयो । चाँडै नै, मेरी माहिली छोरी र जेठी छोरी पनि होशमा आउनुभयो । उहाँहरू कुनै प्रतिअसरहरूबाट प्रभावित हुनुभएन, र आजको दिनसम्म स्वस्थ्य हुनुहुन्छ । उहाँहरू तीनै जना यस चर्चमा पास्टरको रूपमा सेवकाइ गरिर हनुभएको छ ।

यदि हामी परमेश्वरलाई प्रेम गर्छौं भने, जस्तो सुकै प्रकारको परिस्थितिमा पनि हाम्रो प्रेम कहिल्यै परिवर्तन हुनेछैन । हामीले परमेश्वरको प्रेम प्राप्त गरिसकेका छौं जुन प्रेममा उहाँले हाम्रो निम्ति उहाँको एक मात्र पुत्र बलिदान गर्नुभएको छ, र यसकारण हामी उहाँप्रति क्रुद्ध हुनुपर्ने र उहाँको प्रेमलाई हामीले शंका गर्नुपर्ने कुनै कारण छैन । हामी अपरिवर्तनीय रूपमा उहाँलाई प्रेम गर्न सक्छौं । हामी उहाँको प्रेममा पूर्ण रूपले भरोसा गर्न सक्छौं र आफ्नो सारा जीवनले उहाँप्रति विश्वासयोग्य हुन सक्छौं ।

हामीले अन्य आत्माहरूको हेरचाह गर्दा पनि यस्तो मनोवृत्ति परिवर्तन हुनेछैन । १ यूहन्ना ३:१६ ले भन्दछ,"यसैबाट प्रेम के हो हामी थाहा पाउँछौं, कि उहाँले हाम्रा निम्ति आफ्नो प्राण दिनु भयो । हामीले पनि आफ्ना दाज्यू-भाइहरूका निम्ति आफ्नो प्राण दिनुपर्छ ।" यदि हामीले परमेश्वरप्रति साँचो प्रेम सम्वर्द्धन गरेका छौं भने, हामीले आफ्ना दाजुभाइहरूलाई पनि साँचो प्रेम गर्नेछौं । यसको मतलब, हामीमा आफ्नो फाइदा खोज्ने कुनै चाहना हुनेछैन, र त्यसैले हामी आफूसित भएका सबै थोक दिनेछौं र फिर्तामा केही पनि पाउने चाहना राख्नेछैनौं । शुद्ध अभिप्रायका साथ हामी आफूलाई बलिदान गर्नेछौं र आफ्ना सबै कुरा अरूका लागि दिनेछौं ।

आजको दिनसम्म विश्वासको मार्गमा हिँड्दा म अनगिन्ती परीक्षाहरूबाट गुज्रेको छु । मबाट धेरै कुराहरू प्राप्त गरेका वा मैले आफ्नै परिवारको सदस्य ठानेका मानिसहरूले मलाई धोखा दिएका छन् । कहिलेकाहीँ मानिसहरूले मलाई गलत सम्झेर ममाथि तिनीहरूले औंला ठड्याए ।

तरैपनि, मैले तिनीहरूप्रति भलाइको व्यवहार गरेँ । मैले सबै कुरा परमेश्वरका हातमा सुम्पेँ र उहाँको प्रेम अनि कृपाद्वारा यस्ता मानिसहरूलाई उहाँले क्षमा गर्नु भएको होस् भनी प्रार्थना गरेँ । चर्चमा ठूला समस्याहरू खडा गरेर चर्च छोड्नेहरूलाई समेत मैले घृणा गरिनँ । म केवल तिनीहरू पश्चात्ताप गरी फर्केर आऊन् भन्ने चाहन्थेँ । ती मानिसहरूले धेरै दुष्ट कामहरू गरे जसले गर्दा म ठूला परीक्षाहरूबाट गुज्रनु पर्‍यो । तरैपनि, मैले केवल भलाइका साथ तिनीहरूलाई व्यवहार गरेँ किनभने परमेश्वरले मलाई प्रेम गर्नु हुन्छ भनी मैले विश्वास गरेँ र मैले तिनीहरूलाई परमेश्वरको प्रेमद्वारा प्रेम गरेँ ।

प्रेमको फल फलाउनका लागि

पापहरू, दुष्टता, र व्यवस्थाहीनतालाई हाम्रो हृदयबाट त्यागेर हामी जतिबढी आफ्नो हृदयलाई पवित्र तुल्याउँछौं सोहीअनुरूप हामी पूर्ण रूपमा प्रेमको फल फलाउन सक्छौं । दुष्टताबाट मुक्त भएको हृदयबाट नै साँचो प्रेम आउन सक्छ । यदि हामीमा साँचो प्रेम छ भने, हामी अरूलाई हरसमय शान्ति दिन सक्छौं र अरूलाई कहिल्यै पनि दुःख दिने छैनौं वा अरूको लागि भार बन्ने छैनौं । हामी अरूको हृदयलाई बुझ्ने छौं र तिनीहरूको सेवा गर्नेछौं । परमेश्वरको राज्य वृद्धि हुन सकोस् भनेर हामी तिनीहरूलाई खुशी दिन सक्नेछौं र तिनीहरूको प्राणको उन्नति हुन सहायता गर्नेछौं ।

बाइबलमा, हामी विश्वासका पुर्खाहरूले कस्तो प्रकारको प्रेम सम्वर्द्धन गर्नु भएको थियो भनी देख्न सक्छौं । मोशाले आफ्ना मानिस, इस्राएलीहरूलाई यति धेरै प्रेम गर्नु हुन्थ्यो कि आफ्नो नाम जीवनको पुस्तकबाट मेटिने जोखिम मोलेर भएपनि उहाँ

तिनीहरूलाई बचाउन चाहनु हुन्थ्यो (प्रस्थान ३२:३२)।

प्रेरित पावलले पनि प्रभुलाई भेट्नु भएको समयदेखि नै उहाँले अपरिवर्तनीय मनका साथ प्रभुलाई प्रेम गर्नु भयो। उहाँ अन्यजातिहरूको प्रेरित बन्नु भयो, र आफ्नो तीन मिशन यात्राहरूद्वारा धेरै आत्माहरू बचाउनुभयो अनि चर्चहरू स्थापना गर्नु भयो। उहाँको मार्ग थकान र जोखिमले भरिएको भएतापनि, रोममा शहादत प्राप्त नगर्नु भएसम्म उहाँले येशू ख्रीष्टको बारेमा प्रचार गर्नु भयो।

उहाँले निरन्तर यहूदीहरूबाट मृत्युको जोखिम र सतावट अनि अवरोधहरू भोग्नुभयो। उहाँले कुटाइ खानुभयो र जेल पनि पर्नुभयो। जहाज नष्ट भएर उहाँले एक दिन र रात समुद्रमा त्यतिकै बिताउनु पर्‍यो। तरैपनि, आफूले रोजेको मार्गको निम्ति उहाँले कहिल्यै पनि पछुतो मान्नु भएन। उहाँ धेरै कठिनाइहरूबाट गुज्रिरहनु भएतापनि उहाँले आफ्नो बारेमा चिन्ता गर्नुको साटो चर्च र विश्वासीहरूको बारेमा चिन्ता गर्नुभयो।

उहाँले आफ्नो भावना २ कोरिन्थी ११:२८-२९ मा यसरी प्रकट गर्नुभयो, "अनि अरू कुराहरूबाहेक सबै मण्डलीहरूका फिक्रीको बोझ ममाथि छ। को दुर्बल छ र मचाहिँ छैनँ ? को पापमा फसाइएको छ र मचाहिँ व्याकुल हुँदिनँ ?"

आत्माहरूप्रतिको बल्दो प्रेमको कारण प्रेरित पावलले आफ्नो जीवनसमेत बाँकी राख्नु भएन। रोमी ९:३ मा उहाँको महान् प्रेमलाई यसरी स्पष्टसित व्यक्त गरिएको छ, "म त यहाँसम्म पनि चाहन सक्थें कि मेरा भाइहरू र मेरा जातिको नाताले मेरा कुटुम्बहरूका खातिर म नै श्रापित होऊँ, र ख्रीष्टबाट परित्यक्त होऊँ।" यहाँ, 'मेरा कुटुम्बहरू' ले परिवार वा नातेदारहरूलाई जनाउँदैन। यसले सबै यहूदीहरूका साथसाथै उहाँलाई सताउने यहूदीहरूलाई पनि जनाउँदछ।

ती मानिसहरूलाई बचाउनको लागि उहाँ नरक जान पनि तयार हुनुहुन्थ्यो। उहाँमा यस्तो प्रकारको प्रेम थियो। साथै, यूहन्ना १५:१३ मा, "आफ्ना मित्रहरूका लागि आफ्नो प्राण अर्पण गरिदिनुभन्दा ठूलो प्रेम अरू कसैको हुँदैन," भनी लेखिएझैं प्रेरित पावल शहीद बन्नुभई उहाँले आफ्नो उच्च तहको प्रेम प्रमाणित गर्नु भयो।

केही मानिसहरूले प्रभुलाई प्रेम गर्दछौं भनी भन्दछन् तर तिनीहरूले आफ्ना

विश्वासी दाजुभाइहरूलाई प्रेम गर्दैनन् । यी दाजुभाइहरू तिनीहरूका शत्रुहरू पनि होइनन् नता उनीहरूले तिनीहरूको जीवन नै मागेका हुन्छन् । तर तिनीहरूबीच बेमेल हुँदछ र ससाना कुराहरूमा पनि तिनीहरूले एक अर्काको विरुद्धमा अहज भावनाहरू महसूस गरिरहेका हुन्छन् । परमेश्वरको कार्य गर्दा पनि, तिनीहरूका धारणाहरू फरक हुँदा तिनीहरूमा वैमनस्यका भावनाहरू हुन्छन् । केही व्यक्तिहरू ती मानिसहरूप्रति पनि असंवेदनशील हुन्छन् जसका आत्माहरू ओइलाएर मरिरहेका हुन्छन् । तब, के हामी यस्ता मानिसहरूले परमेश्वरलाई प्रेम गर्दछन् भनी भन्न सक्छौं ?

एकपटक मैले चर्चका सबै विश्वासीहरू सामु यस्तो स्वीकारोक्ति दिएको थिएँ । मैले भनेको थिएँ, "यदि मैले एक हजार आत्मालाई बचाउन सक्ने हो भने, म तिनीहरूको सट्टामा नरक जान पनि तयार छु ।" अवश्य नै, नरक कस्तो ठाउँ हो भनी मलाई राम्रो सित थाहा छ । म यस्तो कुनै पनि कुरा गर्ने छैन जसले मलाई नरकमा पुऱ्याउनेछ । तर यदि मैले नरकमा जान लागेका ती आत्माहरूलाई बचाउन सक्ने हो भने, म तिनीहरूको सट्टामा त्यहाँ जान पनि तयार छु ।

ती एक हजार आत्माहरूमा हाम्रो चर्चका केही सदस्यहरू पनि पर्न सक्नुहुन्छ । उहाँहरू चर्चका ती अगुवाहरू वा सदस्यहरू हुन सक्नुहुन्छ जो सत्यका वचनहरू सुनेर र परमेश्वरका शक्तिशाली कार्यहरू देखेर पनि सत्यतालाई नरोजी मृत्युको मार्गमा जानुहुन्छ । साथै, उहाँहरू ती मानिसहरू हुन सक्नुहुन्छ जसले गलत बुझाइ र ईर्ष्याको कारणले गर्दा हाम्रो चर्चलाई सताउने गर्नुहुन्छ । वा, उहाँहरू अफ्रिकाका केही गरीब आत्माहरू हुन सक्नुहुन्छ जो गृह युद्ध, अनिकाल र गरीबीको कारणले गर्दा ग्रसित हुनुहुन्छ ।

जसरी येशू मेरो निम्ति मर्नुभयो, त्यसरी नै म पनि उहाँहरूको लागि आफ्नो जीवन दिन सक्छु । हामीले प्रेम गर्नु पर्छ भनी परमेश्वरको वचनले सिकाएको कारण, केवल आफ्नो जिम्मेवारी पूरा गर्ने क्रममा मात्र मैले उहाँहरूलाई प्रेम गरेको होइन । मैले उहाँहरूलाई बचाउनका लागि प्रतिदिन आफ्नो सबै जीवन र सामर्थ्य दिएको छु, किनभने म उहाँहरूलाई केवल बोलीद्वारा मात्र होइन तर आफ्नो जीवनभन्दा बढी प्रेम

गर्दछु । म आफ्नो सम्पूर्ण जीवन दिन्छु किनभने यो मलाई प्रेम गर्नु हुने पिता परमेश्वर को महान् इच्छा हो भनी म जान्दछु ।

मेरो हृदय यस्ता विचारहरूले भरिएको छ, 'म कसरी धेरै ठाउँहरूमा सुसमाचार प्रचार गर्न सक्छु ?' 'धेरै मानिसहरूलाई विश्वासमा ल्याउनका लागि म कसरी परमेश्वर को महान् कार्यहरू प्रकट गर्न सक्छु ?' 'म कसरी तिनीहरूलाई यस संसारको निरर्थकता बुझाएर स्वर्गको राज्यलाई पक्रनको लागि डोऱ्याउन सक्छु ?'

हामीले परमेश्वरको प्रेमलाई कति मात्रामा आफूमा उत्कीर्ण गरेका छौं भनी हामी आफैलाई जाँचेर हेरौं । यही प्रेमका साथमा उहाँले आफ्नो एक मात्र पुत्रको जीवन दिनुभयो । यदि हामी उहाँको प्रेमद्वारा भरिएका छौं भने, हामी हाम्रो सम्पूर्ण हृदयहरूद्वारा परमेश्वर र आत्माहरूलाई प्रेम गर्नेछौं । यो साँचो प्रेम हो । अनि यदि हामी यो प्रेमलाई पूर्णतया सम्वर्द्धन गर्दछौं भने, हामी प्रेमको मणिभाकार, नयाँ यरूशलेममा प्रवेश गर्न सक्नेछौं । तपाईंहरू सबैले त्यहाँ परमेश्वर पिता र प्रभुसित अनन्त प्रेम बाँड्नु हुनेछ भनी म आशा गर्दछु ।

फिलिप्पी ४:४

"प्रभुमा सधैँ आनन्द गर। म फेरि पनि भन्दछु, आनन्द गर।"

अध्याय ३

आनन्द

आनन्दको फल
पहिलो प्रेमको आनन्द हराउनुका कारणहरू
जब आत्मिक आनन्द उत्पन्न हुन्छ
यदि तपाईं आनन्दको फल फलाउन चाहनु हुन्छ भने
आनन्दको फल फलाएपछि पनि शोक गर्नु
सबै कुराहरूमा सकरात्मक बन्नु र भलाइलाई पछ्याउनु

आनन्द

हाँसोले तनाव, रीस र दबाबलाई कम गर्दछ फलतः यसले हृदयघात र आकस्मिक मृत्यु रोकथाम गर्नका लागि सहायता पुऱ्याउँदछ । यसले शरीरको प्रतिरोधात्मक शक्तिमा पनि सुधार ल्याउँदछ, जसले गर्दा फ्लू जस्ता संक्रमणहरू अनि क्यान्सर अनि खराब जीवनशैलीका कारण लाग्ने रोगहरू रोकथाम गर्ने क्रममा सकरात्मक प्रभाव पार्दछ । निश्चय नै हाँसोले हाम्रो स्वस्थ्यमा सकारात्मक प्रभाव पार्दछ, र परमेश्वरले पनि हामीलाई सधैं आनन्दित रहनका लागि भन्नु भएको छ । केहीले भन्न सक्छन् "आनन्दित हुने केही कुराहरू नभएको बेला म कसरी आनन्दित बन्नु ?" तर, विश्वास गर्ने मानिसहरू सधैं प्रभुमा आनन्दित बन्न सक्नुहुन्छ, किनभने परमेश्वरले उहाँहरूलाई कठिनाइहरूबाट छुटकारा दिनु हुनेछ र अन्ततः उहाँहरू अनन्त आनन्द भएको स्वर्गीय र ाज्यमा डोऱ्याइनु हुनेछ भनी उहाँहरू विश्वास गर्नुहुन्छ ।

आनन्दको फल

आनन्दचाहिँ "उत्कट र विशेषतः हर्षोन्माद पार्ने वा उल्लासमय खुशी" हो । तरैपनि, आत्मिक आनन्दचाहिँ केवल अत्याधिक खुशी हुनु मात्र होइन । अविश्वासीहरू पनि राम्रो परिस्थितिमा आनन्दित हुन्छन्, तर योचाहिँ केवल क्षणिक हुन्छ । परिस्थितिहरू कठिन बन्दा तिनीहरूको आनन्द हराउँदछ । तर यदि हामी हाम्रो हृदयमा आनन्दको फल फलाउँदछौं भने हामी सबै परिस्थितिहरूमा आनन्दित र प्रसन्न रहन सक्छौं ।

१ थेसलोनिकी ५:१६-१८ ले भन्दछ, "सधैं आनन्दित रहो । निरन्तर प्रार्थना गरिरहो । सबै परिस्थितिमा धन्यवाद देओ, किनकि ख्रीष्ट येशूमा तिमीहरूकालागि परमेश्वरको इच्छा यही हो ।" आत्मिक आनन्दचाहिँ सधैं आनन्दित हुनु र सबै परिस्थितिहरूमा धन्यवाद दिनु हो । हामीले कस्तो प्रकारको इसाई जीवन जिइरहेका छौं भनी मापन गर्न र जाँच्नका लागि आनन्द एक प्रत्यक्ष र स्पष्ट मापदण्ड हो ।

केही विश्वासीहरू हर समय आनन्द र खुशीका साथ प्रभुको मार्गमा हिँड्नु हुन्छ जब कि कतिपयलेचाहिँ आफ्नो विश्वासमा परिश्रमपूर्वक प्रयत्न गर्नुभएतापनि उहाँहरूको हृदयबाट वास्तविक रूपमा साँचो आनन्द र धन्यवादिता प्रादुर्भाव हुँदैन । उहाँहरू आर

ाधना सेवाहरूमा भाग लिनुहुन्छ, प्रार्थना गर्नुहुन्छ र चर्चमा आफ्ना जिम्मेवारीहरू पूरा गर्नुहुन्छ तर उहाँहरू ती सबै आफ्नो भित्री हृदयबाट नभई केवल कुनै जिम्मेवारी पूरा गरेझैं गरी ती क्रियाकलापहरू गर्नुहुन्छ । अनि अकस्मात् कुनै समस्याको सामना गर्नुपरे को खण्डमा, उहाँहरूले आफूभित्र थोरै मात्रामा रहेको शान्ति पनि गुमाउनुहुन्छ र हडबडीपनमा उहाँहरूको हृदय डगमगाउँदछ ।

यदि तपाईंले आफ्नो सामर्थ्यद्वारा कहिल्यै पनि समाधान गर्न नसक्नुहुने कुनै समस्या छ भने, यस्तो बेलामा तपाईं साँच्चै आफ्नो हृदयको गहिराइदेखि नै आनन्दित भइरहनु भएको छ कि छैन भनी तपाईंले आफूलाई जाँच्न सक्नुहुन्छ । यस्तो अवस्थामा, तपाईं किन ऐनामा हेर्नु हुन्न ? तपाईंले कति मात्रामा आनन्दको फल फलाउनु भएको छ भनी जाँच्नको लागि यो एक मापदण्ड पनि बन्न सक्छ । वास्तवमा, आफ्नो रगतद्वारा हामीलाई बचाउनु हुने येशू ख्रीष्टको अनुग्रह नै हाम्रो निम्ति सधैंभरि आनन्दित हुने पर्याप्त कारण हो । हामी नरकमा अनन्त आगोमा फालिनको लागि पूर्वनिर्दिष्ट भएका थियौं, तर येशू ख्रीष्टको रगतद्वारा हामी खुशी र शान्तिले भरिएको स्वर्गको राज्यमा जान सक्ने भएका छौं । यो सत्यले नै हामीलाई संसारमा सबैभन्दा ठूलो खुशी दिन सक्दछ ।

प्रस्थानपछि, इस्राएलका छोराहरू सुख्खा जमीनमा हिँडेझैं गरी लाल समुद्रलाई पार गरेर आफूलाई लखेटी रहेका मिश्री सेनाहरूबाट स्वतन्त्र हुँदा, तिनीहरू कति धेरै आनन्दित भए होलान् ? आनन्दले भरिएर सबै स्त्रीहरूले खैजडी लिएर नाचे र सबै मानिसहरूले परमेश्वरको प्रशंसा गरे (प्रस्थान १५:१९-२०) ।

त्यसैगरी, जब कुनै व्यक्तिले प्रभुलाई ग्रहण गर्दछ, तब उद्धार पाएको कारणले गर्दा ऊ आनन्द विभोर हुँदछ र ऊ दिनभरिको कठिन परिश्रमको कारण थकित भएतापनि उसका ओठहरूमा सधैं प्रशंसाका गीतहरू हुँदछन् । ऊ प्रभुको नामको खातिर सतावटमा परेतापनि वा कुनै कारण विना उसले कठिनाइ भोग्नु परेतापनि, ऊ स्वर्गीय राज्यको बारेमा सोचेर आनन्दित हुँदछ । यदि यो आनन्दको भरपूरी निरन्तर रहिरहने हो भने, उसले चाँडै नै पूर्ण रूपमा आनन्दको फल फलाउनेछ ।

पहिलो प्रेमको आनन्द हराउनुका कारणहरू

वास्तवमा, थोरैले मात्र आफ्नो पहिलो प्रेमको आनन्दलाई कायम राख्नु हुन्छ । प्रभुलाई ग्रहण गरेको केही समयपछि, मानिसहरूको आनन्द हराउँदछ र मुक्तिको अनुग्रहसित सम्बन्धित तिनीहरूका संवेगहरू पनि पहिलेको जस्तै रहदैनन् । विगतमा, तिनीहरू कठिनाइहरूको माझमा पनि केवल प्रभुको बारेमा मात्र सोचेर आनन्दित हुने गर्दथे, तर पछि परिस्थितिहरू कठिन हुँदा तिनीहरू सुस्केरा हाल्ने र शोक गर्ने गर्दछन् । योचाहिँ इस्राएलका छोराहरूले गरे जस्तै हो जसले लाल समुद्र पार गरेपछि महसूस गरेको आनन्द तुरुन्तै बिर्सिएर थोरै कठिनाइहरूमा पनि परमेश्वरको विरुद्धमा गनगन गरे र मोशाको विरुद्ध खडा भए ।

मानिसहरू किन यसरी परिवर्तन हुन्छन् ? योचाहिँ तिनीहरूको हृदयमा शरीर भएको कारणले गर्दा हो । शरीरको यहाँ आत्मिक अर्थ छ । यसले आत्माका विपरीत प्रवृत्ति वा स्वभावलाई जनाउँदछ । 'आत्मा' सृष्टिकर्ता परमेश्वरको हो, जुन सुन्दर र अपरिवर्तनीय छ, तर 'शरीर' चाहिँ ती कुराहरू हुन् जो परमेश्वरबाट टाढा हुन्छन् । ती यस्ता कुराहरू हुन् जुन नष्ट र भ्रष्ट भएर जान्छन् र लोप हुन्छन् । त्यसैले, व्यवस्थाहीनता, अधार्मिकता र असत्यता जस्ता सबै प्रकारका पापहरू शरीर हुन् । यस्ता प्रकारका शारीरिक स्वभाव हुनेहरूले आफ्नो हृदयमा रहेको आनन्दको भरपूरीलाई गुमाउनेछन् । साथै, तिनीहरूमा परिवर्तनशील स्वभाव भएको कारणले गर्दा, शत्रु दियाबलस र शैतानले त्यो परिवर्तनशील स्वभावलाई उक्साएर परिस्थितिहरूलाई प्रतिकूल पार्ने कोशिश गर्दछन् ।

सुसमाचार प्रचार गर्नुहुँदा प्रेरित पावलले कुटाइ खानु भयो र उहाँ कैदमा पर्नु भयो । तर उहाँले कुनै पनि कुराको चिन्ता नगरी प्रार्थना र परमेश्वरको प्रशंसा गर्नुहुँदा, एउटा ठूलो भूकम्प आयो र कैदका द्वारहरू खोलिए । थपअझ, यस घटनाद्वारा, उहाँले धेरै अविश्वासीहरूलाई प्रभुमा ल्याउनु भयो । कुनै पनि कठिनाइहरूमा उहाँले आफ्नो आनन्द गुमाउनु भएन, र उहाँले विश्वासीहरूलाई यसो भनेर सल्लाह दिनु भयो, "प्रभुमा सधैं आनन्द गर । म फेरि पनि भन्दछु, आनन्द गर । तिमीहरूको सहनशीलता सबे

मानिसहरूलाई थाहा होस् । प्रभु नजीकै हुनुहुन्छ । कुनै कुरामा चिन्तित नहोओ, तर हरेक कुरामा प्रार्थना र निवेदनद्वारा धन्यवादसहित तिमीहरूका बिन्ती परमेश्वरमा जाहेर होऊन्" (फिलिप्पी ४:४-६) ।

यदि तपाईं भीरको डिलमा झुण्डिरहेको जस्तो भयानक परिस्थितमा हुनुहुन्छ भने तपाईं किन प्रेरित पावलले चढाउनु भएको जस्तो धन्यवादको प्रार्थना चढाउनु हुन्न ? परमेश्वर तपाईंको विश्वासको कार्यदेखि प्रसन्न हुनु हुनेछ र सबै कुरामा तपाईंको भलाइको लागि कार्य गर्नु हुनेछ ।

जब आत्मिक आनन्द उत्पन्न हुन्छ

दाऊदले युवावस्थाको समयदेखि नै आफ्नो देशको लागि युद्ध भूमिमा लड्नु भयो । उहाँले विभिन्न युद्धहरूमा धेरै प्रशंसनीय सेवाहरू प्रदान गर्नु भयो । राजा शाऊल दुष्ट आत्माहरूबाट सतावटमा पर्दा, उहाँले राजालाई शान्ति दिनको लागि वीणा बजाउनु भयो । उहाँले कहिल्यै पनि आफ्नो राजाको आज्ञा उल्लङ्घन गर्नु भएन । तरैपनि, राजा शाऊल दाऊदको सेवाप्रति धन्यवादी थिएनन्, वास्तवमा दाऊदप्रतिको उनको डाहको कारणले गर्दा उनले उहाँलाई घृणा गर्दथे । मानिसहरूले दाऊदलाई प्रेम गर्दथे त्यसैले, शाऊललाई आफ्नो सिंहासन खोसिने डर थियो, र उनले दाऊदलाई मार्नको लागि आफ्नो सेना लिएर उहाँलाई लखेटी रहे ।

यस्तो परिस्थितिमा, दाऊद अवश्य पनि शाऊलबाट भाग्नु पर्ने थियो । एकपटक, विदेशी राष्ट्रमा आफ्नो ज्यान बचाउनको लागि उहाँले मुखबाट र्‍याल चुहाइ बौलाहा जस्तो नाटक गर्नु परेको थियो । यदि तपाईं उहाँको स्थानमा हुनु भएको भए तपाईंले कस्तो महसूस गर्नु हुने थियो ? दाऊद कहिल्यै पनि दुःखित हुनुभएन तर उहाँ केवल आनन्दित बन्नुभयो । उहाँले सुन्दर भजनद्वारा परमेश्वरमा आफ्नो विश्वास व्यक्त गर्नु भयो ।

"परमप्रभु मेरा गोठालो हुनुहुन्छ, मलाई केही कुराको अभाव हुँदैन

उहाँले मलाई हरियो खर्कमा लेटाउनुहुन्छ,
र मलाई शान्त पानीको छेउमा डोऱ्याउनुहुन्छ ।
उहाँले मेरो प्राणलाई पुनर्जीवित पार्नुहुन्छ ।
उहाँले आफ्नो नाउँको खातिर मलाई धार्मिकताको मार्गमा डोऱ्याउनुहुन्छ ।
मृत्युको अन्धकारमय घाटी भएर जानुपरे तापनि
म कुनै खतरादेखि डराउनेछैनँ,
किनकि तपाईं मेरो साथमा हुनुहुन्छ ।
तपाईंको लट्ठी र लहुरोले मलाई सान्त्वना दिन्छन् ।
मेरा शत्रुहरूका सामुन्ने तपाईंले मेरो
निम्ति भोज तयार पार्नुहुन्छ ।
तपाईंले मेरो शिर तेलले अभिषेक गर्नुहुन्छ,
मेरो कचौरो भरिएर पोखिन्छ ।
निश्चय नै तपाईंको भलाइ र करुणा
मेरो जीवनभरि मपछि लाग्नेछ,
र परमप्रभुको घरमा म सदासर्वदै वास गर्नेछु ।" (भजनसंग्रह २३:१-६)

वास्तविकताचाहिँ काँडाको बाटो जस्तै थियो, तर दाऊदमा केही महान् कुरा थियो । त्योचाहिँ परमेश्वरप्रति उहाँको बल्दो प्रेम र अपरिवर्तनीय भरोसा थियो । उहाँको हृदयको गहिराइबाट प्रदुर्भाव भएको आनन्दलाई केही कुराले पनि बिथोल्न सक्दैन्थ्यो । निसन्देह दाऊद आनन्दको फल फलाउनु भएको व्यक्ति हुनुहुन्थ्यो ।

मैले प्रभुलाई स्वीकार गरेको एकचालीस वर्षदेखि, मैले कहिल्यै पनि मेरो पहिलो प्रेमको आनन्दलाई गुमाएको छैन । म अझैपनि प्रत्येक दिन कृतज्ञतामा जिउँदछु । सात वर्षसम्म म धेरै रोगहरूबाट पीडित थिएँ, तर परमेश्वरको शक्तिले ती सबै रोगहरूलाई एकै पटक निको पाऱ्यो । म तत्कालै इसाई बने र निर्माण स्थलहरूमा कार्य गर्न थालेँ । मसँग राम्रो काम पाउने अवसर थियो, तर मैले कठोर परिश्रम गर्न रोजेँ किनभने प्रभुको दिन पवित्र राख्नको लागि मेरो निम्ति केवल यही मार्गमात्र थियो ।

प्रत्येक बिहान म चार बजे उठ्थेँ र बिहानीको प्रार्थना सभामा भाग लिन्थेँ। त्यसपछि खाजा बोकेर म काममा जान्थेँ। बसमा चढेर कार्य स्थलमा पुग्नको लागि साँढे एक घण्टा लाग्थ्यो। मैले पर्याप्त विश्राम नलिई बिहानदेखि बेलुकीसम्मै काम गर्नु पर्दथ्यो। यो साँच्चै नै कठोर परिश्रम थियो। मैले पहिला कहिल्यै पनि शारीरिक परिश्रम गरेको थिइनँ अनि त्यसमाथि पनि म धेरै वर्षसम्म विरामी भएको थिएँ, त्यसैले यो मेरो लागि सजिलो कार्य थिएन।

काम गरेर म करिब राती दश बजेतिर फर्केर आउने गर्दथेँ। म हातमुख धुन्थेँ, खाना खान्थेँ, बाइबल पढ्थेँ र मध्य रातमा सुत्न जानु अघि प्रार्थना गर्दथेँ। जीविको पार्जनको लागि मेरो श्रीमती पनि घर घरमा जानुभई सामानहरू बेच्नु हुन्थ्यो, तर यसद्वारा हामीलाई म बिरामी भएको बेला लिएको कर्जाको केवल व्याज तिर्न समेत गाह्रो थियो। हाम्रो प्रत्येक दिनको खाँचो मुश्किलले पूरा हुन्थ्यो। आर्थिक रूपमा म धेरै कठिन परिस्थितिमा भएतापनि, मेरो हृदय सधैँ आनन्दले भरिएको हुन्थ्यो र मौका मिल्नासाथ हरसमय म सुसमाचार प्रचार गर्दथ्येँ।

म भन्दथेँ, "परमेश्वर जीवित हुनुहुन्छ ! मलाई हेर्नुहोस् ! म केवल मृत्युलाई पर्खिरहे को थिएँ, तर म परमेश्वरको शक्तिद्वारा पूर्णतया निको भएँ र म यसरी स्वस्थ भएँ !"

वास्तविकताचाहिँ कठिन र आर्थिक रूपले चुनौतीपूर्ण थियो, तर मलाई मृत्युदेखि बचाउनु हुने परमेश्वरको प्रेमप्रति म सधैँ नै धन्यवादी थिएँ। मेरो हृदय पनि स्वर्गको आशाले भरिएको थियो। मैले पास्टर हुनको लागि परमेश्वरबाट बोलावट पाएपछि, मानिसले सहन गर्नै नसक्ने धेरै कठिनाइहरू र अन्यायपूर्ण कुराहरू मैले भोग्नु पऱ्यो, तरै पनि मेरो आनन्द र कृतज्ञता कहिल्यै पनि सेलाएन।

यो कसरी सम्भव भयो त ? किनभने हृदयको धन्यवादीताले अझ धेरै धन्यवादीता उत्पन्न गराउँदछ। म सधैँ धन्यवाद दिने कुराहरू खोज्दथेँ र परमेश्वरलाई धन्यवादका प्रार्थनाहरू अर्पण गर्दथेँ। अनि केवल धन्यवादका प्रार्थनाहरू मात्र होइन, तर परमेश्वर लाई धन्यवादका भेटीहरू पनि अर्पण गर्न पाउँदा म आनन्दित हुन्थेँ। प्रत्येक आराधना सेवामा मैले परमेश्वरलाई चढाउने धन्यवादका भेटीहरूको साथै, म अन्य कुराहरूको लागि पनि परमेश्वरलाई धन्यवादको भेटी अर्पण गर्ने गर्दथेँ। विश्वासमा वृद्धि भइरहनु

भएका चर्चका सदस्यहरूका निम्ति; मलाई समुद्रपारको विशाल क्रूसेडहरूद्वारा परमेश्वर लाई महिमा गर्न दिनु भएको लागि; चर्चको वृद्धि गरिदिनु भएको लागि अनि यस्तै अरू कुराको लागि म भन्यवाद दिन्थेँ । धन्यवाद दिने कारणहरूको खोजी गर्दा म आनन्दित हुँदछु ।

त्यसैकारण, म सधैं धन्यवाद दिन सकूँ भनेर परमेश्वरले मलाई निरन्तर आशिषहरू र अनुग्रह दिइरहनु भएको छ । यदि मैले परिस्थितिहरू राम्रो हुँदामात्र धन्यवाद दिएर परि स्थिति नराम्रो हुँदा गनगन गरेको भए, अहिले मैले अनुभव गरिरहेको खुशी मैले प्राप्त गर्ने थिइनँ ।

यदि तपाईं आनन्दको फल फलाउन चाहनु हुन्छ भने

सर्वप्रथम, तपाईंले शरीरलाई त्याग्नु पर्दछ ।

यदि हामीमा इर्ष्या वा डाह छैन भने, अरूहरूले प्रशंसा वा आशिष् पाउँदा हामी आफैले नै प्रशंसा र आशिष् पाएको झैं गरी हामी आनन्दित हुनेछौं । यसको ठीक विपर ीत, हामीमा जति बढी ईर्ष्या र डाह हुन्छ, अरूको उन्नति देख्दा हामीलाई त्यति नै बढी कष्ट महसूस हुन्छ । हामीमा अरूप्रति असहज भावनाहरू उत्पन्न हुन सक्छन् वा अरू मानिसहरू जति बढी माथि उचालिन्छन् त्यति नै आफू होचिएको महसूस गरेर हामी आनन्द गुमाउन र निराश बन्न सक्छौं ।

साथै, यदि हामीमा रीस वा रोष छैन भने, हामीले कठोर व्यवहार सहनुपरेतापनि वा नोक्सानी भोग्नुपरेतापनि हामीमा केवल शान्ति हुनेछ । हामीमा शारीरिक कुराहरू भएको कारणले गर्दा हामी क्रुद्ध र निराश हुन्छौं । यो शारीरिक कुरा यस्तो बोझ हो जसले हाम्रो हृदयलाई भारी महसूस गराउँदछ । यदि हामीमा आफ्नो स्वार्थ खोज्ने प्रवृत्ति छ भने, हामीले अरूभन्दा धेरै नोक्सानी बेहोर्नु परेको जस्तो लाग्दा हामी कष्टित र पीडित महसूस गर्नेछौं ।

हामीमा शारीरिक स्वभाव भएको कारणले गर्दा, शत्रु दियाबलस र शैतानले यस्ता शारीरिक स्वभावलाई उत्तेजित गराई यस्ता परिस्थितिहरू सृजना गर्दछन् जसमा हामी

आनन्दित हुन सक्दैनौं । हामीमा जति मात्रामा शरीरका कुराहरू हुन्छन् त्यति नै हामी आत्मिक विश्वास प्राप्त गर्न सक्दैनौं र परमेश्वरमा भर पर्न नसकेको कारणले गर्दा हामीमा धेरै चिन्ता र फिक्रीहरू हुन्छन् । तर परमेश्वरमा भर पर्नेहरूसँग यदि आज खानको लागि केही नभएतापनि तिनीहरू आनन्दित हुन सक्छन् । किनभने हामीले पहिला परमेश्वरको राज्य र धार्मिकता खोजी गर्दा हामीलाई चाहिएका सबै थोक दिने प्रतिज्ञा परमेश्वरले हामीसित गर्नुभएको छ (मत्ती ६:३१-३३) ।

साँचो विश्वास भएकाहरूले जस्तोसुकै कठिनाइहरूमा पनि धन्यवादिताका प्रार्थनाहरूद्वारा सबै कुरा परमेश्वरको हातमा सुम्पनुहुन्छ । शान्तिले भरिएको हृदयका साथ उहाँहरू परमेश्वरको राज्य र धार्मिकताको खोजी गर्नुहुन्छ र त्यसपछि उहाँहरूले आफूलाई चाहिएका कुराहरू माग्नुहुन्छ । तर परमेश्वरमा भर नपरी आफ्नै सोचाइ र यो जनाहरूमा भरपर्नेहरू व्याकुल बन्दछन् । यदि व्यापार गर्नेहरूले पनि पवित्र आत्माको आवाज स्पष्टसित सुन्नु भएर त्यसलाई पछ्याउनु हुन्छ भने उहाँहरूको मार्गमा उन्नति हुनेछ र उहाँहरूले आशिष् पाउनुहुनेछ । तर उहाँहरूमा लोभ, अधीरता, र असत्यताका विचारहरू रहेसम्म उहाँहरूले पवित्र आत्माको आवाज सुन्न सक्नुहुन्न र कठिनाइहरूको सामना गर्नु हुनेछ । निष्कर्षमा भन्नु पर्दा, हामीले आनन्द गुमाउनुको मुख्य कारणचाहिँ हाम्रो हृदयमा रहेका शारीरिक स्वभावहरू हुन् । हामीले हाम्रो हृदयबाट जति बढी शार ीरिक कुराहरू त्याग्छौं त्यति नै बढी आत्मिक आनन्द र धन्यवादिता हामीमा हुनेछ र सबै कुराहरूमा हाम्रो भलो हुनेछ ।

दोस्रो, सबै कुराहरूमा हामीले पवित्र आत्माका इच्छाहरूलाई पछ्याउनु पर्दछ ।

हामीले खोजेको आनन्द सांसारिक आनन्द होइन तर माथिबाट आउने आनन्द हो, अर्थात् पवित्र आत्माको आनन्द हो । हामी तब मात्र आनन्दित र खुशी हुन सक्छौं जब हामीमा वास गर्नु हुने पवित्र आत्मा आनन्दित बन्नु हुन्छ । त्यस्तै जब हामी आफ्नो सार ा हृदयले परमेश्वरको आराधना गर्दछौं, प्रार्थना र उहाँको प्रशंसा गर्दछौं, अनि उहाँको वचन पालना गर्दछौं तब साँचो आनन्द प्राप्त हुँदछ ।

साथै, यदि हामी पवित्र आत्माको प्रेरणाद्वारा हाम्रा कमजोरीहरूलाई महसूस गर्दछौं र तिनमा सुधार ल्याउँदछौं भने, हामी कति खुशी हुनेछौं ! जब हामी आफूलाई पहिलेको

भन्दा फरक भएर एउटा नयाँ व्यक्ति बनेको पाउँदछौं तब हामी अझ बढी खुशी र धन्यवादी हुन्छौं । परमेश्वरले दिनुभएको आनन्दलाई संसारको कुनै पनि आनन्दसित तुलनासमेत गर्न सकिँदैन, र कसैले पनि यसलाई खोस्न सक्दैन ।

हामी हाम्रो दैनिक जीवनमा कस्ता कुराहरूलाई रोज्छौं सोही अनुरूप हामी पवित्र आत्माका इच्छाहरू वा शरीरका इच्छाहरूलाई पछ्याइरहेका हुन्छौं । यदि हामी प्रत्येक क्षण पवित्र आत्माका इच्छाहरूलाई पछ्याउँदछौं भने पवित्र आत्मा हामीमा आनन्दित बन्नुहुन्छ र हामीलाई आनन्दले भरिदिनु हुन्छ । ३ यूहन्ना १:४ ले भन्दछ, "मेरा छोराछोरीहरूले सत्यको अनुसरण गर्छन् भन्ने कुरा सुन्न पाउनुभन्दा अरू बढी आनन्दको कुरा मेरो लागि के हुन सक्छ र ?" यहाँ उल्लेख गरिएझैं, जब हामी सत्यतामा चल्दछौं तब परमेश्वर आनन्दित बन्नुहुन्छ र पवित्र आत्माको भरपूरीमा हामीलाई आनन्द प्रदान गर्नुहुन्छ ।

उदाहरणको लागि, यदि हामीमा आफ्नो फाइदा खोज्ने र अरूको फाइदा खोज्ने इच्छाबीच संघर्ष भइरहन्छ भने हामीले आनन्द गुमाउनेछौं । अनि, यदि हामी अन्ततः आफ्नै फाइदा खोज्छौं भने, आफूले चाहेका कुराहरू हामीले पाएको जस्तो त देखिन्छ तर हामी आत्मिक आनन्द प्राप्त गर्न सक्दैनौं । तर उल्टो हाम्रा विवेकले हामीलाई दोष दिनेछ वा हामी हृदयमा कष्टित महसूस गर्नेछौं । अर्कोतिर यदि हामी अरूको फाइदा खोज्छौं भने केही समयको लागि हामीले नोक्सानी बेहोर्नु परेको जस्तो लागेतापनि, हामीले माथिबाटको आनन्द प्राप्त गर्नेछौं किनभने पवित्र आत्मा आनन्दित बन्नुहुनेछ । यस्तो आनन्द अनुभव गर्नु भएकाहरूले मात्र यो कति असल छ भनी बुझ्नुहुनेछ । यो यस्तो प्रकारको आनन्द हो जुनचाहिँ संसारमा कसैले पनि दिन वा बुझ्न सक्दैन ।

दुइ दाजुभाइहरूको एउटा कथा छ । जेठोलेचाहिँ खाना खाएपछि आफ्नो भाँडा माझ्दैनथ्यो । त्यसैले, कान्छोलेचाहिँ खाना खाएपछि सधैं टेबल सफा गर्नु पर्दथ्यो, र उसले असजिलो महसूस गर्दथ्यो । एकदिन, जेठोले खाना खाएर जानलाग्दा, कान्छोले भन्यो, "आफूले खाएको भाँडा तपाईंले धुनु पर्दछ ।" "तिमीले नै माझे भइहाल्यो नि" भनी जेठो दाइले कुनै हिचकिचाहट विना जवाफ दियो र आफ्नो कोठामा गयो । कान्छोलाई त्यो कुरा मन परेन, तर उसको दाइ त्यहाँबाट गइसकेको थियो ।

दाइलाई आफूले खाएको भाँडा माझ्ने बानी छैन भनी कान्छोलाई थाहा थियो । त्यसै ले, कान्छोले सबै भाँडा आफैले माझेर खुशीसाथ दाजुको सेवा गर्न सक्दछ । तब, तपाईंलाई यस्तो लाग्न सक्छ यस्तो अवस्थामा कान्छोले सधैंभरि भाँडा माझिरहनु पर्नेछ, र जेठोलेचाहिँ समस्याको समाधान गर्न कोशिश गर्नेछैन । तर यदि हामी भलाइमा कार्य गर्दछौं भने, परमेश्वरले नै त्यो परिस्थिति परिवर्तन गरिदिनु हुनेछ । परमेश्वरले दाइको हृदयलाई परिवर्तन गरिदिनु हुनेछ जसले गर्दा उसले यसरी सोच्नेछ, ' मैले आफ्नो भाइलाई सधैंभरि भाँडा माझ्न लगाएकोमा म दुःखित छु । अबदेखि, म र मेरो भाइ दुवै को भाँडा म माझ्नेछु ।'

माथिको उदाहरणमाझैं, यदि हामी क्षणिक फाइदाको लागि शारीरिक इच्छाहरूलाई पछयाउँदछौं भने, हामीमा सधैं असहज भावनाहरू र कलहहरू हुनेछन् । तर यदि हामी पवित्र आत्माका इच्छाहरूलाई पछयाएर हृदयदेखि अरूको सेवा गर्छौं भने हामीले आनन्द प्राप्त गर्नेछौं ।

सबै कुराहरूमा यही सिद्धान्त लागू हुन्छ । तपाईंले पहिला आफ्नो मापदण्ड अनुसार अरूको न्याय गर्नु भएतापनि, यदि तपाईं आफ्नो हृदय परिवर्तन गर्नु हुन्छ र भलाइमा अरूलाई बुझ्नु हुन्छ भने, तपाईंमा शान्ति हुनेछ । आफ्नोभन्दा धेरै फरक व्यक्तित्व वा भिन्न धारणाहरू भएको व्यक्तिलाई भेट्दा तपाईं के गर्नुहुन्छ ? के तपाईं उसलाई बे वास्ता गर्न खोज्नु हुन्छ वा के तपाईं मुस्कानका साथ उसलाई अभिवादन गर्नुहुन्छ ? अविश्वासीहरूको दृष्टिकोणमा, आफूलाई मन नपर्ने मानिससँग राम्रो व्यवहार गर्नुको साटो तिनीहरूलाई त्याग्नु वा बेवास्ता गर्नु तिनीहरूको लागि धेरै सजिलो हुँदछ ।

तर पवित्र आत्माका इच्छाहरूलाई पछयाउने मानिसहरू सेवाको हृदयका साथ त्यस्ता मानिसहरूसित मुस्कुराउनु हुन्छ । जब हामी अरूलाई सान्त्वना दिने अभिप्रायका साथ प्रत्येक दिन मर्दछौं, तब हामीले माथिबाट आउने त्यो साँचो शान्ति र आनन्द अनुभव गर्नेछौं (१ कोरिन्थी १५:३१) । थपअझ, यदि हामी कसैलाई मन पराउँदैनौ वा कसैको व्यक्तित्व हामीसित मेल खाँदैन भन्ने भावना समेत हामीमा आउँदैन भने हामी हर समय शान्ति र आनन्द महसूस गर्न सक्छौं ।

मानौं तपाईंले मुस्किलले प्राप्त गर्नु हुने बिदाको दिनमा चर्चको कुनै अगुवाले

तपाईंलाई आइतबारको सेवामा चर्च आउन नसक्नु भएको सदस्यलाई भेट्नलाई उहाँसँग आउनको लागि भन्नु भयो वा मानौं तपाईंलाई सुसमाचार प्रचार गर्न भनियो। एक मनले तपाईं विश्राम लिन चाहनु हुन्छ र अर्को मनले तपाईंलाई परमेश्वरको कार्य गर्न सुझाव दिन्छ। केलाई छान्ने भन्ने कुरा तपाईंको स्वतन्त्र इच्छामा भर पर्दछ, तर धेरै सुत्दैमा र आफ्नो शरीरलाई आराम दिँदैमा तपाईंले आनन्द प्राप्त गर्न सक्नुहुन्न।

जब तपाईं आफ्नो समय र धन परमेश्वरको सेवकाइ गर्नको लागि दिनु हुन्छ, तब तपाईंले पवित्र आत्माको भरपूरी र आनन्द अनुभव गर्न सक्नु हुनेछ। यदि तपाईं पवित्र आत्माको इच्छाहरूलाई बारम्बार पछ्याइरहनु हुन्छ भने, तपाईंमा आत्मिक आनन्दको वृद्धि हुनका साथै तपाईंको हृदय पनि सत्यको हृदयमा परिवर्तन हुनेछ। त्यही मात्रामा तपाईंले आनन्दको परिपक्व फल फलाउनुहुनेछ र तपाईंको मुहार आत्मिक ज्योतिले चम्कनेछ।

तेस्रो, हामीले परिश्रमपूर्वक आनन्द र धन्यवादिताको बीउ छर्नु पर्दछ।

किसानले फसल कटनी गर्नको लागि, उसले बीउ छर्नु पर्दछ र त्यसको हेरचाह गर्नु पर्दछ। सोही प्रकारले, आनन्दको फल फलाउनको लागि, हामीले परिश्रमपूर्वक धन्यवाद दिने अवसरहरूको खोजी गर्नु पर्दछ र परमेश्वरमा धन्यवादको बलिदानहरू अर्पण गर्नु पर्दछ। यदि हामी परमेश्वरका छोराछोरीसित विश्वास छ भने, हामी धन्यवादी हुने थुप्रै कारणहरू छन्!

पहिलो, हामीमा कुनै कुरासित पनि साट्न नसकिने मुक्तिको आनन्द छ। साथै, असल परमेश्वर हाम्रो पिता हुनुहुन्छ, र उहाँ सत्यतामा चल्ने आफ्ना छोराछोरीहरूलाई प्रेम गर्नु हुन्छ र तिनीहरूले जेसुकै मागेतापनि उत्तर दिनु हुन्छ। त्यसोभए, हामी कति खुशी छौं त ? यदि हामी केवल प्रभुको दिनलाई पवित्र राखी ठीकसित दसाशं मात्रै दिन्छौं भने पनि वर्षभरि हामीले कुनै पनि विपत्ति प्रकोप वा दुर्घटना पर्ने छैनौं। यदि हामी पापहरू गर्दैनौं र परमेश्वरको आज्ञाहरू पालन गर्दछौं अनि उहाँको राज्यको लागि विश्वासयोग्य भई काम गर्दछौं भने हामीले सधैं आशिष् प्राप्त गर्नेछौं।

हामीले कुनै कठिनाइको सामना गर्नु परेतापनि, बाइबलका ६६ वटा पुस्तकहरूमा सबै प्रकारका समस्याहरूका समाधान पाउनेछौं। यदि हाम्रो आफ्नै गल्तीहरूका कारणले

गर्दा केही कठिनाइहरू आएको छ भने, हामी पश्चात्ताप गरेर त्यस्ता मार्गहरूबाट फर्कन सक्छौं जसले गर्दा परमेश्वरले हामीमाथि दया गर्नु हुनेछ र समस्या समाधान गर्नको लागि हामीलाई उत्तर दिनु हुनेछ । हामीले आफैलाई जाचेर हेर्दा, यदि हाम्रो हृदयले हामीलाई दोष दिँदैन भने, हामी केवल आनन्दित हुनेछौं र धन्यवाद दिनेछौं । तब, परमेश्वरले सबै कुराहरू भलाइको लागि गर्नु हुनेछ र हामीलाई धेरै आशिष्हरू दिनुहुने छ ।

परमेश्वरले हामीलाई दिनुभएको अनुग्रहलाई हामीले हलुको रूपमा लिएर त्यसको अवहेलना गर्नु हुँदैन । हामी हर समय आनन्दित बन्नु पर्दछ र उहाँलाई धन्यवाद दिनु पर्दछ । जब हामी धन्यवादी र आनन्दित हुने कुराहरूको खोजी गर्दछौं, तब परमेश्वरले हामीलाई धन्यवादी हुने धेरै कुराहरू दिनु हुनेछ । यसले गर्दा, हाम्रो कृतज्ञता र आनन्द वृद्धि हुनेछ र अन्ततः हामीले पूर्ण रूपले आनन्दको फल फलाउने छौं ।

आनन्दको फल फलाएपछि पनि शोक गर्नु

हामीले हाम्रो हृदयमा आनन्दको फल फलाएतापनि, कहिलेकाहीँ हामी दुःखित बन्दछौं । योचाहिँ सत्यतामा गरिने आत्मिक शोक हो ।

पहिलो, शोकचाहिँ पश्चात्तापको शोक हो । हाम्रा पापहरूका कारणले गर्दा आएका कष्ट र परीक्षाहरूमा हामी आनन्दित र धन्यवादी भएर मात्रै समस्या समाधान गर्न सक्दैनौं । यदि केही पाप गरेर पनि आनन्दित हुन्छ भने त्यो सांसारिक आनन्द हो जसको परमेश्वरसित कुनै सम्बन्ध हुँदैन । त्यस्तो अवस्थामा, आँसुका साथ पश्चात्ताप गरेर हामी ती मार्गहरूबाट फर्कनु पर्दछ । हामीले यस्तो सोचेर पूर्णतया पश्चात्ताप गर्नुपर्दछ, 'परमेश्वरमा विश्वास गरेर पनि कसरी मैले यस्तो पाप गरें ? प्रभुको अनुग्रहलाई मैले कसरी त्यागें ?' तब, परमेश्वरले हाम्रो पश्चात्तापलाई स्वीकार्नु हुनेछ, र पापको पर्खाल भत्केको प्रमाण स्वरूप, उहाँले हामीलाई आनन्द प्रदान गर्नु हुनेछ । हामी आकाशमा उडिरहेकोझैं धेरै हलुका र प्रसन्न महसूस गर्नेछौं, र माथिबाट नयाँ प्रकारको आनन्द र धन्यवादीता आउने छ ।

तर पश्चात्तापको शोक कठिनाइहरू वा विपत्तिहरूको पीडाको कारण बगाइने दुःखको आँसुभन्दा निश्चय नै फरक छ । तपाईंले धेरै आँसु बगाएर र न्यालसिगान सरी भएर प्रार्थना गर्नु भएतापनि, यदि तपाईं आफ्नो अवस्था बारे क्रुद्ध भएर रुँदै प्रार्थना गरिरहनु हुन्छ भने त्यो शारीरिक शोक मात्र हो । साथै, यदि तपाईं सजायको भयले समस्याबाट भाग्न कोशिश गर्नु हुन्छ र आफ्ना पापहरूबाट पूर्णतया फर्कनु हुन्न भने, तपाईंले साँचो आनन्द प्राप्त गर्न सक्नु हुने छैन । आफूले क्षमा पाएको पनि तपाईं महसूस गर्न सक्नु हुन्न । यदि तपाईंको शोक पश्चात्तापको साँचो शोक हो भने, तपाईंले पाप गर्न चाहने तत्परतालाई नै त्याग्नु पर्दछ र त्यसपछि पश्चात्तापको उचित फल फलाउनु पर्दछ । तब मात्र तपाईंले माथिबाटको आत्मिक आनन्द प्राप्त गर्नु हुनेछ ।

अर्को प्रकारको शोकचाहिँ त्यतिबेला हुँदछ जब तपाईं परमेश्वरको अपमान भएको वा आत्माहरू मृत्युको मार्गमा गएको देख्नु हुन्छ । योचाहिँ सत्यता अनुरूपको उचित शो क हो । यदि तपाईंमा यस्तो प्रकारको शोक छ भने, तपाईं हार्दिकतापूर्वक परमेश्वरको र ाज्यको निम्ति प्रार्थना गर्नु हुनेछ । धेरै आत्माहरू बचाउन र परमेश्वरको राज्यलाई फै लाउनका लागि तपाईंले पवित्रता र शक्ति माग्नु हुनेछ । त्यसकारण, यस्तो शोकले परमे श्वरलाई खुशी तुल्याउँदछ र यो उहाँको दृष्टिमा ग्रहणयोग्य हुँदछ । यदि तपाईंमा यस्तो आत्मिक शोक छ भने, तपाईंको हृदयको गहिराइमा रहेको आनन्द हट्ने छैन । उदास वा निराश भई तपाईंले सामर्थ्य गुमाउनु हुने छैन, तर तपाईंमा अझै धन्यवादिता र प्रसन्नता हुनेछ ।

धेरै वर्षअघि, परमेश्वरले मलाई परमेश्वरको राज्यको लागि र चर्चको लागि धेरै शो क गरेर प्रार्थना गर्नु हुने एक जना व्यक्तिको स्वर्गीय घर देखाउनु भयो । उहाँको घर सुन र बहुमूल्य रत्नहरूले सुसज्जित थियो, अनि विशेषगरी त्यहाँ धेरै ठूला, चम्किला मो तीहरू थिए । जसरी मोतीसिपीले आफ्नो सारा सामर्थ्य र जीवन रस प्रयोग गरेर मोती बनाउँदछ, त्यसैगरी उहाँले पनि प्रभुसित समरूप हुनका लागि र परमेश्वरको राज्य अनि आत्माहरूका लागि शोक गर्दै प्रार्थना गर्नु हुन्थ्यो । परमेश्वरले उहाँलाई उहाँका सबै आँसुसहितका प्रार्थनाहरूको प्रतिफल दिनु हुनेछ । त्यसैले गर्दा, हामीले सधैं परमे श्वरमा विश्वासगरी आनन्दित हुनु पर्दछ, र परमेश्वरको राज्य अनि आत्माहरूका लागि

हामीले शोक गर्न सक्नु पर्दछ।

सबै कुराहरूमा सकारात्मक बन्नु र भलाइलाई पछ्याउनु

जब परमेश्वरले पहिलो मानिस, आदमलाई बनाउनुभयो, उहाँले आदमको हृदयमा आनन्द प्रदान गर्नु भयो। तर त्यतीबेला आदमले महसूस गर्नु भएको आनन्द हामीले यस पृथ्वीमा मानव सम्वर्द्धनबाट गुज्रेपछि प्राप्त गर्ने आनन्दभन्दा फरक छ।

आदम एक जीवित प्राणी, वा जीवित आत्मा हुनुहुन्थ्यो, जसको अर्थ उहाँमा कुनै पनि शारीरिक स्वभावहरू थिएनन्, त्यसैले गर्दा आनन्दको विपरीतमा रहेको कुनै पनि कुरा उहाँमा थिएन। अर्थात्, आनन्दको मूल्य बुझ्नका लागि उहाँमा सापेक्षताको अवधारणा थिएन। केवल रोगबाट पीडित भएकाहरूले मात्र स्वास्थ्य कति बहुमूल्य छ भनी बुझ्न सक्छन्। गरीबी भोगेका हरूले मात्र सम्पन्न जीवनको साँचो मूल्यलाई बुझ्न सक्छन्।

आदमले कहिल्यै पनि कुनै पीडा अनुभव गर्नु भएको थिएन, र आफूले कस्तो आनन्दित जीवन जिइरहेको छु भनी उहाँले महसूस गर्न सक्नु भएको थिएन। उहाँले अनन्त जीवन प्राप्तगरी अदनको बगैंचाको प्रचुरता उपभोग गरी रहनु भएतापनि, उहाँ आफ्नो हृदयदेखि साँच्चिकै आनन्दित हुन सक्नु भएको थिएन। तर उहाँले असल र खर ाबको ज्ञान दिने रुखको फल खानु भएपछि, उहाँको हृदयभित्र शरीरका कुराहरू प्रवेश गरे, र परमेश्वरले दिनुभएको आनन्द उहाँले गुमाउनु भयो। उहाँ यस संसारका धेरै कष्टहरूबाट गुज्रनु हुँदा, उहाँको हृदय दुःख, एकलोपना, रोष, बैमनस्ता र चिन्ताहरूले भरियो।

हामीले यस पृथ्वीमा सबै प्रकारका पीडाहरूको अनुभव गरेकाछौं, र आदमले गुमाउनु भएको आत्मिक आनन्दलाई अब हामीले पुनर्प्राप्त गर्नु पर्दछ। यसो गर्नका लागि, हामीले शारीरिक कुराहरूलाई त्याग्नु पर्दछ, हर समय पवित्र आत्माको इच्छालाई पछ्याउनु पर्दछ, र सबै कुराहरूमा आनन्द र धन्यवादिताका बीउहरू छर्नु पर्दछ। यहाँ,

यदि हामी सकारात्मक स्वभावहरू धारण गर्दछौं र भलाइलाई पछ्याउँदछौं भने हामी पूर्णतया आनन्दको फल फलाउन सक्षम हुनेछौं ।

अदनको बगैंचामा बस्नु हुने आदमभन्दा फरक तवरले जब हामी यस पृथ्वीका विभिन्न कुराहरू बीचको सापेक्षताका सम्बन्धहरू अनुभव गर्दछौं तब हामी यस्तो आनन्द प्राप्त गर्दछौं । त्यसैले गर्दा, हाम्रो हृदयको गहिराइबाट आनन्द प्रादुर्भाव हुँदछ र यो कहिल्यै परिवर्तन हुँदैन । हामीले स्वर्गमा अनुभव गर्ने साँचो खुशी यस पृथ्वीमा नै हामीभित्र सम्वर्द्धन भइसकेको छ । यो पृथ्वीको जीवनलाई सिद्ध्याएर स्वर्गको राज्यमा प्रवेश गर्दा प्राप्त हुने आनन्दलाई हामी कसरी व्यक्त गर्न सक्छौं र ?

लूका १७:२१ ले भन्दछ, "नता मानिसहरूले भन्नेछन्, 'हेर, यहाँ छ !' अथवा 'त्यहाँ छ !' किनभने हेर, परमेश्वरको राज्य तिमीहरूकै बीचमा छ ।" म आशा गर्दछु तपाईंहरूले चाँडै नै आफ्नो हृदयमा आनन्दको फल फलाउनु हुनेछ जसले गर्दा तपाईंले यही पृथ्वीमा नै स्वर्ग अनुभव गर्नुहुनेछ र सधैं खुशीले भरिएको जीवन जिउन सक्नु हुनेछ ।

हिब्रू १२:१४

"सबै मानिसहरूसँग शान्तिमा बस्ने र पवित्र हुने प्रयत्न गर, पवित्रताविना कुनै मानिसले परमप्रभुलाई देख्न सक्दैन।"

अध्याय ४

शान्ति

शान्तिको फल
शान्तिको फल फलाउनको लागि
भलाइका वचनहरू महत्वपूर्ण छन्
अरूको दृष्टिकोणबाट बुद्धिमतापूर्वक सोच्नुहोस्
हृदयभित्रको साँचो शान्ति
मेलमिलाप गराउनेहरूका लागि आशिषहरू

Mir

नुनका कणहरू देख्न सकिँदैन, तर स्फटिकरणपछि, तिनीहरू सुन्दर घनाकृत फटिक बन्दछन् । नुनको थोरै मात्रा पनि पानीमा घुलिँदा त्यसले पानीको सम्पूर्ण संरचनालाई नै परिवर्तन गरी दिन्छ । यो खाना स्वादिष्ट पार्न प्रयोग गरिने अत्यावश्यक मसला हो । नुनमा रहेका सुक्ष्म तत्वहरूको थोरै मात्रा पनि शरीरका गतिविधिहरू सुसञ्चालन गर्न अति आवश्क हुन्छन् ।

जसरी नुन खानामा मिसिएपछि त्यसले खानालाई स्वादिष्ट बनाउछ र कुहिनबाट जोगाउँछ, त्यसैगरी हामीले अरूलाई सन्मार्ग देखाउन र पवित्र बनाउन आफैलाई बलिदान गरेको अनि शान्तिको सुन्दर फल फलाएको परमेश्वर चाहनु हुन्छ । अब हामी पवित्र आत्माका फलहरू मध्ये शान्तिको फललाई हेरौं ।

शान्तिको फल

मानिसहरूले परमेश्वरमा विश्वास गरेतापनि, आफूमा अहम्, वा 'स्वार्थ' रहुञ्जेलसम्म तिनीहरूले अरूसँग शान्ति कायम राख्न सक्दैनन् । यदि तिनीहरू आफ्नो विचार ठीक छ भनी सोच्दछन् भने, तिनीहरू अरूको विचारलाई बेवास्ता गर्ने गर्दछन्, र अनुपयुक्त तवरले कार्य गर्दछन् । समूहका बहुसंख्यक मतहरूद्वारा कुनै प्रस्ताव पारित भएतापनि तिनीहरू त्यो निर्णयको बारेमा गनगन गरिरहन्छन् । तिनीहरू अरूका राम्रा पक्षहरूलाई हेर्नुको साटो उनीहरूका कमजोरीहरूलाई हेर्दछन् । तिनीहरू अरूको बारेमा नराम्रा कुराहरू बोल्दछन् र त्यस्ता कुराहरूलाई फैलाउँदछन्, अनि मानिसहरूको बीचमा फाटो ल्याउँदछन् ।

जब हामी यस्ता मानिसहरूको वरपर हुन्छौं, तब हामीलाई काँडाको बिछौनामा बसिरहेकोभैं अनुभव हुन्छ र शान्ति महसूस हुँदैन । शान्ति भङ्ग गर्नेहरू भएका ठाउँमा सधैं समस्याहरू, पीडाहरू र परीक्षाहरू हुन्छन् । यदि देश, परिवार, कार्य क्षेत्र, चर्च, वा कुनै समूहमा शान्ति भङ्ग हुन्छ भने आशिष्को मार्गमा अवरोध आउँदछ र त्यहाँ धेरै कठिनाइहरू हुनेछन् ।

नाटकमा, निश्चय नै नायक वा नायिका महत्वपूर्ण हुन्छन्, तर अन्य भूमिकाहरू र अरू सहकर्मीहरूको सहकार्यहरू पनि महत्वपूर्ण हुँदछ । यही कुरा सबै संस्थाहरूमा लागू हुन्छ । यो सानो कुरा जस्तो लागेतापनि, जब हरेक व्यक्तिले आफ्नो जिम्मेवारी ठीकसित पूरा गर्दछ, तब कुनै पनि कार्यलाई पूर्ण रूप दिन सकिन्छ, र यस्तो व्यक्तिलाई पछि ठूलो जिम्मेवारी सुम्पिन सकिन्छ । साथै, आफूले गर्ने कार्य महत्वपूर्ण हुँदैमा घमण्ड गर्नु हुँदैन । उसले अरूलाई पनि सँगसँगै वृद्धि हुन सहायता गरेको खण्डमा सबै कामहरू शान्ति पूर्ण तवरले गर्न सकिन्छ ।

रोमी १२:१८ ले भन्दछ, "हुन सक्छ भने, सकेसम्म सबैसँग शान्तिमा बस ।" अनि हिब्रू १२:१४ ले भन्दछ, "सबै मानिसहरूसँग शान्तिमा बस्ने र पवित्र हुने प्रयत्न गर, पवित्रताविना कुनै मानिसले परमप्रभुलाई देख्न सक्दैन ।"

यहाँ 'शान्ति' चाहिँ हाम्रा विचारहरू सही भएतापनि अरूहरूको विचारलाई मान्यता दिन सक्नु हो । योचाहिँ अरूहरूलाई सान्त्वना दिनु हो । यो यस्तो उदार हृदय हो जसद्वारा सत्यको परिधिभित्र रहेको हरेक कुराहरूसँग हामी सहमत हुन सक्छौं । शान्तिमा रहनु भनेको अरूको फाइदा पछ्याउनु र पक्षपात नगर्नु हो । शान्ति कायम गर्नु भनेको अरूसित कुनै बहस वा द्वन्द्व नहोस् भन्ने हेतुले कसैको व्यक्तिगत धारणाको विरोध गर्ने अभिव्यक्ति नदिने प्रयत्न गर्नु र अरूका कमी-कमजोरीहरूलाई नहेर्नु हो ।

परमेश्वरका छोराछोरीहरूले केवल श्रीमान् श्रीमती, बाबु आमा र छोराछोरी, र दाजुभाइहरू र छिमेकीहरू बीच मात्र शान्ति कायम गर्ने होइन, तर तिनीहरू सबै मानिसहरूसित शान्तिमा रहनु पर्दछ । उनीहरू केवल आफूले प्रेम गरेका हरूसित मात्रै होइन तर आफूलाई घृणा गर्ने र दुःख दिनेहरूसित पनि शान्तिमा रहनु पर्दछ । विशेषगरी चर्चमा शान्ति गर्नु अत्यावश्यक छ । शान्ति भङ्ग भयो भने परमेश्वरले कार्य गर्न सक्नु हुन्न । योचाहिँ केवल शैतानलाई हामी विरुद्ध दोष लगाउने मौका दिनु हो । त्यस्तै, हामीले धेरै परिश्रम गरेर परमेश्वरको सेवकाइमा ठूला उपलब्धिहरू हासिल गरेतापनि, यदि शान्ति भङ्ग भएमा हामीले स्याबासी पाउन सक्दैनौं ।

उत्पत्ति २६ अध्यायमा, अरूहरूले चुनौती दिँदा पनि इसहाकले सबैसित शान्ति कायम गर्नु भयो । योचाहिँ त्यतिखेरको समय थियो जब अनिकाल बाट बच्नको लागि इसहाक पलिश्तीहरू बसोबास गर्ने ठाउँमा जानु भएको थियो । उहाँले परमेश्वरको आशिष् प्राप्त गर्नु भयो, र उहाँको बगालहरू र बथानहरू वृद्धि भए र उहाँ अत्यन्तै धनाढ्य हुनुभयो । पलिश्तीहरूले उहाँको डाह गरे र इसहाकका इनारहरू ढुङ्गा-माटोले पुरिदिए ।

त्यो ठाउँमा पर्याप्त पानी पर्दैनथ्यो र विशेषगरी ग्रीष्म ऋतुको समयमा त्यहाँ पानी पटक्कै पर्दैनथ्यो । इनार नै तिनीहरूको जीवन धान्ने स्रोत थियो । तरैपनि, इसहाकले तिनीहरूसित झगडा वा द्वन्द्व गर्नु भएन । उहाँले त्यो ठाउँ छोडिदिनु भयो र अर्को इनार खन्नु भयो । जहिलेजहिले उहाँले कठोर परिश्रम गरेर इनार खनेर पानीको मूल फेला पार्नु हुन्थ्यो, पलिश्तीहरू आएर त्यो इनार तिनीहरूको हो भनी जिद्दी गर्थे । तरैपनि, इसहाकले कहिल्यै विरोध गर्नु भएन अनि उहाँले ती इनारहरू छोडिदिनु भयो । उहाँ अर्को ठाउँमा जानुहुन्थ्यो र अर्को इनार खन्नु हुन्थ्यो ।

यो क्रम धेरै पटक दोहोरियो, तर इसहाकले ती मानिसहरूसित केवल भलाइका साथ व्यवहार गर्नु भयो र उहाँ जहाँ जानुभएता पनि परमेश्वरले उहाँलाई आशिष् दिनुभएर इनार प्राप्त गर्न दिनुभयो । यो देखेर पलिश्तीहरूले परमेश्वर उहाँसित हुनुहुन्छ भनी महसूस गरे र उहाँलाई दुःख दिन छोडिदिए । यदि इसहाकले आफूमाथि अन्याय भएको कारण तिनीहरूसित झगडा वा द्वन्द्व गर्नु भएको भए, उहाँ तिनीहरूका शत्रु बन्नु हुने थियो र उहाँले त्यो ठाउँ छोड्नु पर्ने थियो । पलिश्तीहरूले खराब अभिप्रायका साथ झगडा गर्ने दाउ हेरिरहेको कारणले गर्दा उहाँले नम्रतापूर्वक शिष्टशैलीमा आफ्नो कुरा राख्नु भएतापनि त्यो व्यर्थ हुने थियो । यस कारणले गर्दा, इसहाकले तिनीहरूसित भलाइका साथ व्यवहार गर्नु भयो र शान्तिको फल फलाउनु भयो ।

यदि हामी यस प्रकारले शान्तिको फल फलाउँछौं भने, परमेश्वरले सबै परिस्थितिहरूलाई नियन्त्रण गर्नु हुनेछ जसले गर्दा हाम्रो सबै कुरामा भलाइ हुनेछ । अब, हामी कसरी शान्तिको यस्तो फल फलाउन सक्छौं त ?

शान्तिको फल फलाउनको लागि

पहिलो, हामी परमेश्वरसित शान्तिमा रहनु पर्दछ ।

परमेश्वरसित शान्ति कायम गर्नको लागि अति महत्वपूर्ण कुरा भनेको हामीमा कुनै पनि पापका पर्खालहरू हुनु हुन्न । आदमले परमेश्वरको आज्ञालाई भङ्ग गर्नु भएर मनाही गरेको फल खानु भएपछि उहाँ परमेश्वरबाट लुक्नु भयो (उत्पत्ति ३:८) । विगतमा, उहाँ परमेश्वरसित घनिष्ठ सम्बन्धमा हुनुहुन्थ्यो तर अब परमेश्वरको उपस्थितिले डर र दूरीको भावना ल्यायो । किनभने उहाँको पापको कारणले परमेश्वरसितको शान्ति भङ्ग भएको थियो ।

यही कुरा हामीमा पनि लागू हुन्छ । हामी सत्यतामा चल्दछौं भने, हामी परमेश्वर सित शान्तिमा रहन सक्छौं र परमेश्वरको सामु हामीलाई साहस हुन्छ । निश्चय नै, पूर्ण र सिद्ध शान्ति प्राप्त गर्नको लागि, हामीले हाम्रो हृदयबाट सबै पापहरू र दुष्टताहरूलाई त्याग्नु पर्दछ र पवित्र बन्नु पर्दछ । हामी अझै सिद्ध नभएतापनि, जबसम्म हामी हाम्रो विश्वासको नापअनुसार ईमान्दारी पूर्वक सत्यतामा चल्दछौं, तब सम्म हामी परमेश्वर सित शान्तिमा रहन सक्छौं । हामी शुरू देखिनै परमेश्वरसित सिद्ध शान्तिमा हुँदैनौं, तर जब हामी हाम्रो विश्वासको नाप अन्तर्गत उहाँसित शान्तिमा रहन कोशिश गर्दछौं तब हामी परमेश्वरसित शान्तिमा रहन सक्छौं ।

हामी मानिसहरूसित शान्तिमा रहन कोशिश गर्दाखेरि पनि, सर्वप्रथम हामी परमेश्वरसित शान्तिमा रहनु पर्दछ । हामीले हाम्रो आमाबुवा, छोराछोरी, श्रीमान् श्रीमती, साथीहरू, र सहकर्मीहरू बीच शान्ति कायम गर्दाखेरि हामीले सत्यताको विरुद्धमा रहेको कुनै पनि कुरा कहिल्यै गर्नु हुँदैन । अर्थात्, हामीले मानिसहरूसित शान्ति कायम राख्नको लागि परमेश्वरसितको शान्ति भङ्ग गर्नु हुँदैन ।

उदाहरणको लागि, अविश्वासी परिवारका सदस्यहरूसँग शान्तिमा रहनको लागि यदि हामी मूर्तिहरूको अगाडि झुक्छौं वा प्रभुको दिनलाई उल्लङ्घन गर्दछौं भने के हुनेछ ? केही क्षणको लागि त हामीमा शान्ति भएको जस्तो देखिन्छ, तर वास्तवमा

हामीले परमेश्वरको अगाडि पापको पर्खाल खडा गरेर गम्भीर रूपमा परमेश्वरसितको शान्ति भङ्ग गरेका हुन्छौं । मानिसहरूसित शान्ति कायम गर्नका लागि हामी पाप गर्न सक्दैनौं । साथै, यदि हामी हाम्रो परिवारको सदस्य वा साथीको विवाहमा भाग लिनको लागि प्रभुको दिन उल्लङ्घन गर्दछौं भने, यो परमेश्वरसितको शान्ति भङ्ग गर्नु हो र अन्ततः हामी ती मानिसहरूसित पनि साँचो शान्तिमा रहन सक्दैनौं ।

मानिसहरूसित साँचो शान्तिमा रहनको लागि, सर्वप्रथम हामीले परमेश्वरलाई खुशी तुल्याउनु पर्दछ । तब, परमेश्वरले शत्रु, शैतान र दियाबलसलाई भगाउनु हुनेछ र दुष्ट मानिसहरूका मनलाई परिवर्तन गरिदिनु हुनेछ जसले गर्दा हामी सबैसित शान्तिमा रहन सक्छौं । हितोपदेश १६:७ ले भन्दछ, "जब मानिसका मार्गहरू परमप्रभुलाई मन पर्ने हुन्छन्, उहाँले त्यसका शत्रुहरूलाई समेत त्यससँग मिलापमा राख्नुहुन्छ ।"

निश्चय नै हामीले सत्यतामा रहनका लागि सक्दो प्रयास गरेतापनि अर्को व्यक्तिले शान्ति भङ्ग गरीरहन सक्दछ । यस्तो अवस्थामा, यदि हामी अन्त्यसम्मै सत्यतामा प्रतिक्रिया दिन्छौं भने, अन्ततः परमेश्वरले सबै कुरा भलाइको लागि गर्नु हुनेछ । दाऊद र राजा शाऊलबीचको सम्बन्धमा पनि यस्तै भएको थियो । आफ्नो डाहको कारणले गर्दा राजा शाऊलले दाऊदलाई मार्न कोशिश गरे, तर दाऊदले उनलाई अन्त्यसम्मै भलाइका साथ व्यवहार गर्नु भयो । उनलाई मार्नको लागि दाऊदले धेरै मौका प्राप्त गर्नु भएको थियो, तर उहाँले भलाइलाई पछ्याउँदै परमेश्वरसित शान्ति कायम गर्न रोज्नु भयो । अन्त्यमा दाऊदका असल कार्यहरूको इनाम स्वरूप परमेश्वरले उहाँलाई सिंहानमा बस्न दिनु भयो ।

दोस्रो, हामी आफैसित शान्तिमा रहनु पर्दछ ।

आफैसित शान्तिमा रहनको लागि, हामीले सबै प्रकारका दुष्टताहरूलाई त्याग्नु पर्दछ र पवित्र बन्नु पर्दछ । हाम्रो हृदयमा दुष्टता रहेसम्म, विभिन्न परिस्थितिहरूमा हाम्रो दुष्टता उत्तेजित हुँदछन् र यसले गर्दा शान्ति भङ्ग हुँदछ । हामीले सोचे अनुरूप परिस्थितिहरू अनुकूल हुँदा हामी शान्तिमा छौं भनी हामी सोच्न सक्छौं, तर जब परि स्थितिहरू अनुकूल हुँदैनन् र तिनले हाम्रो हृदयमा रहेको दुष्टतालाई प्रभावित

तुल्याउँदछन् तब शान्ति भङ्ग हुन्छ । जब घृणा वा रीस हाम्रो हृदयमा उर्लन्छन् तब कति कष्टकर महसूस हुन्छ ! तर परिस्थिति जस्तो सुकै भएतापनि यदि हामी सत्यतालाई मात्र रोज्दछौं भने हमीले हृदयमा शान्ति अनुभव गर्न सक्छौं ।

केही मानिसहरू, परमेश्वरसित शान्तिमा रहनको लागि सत्यतामा चल्न प्रयास गरे तापनि तिनीहरूको हृदयमा साँचो शान्ति हुँदैन । योचाहिँ तिनीहरूको स्व-धार्मिकता र तिनीहरूको व्यक्तित्वको संरचनाको कारणले गर्दा हो ।

उदाहरणको लागि, केही मानिसहरू परमेश्वरको वचनद्वारा धेरै नै बाँधिनु भएको हुन्छ, जसले गर्दा उहाँहरूको मनमा शान्ति हुँदैन । परीक्षाहरूबाट गुज्रनुभन्दा अघिको समयमा अचयूबले गर्नुभएझैं, उहाँहरू परिश्रमपूर्वक प्रार्थना गर्नुहुन्छ र परमेश्वरको वचनअनुसार जिउन कोशिश गर्नुहुन्छ, तर उहाँहरूले यी सबै कार्यहरू परमेश्वरप्रतिको प्रेमको कारणले गर्दा गर्नुभएको हुँदैन । उहाँहरू परमेश्वरबाट आइपर्ने सजाय र दण्डको त्रासमा परमेश्वरको वचनअनुसार जिउनु हुन्छ । अनि यदि संयोग वस उहाँहरूले कुनै परिस्थितिमा सत्यलाई भङ्ग गर्नु भयो भने अब केही विपत्ति आइहाल्छ भन्ने त्रासमा उहाँहरू निकै अतालिनु हुन्छ ।

यस्तो अवस्थामा उहाँहरू परिश्रमपूर्वक सत्यतामा चल्नु भएतापनि उहाँहरूको हृदय कति कष्टित हुनेछ । त्यसकारण, उहाँहरूको आत्मिक वृद्धि रोकिनेछ वा उहाँहरूले आनन्द गुमाउनु हुनेछ । वास्तवमा उहाँहरूले आफ्नै स्व-धार्मिकता र सोचाइका संरचनाहरूको कारण दुःख पाइरहनु भएको हुन्छ । यस्तो अवस्थामा, व्यवस्था पालन गर्ने कार्यहरूमा मात्रै तल्लिन हुनुको साटो उहाँहरूले परमेश्वरको लागि प्रेम सम्वर्द्धन गर्न कोशिश गर्नु पर्दछ । आफ्नो सम्पूर्ण हृदयले परमेश्वरलाई प्रेम गर्ने र परमेश्वरको प्रेमलाई महसूस गर्ने व्यक्तिले साँचो शान्ति महसूस गर्न सक्नुहुन्छ ।

अर्को उदाहरणलाई हेरौं । केही मानिसहरू तिनीहरूका नकरात्मक सोचाइको कारण तिनीहरू आफैसित शान्तिमा रहेका हुँदैनन् । तिनीहरू सत्यतामा चल्न प्रयत्न गर्दछन् तर आफूले चाहे अनुरूपको नतिजा नआएको खण्डमा तिनीहरू आफैलाई दोष दिन्छन् र आफ्नै हृदयलाई पीडित तुल्याउँदछन् । तिनीहरू परमेश्वरको अघि दुःखित बन्दछन् र

आफूमा धेरै कमी छ भन्ने सोचेर निराश हुन्छन् । 'मेरो वरिपरि रहेका मानिसहरूले मलाई तुच्छ सम्झे भने मैले के गर्ने ? तिनीहरूले मलाई त्यागे भने के हुनेछ ?', भन्ने सोचेर तिनीहरूले शान्ति गुमाउँदछन् ।

यस्ता मानिसहरू आत्मिक छोराछोरी बन्नु पर्दछ । आफ्नो बाबुआमाको प्रेममा विश्वास गर्ने छोराछोरीको सोचाइ वास्तवमा सरल हुँदछ । आफूले कुनै गल्ती गरेतापनि, त्यो कुरालाई आफ्ना आमाबुवाबाट नलुकाईकन तिनीहरू उहाँहरूको अंगालोमा जान्छन् अनि अर्को पटक गल्ती नदोहोऱ्याईकन सुध्रिने बाचा गर्दछन् । यदि तिनीहरू क्षमा माग्दै भरोसालाग्दो र मायालाग्दो अनुहार पारेर सुध्रिने बाचा गर्छन् भने त्यो देखेर छोराछोर िहरूलाई गाली गर्न लाग्नु भएका आमाबुवाहरू पनि मुस्कुराउनु हुन्छ ।

निश्चय नै, यसको मतलब तपाईंले सधैंभरि सुध्रिने बाचा गर्दै उही गल्ती दोहोऱ्याइ रहनु पर्दछ भन्ने होइन । यदि तपाईं साँच्चै पापबाट फर्किने र अर्को पटक सुध्रिने चाहना राख्नु हुन्छ भने, परमेश्वरले किन तपाईंबाट आफ्नो मुहार तर्काउनु हुन्छ र ? साँचो रूपले पश्चत्ताप गर्ने मानिसहरू अरूको कारण निराश वा हतोत्साहित बन्नुहुन्न । निश्चय नै, न्यायको मापदण्ड अनुरूप उहाँहरूले केही सजाय पाउन सक्नुहुन्छ वा केही समयको लागि होचिन सक्नुहुन्छ । तर यदि परमेश्वरले आफूलाई प्रेम गर्नु हुन्छ भन्ने निश्चयता उहाँहरूमा छ भने, उहाँहरूले खुशीसाथ परमेश्वरको सजायलाई स्वीकार्नु हुन्छ र अरू मानिसहरूको राय वा टिक्काटिप्पणीलाई वास्ता गर्नुहुन्न ।

यसको ठीक विपरीत, यदि उहाँहरू आफ्ना पापहरू क्षमा भएका छन् कि छैनन् भनी सोचेर शंका गरिरहन्छन् भने परमेश्वर खुशी हुनुहुने छैन । यदि उहाँहरू साँचो रूपले पश्चात्ताप गरेर आफ्ना मार्गहरूबाट फर्कनु भएको छ भने आफूले क्षमा पाएको छु भनी विश्वास गर्दा त्यसले परमेश्वरलाई खुशी तुल्याउँछ । उहाँहरूका गल्तीहरूको कारणले गर्दा केही परीक्षाहरू आइपरेतापनि, यदि उहाँहरू ती कुराहरूलाई आनन्द र धन्यवादिताका साथमा ग्रहण गर्नुहुन्छ भने ती परीक्षाहरू आशिष्‌हरूमा परिणत हुनेछन् ।

त्यसकारण, हामीले यो विश्वास गर्नु पर्दछ कि हामी सिद्ध नभएतापनि परमेश्वरले हामीलाई प्रेम गर्नुहुन्छ, र यदि हामीले आफैलाई परिवर्तन गर्न कोशिश गर्दछौं भने उहाँले हामीलाई सिद्ध बनाउनु हुनेछ । त्यस्तै, यदि हामी कुनै परीक्षामा होचिएका छौं

भने पनि, अन्ततः हामीलाई उचाल्नु हुने परमेश्वरमा हामीले भरोसा गर्नु पर्दछ । मानिसहरूबाट मान्यता पाउने इच्छा राखेर हामी अधीर बन्नु हुँदैन । यदि हामी सत्यतापूर्ण हृदय र कार्यहरू सञ्चय गर्दै जान्छौं भने, हामी आफैसित शान्तिमा र हनसक्छौं र आत्मिक साहस प्राप्त गर्न सक्छौं ।

तेस्रो, हामी सबैसित शान्तिमा रहनु पर्दछ ।

सबैसित शान्तिमा रहनको लागि, हामीले आफैलाई बलिदान गर्न सक्नु पर्दछ । आफ्नो जीवन नै दिने विन्दुसम्म हामीले अरूको निम्ति बलिदान दिनु पर्दछ । पावलले भन्नु भएको थियो, "प्रतिदिन म मर्दछु," र उहाँले भन्नु भएको जस्तै सबै जानासित शान्तिमा रहनको लागि हामीले आफ्नो कुरा, आफ्नो दृष्टिकोण, वा चाहनाहरूमा जिद्दी गर्नु हुँदैन ।

शान्तिमा रहनको लागि, हामीले अनुपयुक्त तवरले कार्य गर्नु वा आफ्नो बारेमा तडकभडक देखाउन र फाइँफुट्टी लगाउन कोशिश गर्नु हुँदैन । हामीले हृदयदेखि नै आफूलाई नम्र तुल्याउनु पर्दछ र अरूलाई उचाल्नु पर्दछ । हामीले पक्षपात गर्नु हुँदैन, अनि यदि कुनै कुरा सत्यताको दायरा भित्र छ भने हामीले अरूको राय पनि स्वीकार गर्नु पर्दछ । हामीले हाम्रो विश्वासको नाप अनुसार नभई अरूको दृष्टिकोणबाट सोच्नु पर्दछ । हाम्रो धारणा सही, वा उत्तम भएतापनि हामीले अरूका धारणाहरूलाई पनि पछ्याउन सक्नु पर्दछ ।

तर यसको अर्थ पाप गरेर मृत्युको बाटोमा जाने मानिसहरूलाई हामीले उनीहरू कै हालतमा छोडिदिनु पर्छ र उनीहरूलाई मृत्युको बाटोमा जान दिनु पर्छ भन्ने होइन । हामीले उनीहरूसित सम्झौता गर्नुहुँदैन वा असत्यतामा चल्नका लागि उनीहरूका कार्यमा सामेल हुनुहुँदैन । कहिलेकाहीँ हामीले उनीहरूलाई प्रेमका साथ सम्झाउनु वा हप्काउनु पर्दछ । हामी सत्यतालाई पछ्याएर शान्तिमा रहन्छौं भने हामीले ठूला आशिष् हरू प्राप्त गर्न सक्छौं ।

अर्को, सबैसित शान्तिमा रहनको लागि हामीले आफ्नै स्व-धार्मिकता र संर

चनाहरूमा जिद्धी गर्नु हुँदैन । कसैले आफ्नो व्यक्तित्व, आचरण र अभिरुचि अनुसार सही भनी ठानेका कुराहरूलाई 'संरचनाहरू' भनिन्छ । यहाँ उल्लेख गरिएको 'स्व-धार्मिकता' भनेको आफूले उत्कृष्ट ठानेका आफ्ना व्यक्तिगत मत, विचार र धारणाहरू अरूमाथि थो पर्न खोज्नु हो । स्व-धार्मिकता र संरचनाहरू हाम्रो जीवनका धेरै पक्षहरूमा देखा पर्दछन् ।

यदि कुनै व्यक्तिले आफू कार्यरत रहेको कम्पनीका नियमहरू गलत छन् भन्ने सोचेर आफू खुशी काम गरेर कम्पनीका नियमहरू उल्लङ्घन गर्दछ भने के हुनेछ ? आफूले ठीकै गरिरहेको छु भनी उसले सोच्न सक्छ, तर निस्सन्देह उसको मालिक वा सहकर्मीहरूले अर्कै सोच्न सक्छन् । त्यस्तै, यदि अरूका धारणाहरू असत्यता होइनन् भने तिनलाई पछ्याउनु पनि सत्यता अनुरूपकै कार्य हो ।

प्रत्येक व्यक्ति भिन्न वातावरणमा हुर्किएको कारणले गर्दा तिनीहरूको व्यक्तित्व फरक हुन्छ । हरेकले पाएको शिक्षा र तिनीहरूको विश्वासको नाप फरक हुँदछ । त्यसैले गर्दा, हरेक व्यक्तिको सही वा गलत र असल वा खराबलाई पहिचान गर्ने मापदण्ड फरक हुन्छ । कसैलाई कुनै कुरा सही लाग्न सक्छ जबकी अर्को व्यक्तिलाई सोही कुरा गलत लाग्न सक्छ ।

उदाहरणको लागि हामी श्रीमान् र श्रीमती बीचको सम्बन्ध बारे चर्चा गरौं । श्रीमान्लाई घर सधैं सफा सुघर राखेको मन पर्छ तर श्रीमती त्यसो गर्दिनन् । श्रीमन्ले शुरूमा त यसलाई प्रेममा सहन्छन् र आफै सफा गर्दछन् । तर यस्तो भइरहँदा, तिनलाई दिक्क लाग्दछ । आफ्नी श्रीमतीले उचित गृह शिक्षा पाएकी छैनन् भनी तिनले सोच्न शुरू गर्छन् । यति सरल र उचित कुरा पनि उनी किन गर्दिनन् भनी तिनले आश्चर्य मान्दछन् । तिनको निरन्तर सुझावको बावजूद, यति धेरै वर्षसम्म पनि किन उनका बानीहरू परिवर्तन भएका छैनन् भनी तिनले बुझ्न सक्दैनन् ।

तर अर्कोतिर, श्रीमतीको भनाइ यस्तो हुन्छ । यस्तो सोचेर श्रीमान्प्रति उनको नैराश्यता बढ्दछ, 'के मेरो काम केवल सरसफाइ र घरधन्दा मात्र हो र ? कहिलेकाहीं मैले

सरसफाइ गर्न नसक्दा, ऊ आफैले गरे पनि त हुन्छ नि । ऊ यस बारे किन धेरै गनगन गरिरहन्छ ? पहिले त ऊ मेरो लागि जे पनि गर्न तयार थियो, तर अहिले ऊ यस्ता ससाना कुराहरूमा पनि गनगन गर्छ । अब त उसले मेरो परिवारको संस्कार बारे पनि कुरा गर्न थालेको छ ।' यदि प्रत्येकले आआफ्नै धारणा र इच्छाहरूमा जोड दिन्छन् भने, तिनीहरूबीच शान्ति हुन सक्दैन । शान्ति तब मात्र कायम गर्न सकिन्छ जब तिनीहरू आफ्नो दृष्टिकोणबाट मात्र नसोची अरूको दृष्टिकोणबाट पनि सोच्दछन् र एक अर्काको सेवा गर्दछन् ।

येशूले हामीलाई भन्नुभएको छ, हामीले परमेश्वरलाई आफ्नो भेटी चढाउँदा, यदि हामीमा हाम्रो कुनै दाजुभाइको विरुद्ध केही छ भने, सर्वप्रथम हामीले ऊसँग मिलाप गर्नु पर्दछ अनि त्यसपछि आएर भेटी चढाउनु पर्दछ (मत्ती ५:२३-२४) । हामीले त्यस दाजु वा भाइसित शान्ति कायम गरिसकेपछि चढाएको भेटीमात्र परमेश्वरले ग्रहण गर्नु हुन्छ ।

परमेश्वरसित र आफैसित शान्तिमा रहनेहरूले अरूहरूसित शान्ति भङ्ग गर्नुहुन्न । उहाँहरूले अघिबाट नै आफ्ना लोभ, घमण्ड, धाक, र स्व-धार्मिकता अनि संरचनाहरू त्यगिसक्नु भएको हुन्छ जसको कारणले गर्दा उहाँहरूले कसैसित पनि झगडा गर्नु हुन्न । अरूहरू दुष्ट भएर, समस्या खडा गरेतापनि, यस्ता मानिसहरूले अन्ततः शान्ति कायम गर्नको लागि आफैलाई बलिदान गर्नुहुन्छ ।

भलाइका वचनहरू महत्वपूर्ण छन्

शान्तिको खोजी गर्न प्रयास गर्दा, हामीले केही कुराहरूलाई ध्यान दिनु पर्दछ । शान्ति कायम गर्नको लागि केवल मीठा वचनहरू बोल्नु अति नै अपरिहार्य हुँदछ । हितोपदेश १६:२४ ले भन्दछ, “मीठा वचनहरू महका चाकाहरूजस्तै हुन्, जसले प्राणलाई मिठास दिन्छ, र हड्डीहरू निको पार्छ ।” मीठा वचनहरूले निरुत्साहित भएकाहरूलाई बल र सहास दिँदछ । मरिरहेका आत्माहरूलाई जागृत तुल्याउनका लागि ती असल औ

षधि बन्न सक्छन् ।

यसको विपरीत, दुष्ट शब्दहरूले शान्ति भङ्ग गर्दछ । राजा सोलोमनको छोरा रहबाम राजा बन्दा, दश कूलका मानिसहरूले राजालाई तिनीहरूमाथिको कठोर परिश्रम हलुङ्गो पारिदिनको लागि अनुरोध गरेका थिए । राजाले उत्तर दिए, “मेरा पिताले त तिमीहरूको जुवा गह्रौं बनाइदिनुभएको थियो, तर म त्यो अझै गह्रौं बनाइदिनेछु । मेरा पिताले तिमीहरूलाई बेत लाउनुहुन्थ्यो, तर म तिमीहरूलाई बिच्छीहरूले डस्न लाउनेछु” (२ र ाजा १०:१४) । यी वचनहरूको कारणले गर्दा राजा र मानिसहरू एक अर्काबाट टाढिए, जसको नजिता स्वरूप अन्ततः देश दुइ भागमा टुक्रियो ।

मानिसको जिब्रो शरीरको निकै सानो अङ्ग हो, तर यसमा असाधारण शाक्ति रहेको हुन्छ । योचाहिँ राम्रोसँग नियन्त्रण नगर्दा एउटा सानो झिल्कोले ठूलो आगोको रूप लिएर धेरै हानि पुऱ्याए जस्तै हो । यसै कारणले गर्दा याकूब ३:६ ले भन्दछ, “जिब्रो पनि एउटा आगो नै हो । यो शरीरका अङ्गहरूमध्ये अधर्मको एउटा दुनियाँ नै हो । यसले सार ा शरीरलाई दूषित पार्दछ र जीवनको सारा क्रममा नै आगो सल्काइदिन्छ र नरकको आगोमा त्यो जल्छ ।” साथै, हितोपदेश १८:२१ ले भन्दछ, “जीवन र मृत्युको शक्ति जिब्रोमा हुन्छ, त्यसलाई प्रेम गर्नेहरूले त्यसका फल खानुपर्छ ।”

विशेषगरी, विचारको भिन्नताहरूको कारणले गर्दा यदि हामी रोष वा गनगनका वचनहरू बोल्दछौं भने ती शब्दहरूमा खराब भावनाहरू हुन्छन्, र त्यसकारण शत्रु, दियाबलस र शैतानले ती शब्दहरूका कारण दोष लगाउने गर्दछन् । त्यस्तै, गुनासो र र ोषलाई आफूभित्र पालिराख्नु र त्यस्ता भावनाहरूलाई शब्द र कार्यको रूपमा बाहिर प्रकट गर्नु फरक कुरा हुन् । मसीको भाँडो खल्तीमा बोक्नु एउटा कुरा हो, तर बिर्को खो लेर त्यसलाई बाहिर खनाउनुचाहिँ बिल्कुलै फरक हो । यदि तपाईंले यसलाई बाहिर खन्याउनु भयो भने, तपाईंको वरिपरि भएका मानिसहरूका साथसाथै तपाईंलाई पनि यसको दाग लाग्नेछ ।

यसै गरी, तपाईंले परमेश्वरको कार्य गर्नु हुँदा पनि, कुनै कुरा तपाईंको विचारसँग मे ल नखाँदा तपाईंले गनगन गर्न सक्नुहुन्छ । तब, तपाईंको विचारसित सहमत हुने केही

मानिसहरूले पनि त्यसरी नै गनगन गर्नेछन् । यदि यो संख्या दुइ र तीन जना हुँदै वृद्धि हुन्छ भने, यसले शैतानको सभाघर खडा गर्दछ । चर्चमा शान्ति भङ्ग हुनेछ र चर्चको वृद्धि रोकिने छ । त्यसैकारणले हामीले सधैं, असल कुराहरूलाई मात्र हेर्नु, सुन्नु अनि बोल्नु पर्दछ (एफिसी ४:२९) । सत्यता वा भलाइ नभएका कुराहरूलाई हामीले कहिल्यै पनि सुन्नु हुँदैन ।

अरूको दृष्टिकोणबाट बुद्धिमतापूर्वक सोच्नुहोस्

हामीले विचार गर्नुपर्ने दोस्रो कुरा भनेको त्यो अवस्था हो जहाँ तपाईंमा अर्को व्यक्तिविरुद्ध कुनै पनि नराम्रा भावनाहरू हुँदैनन् तर त्यो व्यक्तिले चाहिँ शान्ति भङ्ग गरिरहेको हुन्छ । यहाँ, वास्तवमै त्यो व्यक्तिको गल्ती छ कि छैन भनी तपाईंले विचार पुऱ्याउनु पर्दछ । कहिलेकाहीँ, तपाईंले अन्जानमै अरूसित शान्ति भङ्ग गर्नु भएको हुन्छ ।

तपाईंको असावधानी वा अविवेकी बोली वचन वा व्यवहारहरूको कारण तपाईंले अरूलाई चोट पुऱ्याउन भएको हुन सकछ । यस्तो अवस्थामा, यदि तपाईंले त्यो व्यक्तिप्रति आफ्नो मनमा कुनै नराम्रो भावना छैन भनी सोच्नु हुन्छ भने, नत तपाईं त्यस व्यक्तिसँग शान्तिमा रहन सक्नु हुन्छ नता तपाईं परिवर्तन हुनका लागि आफूलाई नै महसूस गर्न सक्नु हुन्छ । तपाईं साँच्चै अरूको दृष्टिमा पनि शान्ति कायम गर्ने व्यक्ति हुनुहुन्छ कि हुनुहुन्न भनी आफूलाई जाँचेर हेर्न सक्नु पर्दछ ।

अगुवाको दृष्टिकोणबाट हेर्दा, आफूले शान्ति कायम गरिरहेको छु भनी उहाँले सोच्न सक्नु हुन्छ तर उहाँभन्दा तल्लो पदमा रहेर काम गर्ने व्यक्तिहरूले कठिनाइ महसूस गरिरहनु भएको हुन सक्छ । उहाँहरूले आफूभन्दा माथिल्लो तहमा रहेकाहरू सामु आफ्ना भावनाहरू खुला रूपमा व्यक्त गर्न सक्नुहुन्न । उहाँहरू केवल त्यसलाई सहनु हुन्छ र भित्रभित्रै चित्त दुखाउनु हुन्छ ।

चोसन वंशका प्रधान मन्त्री ह्वाङ्ग हीसँग सम्बन्धीत एउटा प्रख्यात घटना छ ।

उनले दुइवटा गोरुहरूले खेत जोतिरहेको एक जना किसानलाई देखे । मन्त्रीले ठूलो स्वर मा किसानलाई सोधे, "यी दुइ गोरुहरूमध्ये कुनचाहिँले धेरै काम गर्छ ?" तब किसानले मन्त्रीको हात समातेर उनलाई त्यहाँबाट केही टाढा लगे । तिनले उनको कानमा खुसुक्क भने, "कालोले कहिलेकाहीँ अल्छी गर्दछ, तर पहेँलोलेचाहिँ धेरै काम गर्दछ ।" "गोरुहरूका बारेमा यति कुरा भन्नका लागि पनि किन तिमीले मलाई यहाँसम्म ल्याएर कानेखुशी गऱ्यौं ?" ह्वाङ्ग हीले मुस्कुराएर सोधे । किसानले उत्तर दिए, "पशुहरूले पनि हामीले तिनीहरूको बारेमा नराम्रो कुरा बोलेको मन पराउँदैनन् ।" त्यसपछि आफ्नो विचारहीनतालाई ह्वाङ्ग हीले महसूस गरे ।

यदि ती दुइ गोरुहरूले किसानले भनेका कुरा बुझेको भए के हुने थियो ? त्यो पहेँलो गोरु घमण्डी बन्न सक्थ्यो र त्यो कालो गोरुले डाह गरेर पहेँलो गोरुको निम्ति समस्या खडा गर्न सक्थ्यो वा त्यसले हतोत्साहीत भएर पहिलेको भन्दा पनि कम काम गर्नसक्थ्यो ।

यस कथाबाट, पशुहरूको लागि पनि विचार पुऱ्याउनु पर्छ र पक्षपात हुने कुनै पनि कुरा बोल्न वा कुनै पनि क्रियाकलाय गर्नदेखि होशियार हुनुपर्छ भन्ने कुरा हामी सिक्न सक्छौं । जहाँ पक्षपात हुन्छ, त्यहाँ ईर्ष्या अनि घमण्ड हुँदछ । उदाहरणको लागि, यदि तपाईंले धेरै मानिसहरूको अगाडि केवल एक व्यक्तिको प्रशंसा गर्नु हुन्छ, वा यदि तपाईं धेरै मानिसहरूको बीचमा केवल एक जानालाई मात्र हप्काउनु हुन्छ भने, तपाईंले त्यहाँ कलहको बीउ रोप्दै हुनुहुन्छ । त्यस्तो प्रकारका समस्याहरू ननिम्त्याउनका लागि तपाईं सजग र बुद्धिमान् हुनु पर्दछ ।

साथै, केही मानिसहरू तिनीहरूका हाकिमहरूको पक्षपात र भेदभावका कारण पीडित भएका हुन्छन्, र तैपनि जब तिनीहरू आफै हाकिम बन्दछन्, तिनीहरू अरूप्रति पक्षपातपूर्ण व्यवहार गर्दछन् । तर हामीले यो बुझेका छौं कि यसरी अन्यायमा पर्दा पनि शान्ति भङ्ग नगर्नका लागि तपाईं आफ्नो बोलीवचन अनि व्यवहारमा होशियार हुनुपर्दछ ।

फदयभित्रको साँचो शान्ति

शान्ति कायम गर्ने क्रममा तपाईंले विचार पुऱ्याउनु पर्ने अर्को कुराचाहिँ यो हो कि साँचो शान्ति हृदयभित्र सम्वर्द्धन गरिनु पर्दछ । परमेश्वरसित वा आफैसित शान्तिमा नर हनेहरू पनि केही हदसम्म अरू मानिसहरूसित शान्तिमा रहन सक्छन् । शान्ति भङ्ग गर्नु हुँदैन भनी धेरै विश्वासीहरूले सुनेका हुन्छन्, त्यसैले आफ्नोभन्दा फरक विचारधारा भएकाहरूसित खटपट नहुनका लागि तिनीहरूले आफूभित्र भएका नराम्रा भावनाहरूलाई नियन्त्रण गर्न सक्छन् । तर बाहिरी द्वन्द्व नहुनुको अर्थ तिनीहरूले शान्तिको फल फलाएका छन् भन्ने होइन । आत्माको फल बाहिरी रूपमा मात्रै होइन तर हृदयभित्र पनि फलाइन्छ ।

उदाहरणको लागि, अर्को व्यक्तिले तपाईंको सेवा गर्दैन वा तपाईंलाई मान्यता दिँदैन भने, तपाईं क्रुद्ध बन्नु हुन्छ, तर तपाईं त्यसलाई बाहिरी रूपमा व्यक्त गर्नुहुन्न । "मैले अझ बढी धैर्य गर्नु पर्छ" भनी तपाईं सोच्न सक्नु हुन्छ र त्यो व्यक्तिको सेवा गर्न को शिश गर्नु हुन्छ । तर मानौं फेरि त्यही कुरा दोहोरिन्छ ।

तब, तपाईंको रोष बढ्दै जान्छ । यसले केवल तपाईंको अहम्लाई चोट पुऱ्याउनेछ भन्ने सोचेर तपाईंले सोझै त्यो रोषलाई प्रकट गर्नु हुन्न, तर तपाईंले अप्रत्यक्ष रूपमा त्यो व्यक्तिको आलोचना गर्न सक्नु हुन्छ । कुनै माध्यद्वारा तपाईंले आफू उत्पीडित भएको भावना प्रकट गर्न सक्नु हुन्छ । कहिलेकाहीँ तपाईं अरूहरूलाई बुझ्नु हुन्न र यसले गर्दा तपाईं तिनीहरूसित शान्तिमा रहन सक्नु हुन्न । बादविवाद गर्दा झगडामा हुने डरले तपाईं चूप रहनु हुन्छ । 'ऊ दुष्ट र अति जिद्दी छ त्यसैले म ऊसित बोल्न सक्दिनँ' भनी सोचर त्यो व्यक्तिलाई हेलाँ भावले हेरी तपाईं ऊसित बोल्न छोड्नु हुन्छ ।

यस्तो तरिकाले, तपाईं बाहिरी रूपमा त शान्ति भङ्ग गर्नु हुन्न, तर तपाईंमा त्यस व्यक्तिप्रति राम्रो भावना पनि हुँदैन । तपाईं उसको धारणासित सहमत बन्नु हुन्न, र तपाईं उसको वरिपरि समेत रहन चाहनु हुन्न । तपाईं उसको कमजोरीको बारेमा अरूहरूसित गनगन गर्न पनि सक्नु हुन्छ । तपाईं यसो भन्दै आफ्नो असजिलो भावनालाई पोख्नु हुन्छ, "ऊ कति दुष्ट छ । ऊ र उसले गरेको कामलाई कसले बुझ्न

सक्छ र ! तरैपनि भलाइमा रहेर म उसलाई अझै सहँदै छु।" निश्चय नै, प्रत्यक्ष रूपमा शान्ति भङ्ग गर्नुभन्दा यस प्रकारले शान्ति भङ्ग नगर्नु असल हो।

तर वास्तवमा साँचो शान्ति प्राप्त गर्नको लागि, तपाईंले हृदयदेखि नै अरूको सेवा गर्नु पर्दछ। तपाईंले यस्ता भावनाहरूलाई दबाउँदै सेवा पाउने चाहना राख्नु हुँदैन। तपाईंमा अरूको सेवा गर्ने अनि फाइदा खोज्ने चाहना हुनु पर्दछ।

तपाईंले भित्र अरूको न्याय गर्दै बाहिर देखावटी रूपमा मुस्कुराउनु हुँदैन। तपाईंले अरूहरूलाई तिनीहरूको दृष्टिकोणबाट बुझ्नु पर्दछ। तब मात्र पवित्र आत्माले कार्य गर्न सक्नु हुन्छ। अनि तिनीहरूले आफ्नो फाइदा खोजी रहेको भएतापनि तिनीहरूको हृदय प्रभावित भएर पविर्तन हुनेछ। कुनै कुरामा संलग्न व्यक्तिहरूमा केही कमजोरीहरू छ भने हरेकले दोषको जिम्मा लिनु पर्दछ। अन्ततः सबैजना साँचो शान्तिमा रहेर आफ्नो हृदयका भावनाहरू बाँड्चूड गर्न सक्नुहुन्छ।

मेलमिलाप गराउनेहरूका लागि आशिष्हरू

परमेश्वरसित, आफैसित र सबैसित शान्तिमा रहनेहरूसँग, अन्धकारलाई हटाउने अख्तियार हुन्छ। त्यसैले, उहाँहरूले आफ्नो वरिपरि शान्ति कायम गर्न सक्नु हुन्छ। मत्ती ५:९ मा, "धन्य मेलमिलाप गराउनेहरू किनभने तिनीहरू परमेश्वरका छोराहरू कहलाइनेछन्" भनी लेखिएझैं उहाँहरूमा परमेश्वरको छोराछोरीहरूको अख्तियार अर्थात् ज्योतिको अख्तियार हुँदछ।

उदाहरणको लागि, यदि तपाईं चर्चको अगुवा हुनुहुन्छ, भने तपाईंले शान्तिको फल फलाउनको लागि विश्वासीहरूलाई सहायता गर्न सक्नु हुन्छ। अर्थात्, तपाईंले उहाँहरूलाई अख्तियार र शक्तिका साथ सत्यका वचन सिकाउन सक्नु हुन्छ, जसले गर्दा उहाँहरू पापहरूबाट टाढिन सक्नु हुन्छ र आफ्ना स्व-धार्मिकता अनि संरचनाहरूलाई तोड्न सक्नु हुन्छ। मानिसहरूमा फुट ल्याउने शैतानका सभाघरहरू खडाहुँदा तपाईंले आफ्नो वचनको शक्तिद्वारा तिनलाई नष्ट गर्न सक्नुहुन्छ। यसरी, तपाईंले विभिन्न प्रकार

का मानिसहरूको माझमा शान्ति ल्याउन सक्नु हुन्छ ।

यूहन्ना १२:२४ ले भन्दछ, "साँच्चै, म तिमीहरूलाई भन्दछु, गहूँको दाना माटोमा परेर मरेन भने त्यो एकलो रहन्छ । तर त्यो मऱ्यो भने त्यसले धेरै फल फलाउँछ ।" येशूले आफैलाई बलिदान गर्नु भयो र गहूँको दानाझैं गरी मर्नु भएर अनगिन्ती फलहरू फलाउनु भयो । उहाँले मरिरहेका आत्माहरूका अनगिन्ती पापहरू क्षमा गरिदिनु भयो र उनीहरूलाई परमेश्वरसित शान्तिमा रहन दिनु भयो । फलस्वरूप, महान् सम्मान र महिमा प्राप्त गर्नु भई प्रभु आफै राजाहरूका राजा र प्रभुहरूका प्रभु बन्नुभयो ।

हामीले आफैलाई बलिदान गर्दा मात्रै प्रशस्त फसल प्राप्त गर्न सक्छौं । परमेश्वर पिता आफ्ना प्रिय छोराछोरीहरूले, येशूलेझैं आफूलाई बलिदान गरेर 'गहूँझैं मरी' प्रशस्त फल फलाएको चाहनु हुन्छ । येशूले यूहन्ना १५:८ पनि भन्नु भएको छ, "तिमीहरूले धेरै फल फलाएर मेरा चेला हौ भन्ने प्रमाणित गऱ्यौ भने यसैमा मेरा पिताको महिमा, हुनेछ ।" यहाँ भनिएझैं, शान्तिको फल फलाउन र धेरै आत्माहरूलाई मुक्तिको मार्गमा डोऱ्याउनका लागि हामीले पवित्र आत्माका इच्छाहरूलाई पछ्याउनु पर्दछ ।

हिब्रू १२:१४ ले भन्दछ, "सबै मानिसहरूसँग शान्तिमा बस्ने र पवित्र हुने प्रयत्न गर, पवित्रताविना कुनै मानिसले परमप्रभुलाई देख्न सक्दैन ।" तपाईं पूर्ण रूपमा सही हुनुभएतापनि, यदि तपाईंको कारणले गर्दा अरूहरूलाई असजिलो महसूस भइरहेको छ र यदि त्यहाँ बेमेल हुँदछ भने, यो परमेश्वरको दृष्टिमा सही होइन, र त्यसैले तपाईंले आफैलाई जाँचेर हेर्नु पर्दछ । तब, तपाईं दुष्टता रहित र प्रभुलाई देख्न सक्ने पवित्र व्यक्ति बन्न सक्नु हुन्छ । यसो गर्नाले, म आशा गर्दछु कि तपाईंहरू परमेश्वरका सन्तानहरू कहलिएर यस पृथ्वीमा आत्मिक अख्तियार उपभोग गर्नु हुनेछ, र स्वर्गमा सम्माननीय स्थान प्राप्त गर्नु हुनेछ जहाँ तपाईंले प्रभुलाई सधैंभरि देख्न सक्नु हुनेछ ।

याकूब १:४

"तर यदि तिमीहरूमध्ये कसैलाई बुद्धिको अभाव छ भने उदार-चित्तसँग नझर्की दिनुहुने परमेश्वरलाई त्यसले मागोस्, र त्यसलाई त्यो दिइनेछ।"

अध्याय ५

धैर्य

धिरज धारण गरिरहनु नपर्ने धैर्य
धैर्यको फल
विश्वासका पिताहरूको धैर्य
स्वर्गीय राज्यमा जानको लागि चाहिने धैर्य

धैर्य

प्रायजसो जीवनको खुशी हामी धैर्य गर्न सक्छौं कि सक्दैनौं भन्ने कुरामा निर्भर रहेको देखिन्छ। धैर्य नभएकै कारण आमाबाबु र छोराछोरीहरूबीच, श्रीमान् र श्रीमतीबीच, दाजुभाइ दिदीबहिनीहरू तथा साथीहरूबीच मानिसहरूले अत्यन्तै पछुताउनु पर्ने कामहरू गर्दछन्। हाम्रो पढाइ, काम, वा व्यवसायको सफलता वा विफलता पनि हाम्रो धैर्यमा भर पर्दछ। धैर्य हाम्रो जीवनमा यति महत्वपूर्ण कुरा हो।

आत्मिक धैर्य र सांसारिक मानिसहरूले सोच्ने धैर्यचाहिँ निश्चित रूपमा एक अर्काबाट फरक छन्। यस संसारमा मानिसहरूले धैर्यसाथ सहन्छन्, तर यो शारीरिक धैर्य हो। यदि तिनीहरूमा वैमनस्यको भावना छ भने तिनलाई दबाउने क्रममा तिनीहरू ज्यादै कष्टित हुन्छन्। तिनीहरूले दाह्रा किट्न वा खाना खान समेत छोड्न सक्छन्। अन्ततः यसले नैराश्यता वा उदासीनताको समस्या ल्याउँदछ। तरै पनि तिनीहरू भन्दछन् कि आफ्ना भावनालाई राम्रोसित दबाउन सक्ने मानिसहरू धैर्य गर्ने मानिसहरू हुन्। तर यो आत्मिक धैर्यता कदापि होइन।

धिरज धारण गरिरहनु नपर्ने धैर्य

आत्मिक धैर्य भनेको दुष्टताका साथमा होइन, तर केवल भलाइका साथमा धिरजी हुनु हो। यदि तपाईं भलाइका साथ धैर्य गर्नुहुन्छ भने, तपाईं धन्यवादिता र आशाका साथ कठिनाइहरूमाथि विजयी हुन सक्नुहुन्छ। यसले हृदयलाई फराकिलो बनाउँदछ। यसको उल्टा, यदि तपाईं दुष्टताका साथ धैर्य गर्नुहुन्छ भने, तपाईंमा खराब सोचाइहरू जम्मा हुनेछन् र तपाईंको हृदय कठोर हुँदै जानेछ।

मानौं कसैले तपाईंलाई सराप्दैछ र कुनै कारण विना नै तपाईंलाई दुःख दिइरहेको छ। तपाईंलाई आफ्नो अहम्‌मा चोट पुगेको र आफू उत्पीडित भएको महसूस हुनसक्छ, तर परमेश्वरको वचन अनुसार तपाईंले धैर्य गर्नु पर्दछ भनी सोचेर तपाईंले यसलाई दबाउन सक्नुहुन्छ। तैपनि आफ्ना विचारहरू र भावनाहरूलाई नियन्त्रण गर्ने कोशिश गर्दागर्दै तपाईंको अनुहार रातोपिरो हुन्छ, श्वास प्रश्वासको गति छिटो हुन्छ, र तपाईंका ओठहरू तन्किन्छन्। यदि तपाईंले यसरी आफ्ना भावनाहरूलाई दबाउनु हुन्छ भने, पछि परि

स्थितिहरू झन् बिग्रदाँ यस्ता कुराहरू फेरि प्रकट हुन सक्छन् । यस्तो प्रकारको धैर्य आत्मिक धैर्य होइन ।

यदि तपाईंमा आत्मिक धैर्य छ भने, तपाईंको हृदय कुनै पनि कुराले उत्तेजित हुनेछैन । तपाईंलाई कुनै गलत आरोप लागेतापनि, त्यो भूलवश भएको हुनुपर्छ भनी सोचेर तपाईं अरू मानिसहरूलाई शान्त पार्न प्रयत्न गर्नुहुन्छ । यदि तपाईंमा यस्तो प्रकारको हृदय छ भने, तपाईंले अरूलाई 'सहन' वा 'क्षमा' गरिरहनै पर्दैन । मलाई एउटा सजिलो उदाहरण बताउन दिनुहोस् ।

जाडो यामको चिसो रातमा, एउटा घरमा राती अबेरसम्म बत्तीहरू बलिरहेका थिए । त्यस घरमा भएको बालकलाई ४० डिग्री सेल्सियस (१०४ °ँ) ज्वरो आएको थियो । त्यस बालकको बुवाले आफ्नो टि-सर्ट चिसो पानीले भिजाएर बच्चालाई आफ्नो अँगालो मा राखे । तर बुवाले बच्चाको निधारमा चिसो रुमाल राखेर पानीपट्टि दिँदा बच्चालाई त्यो मन परेन । बुवको टि-सर्ट केही क्षणको लागि मात्रै चिसो हुने भएतापनि, त्यस बच्चालाई आफ्नो बुवाको अँगालोमा नै आराम मिलेको महसूस भयो ।

बच्चाको ज्वरोको कारण टि-सर्ट फेरि तातो हुँदै गएपछि, बुवाले फेरि त्यो टि-सर्टलाई चिसो पानीले भिजाउने गर्दथे । बिहान हुनुभन्दा अघि बुवाले धेरै पटक आफ्नो लुगालाई भिजाउनु पऱ्यो । तर उनमा कत्ति पनि थकान देखिँदैन थियो । उल्टो आफ्नो अङ्गालोमा सुरक्षितसाथ सुतिरहेको बच्चालाई तिनले प्रेमपूर्वक हेरिरहेका थिए ।

उनी रातभरि अनिदो भएतापनि, उनमा भोक वा थकानको कुनै पनि गुनासो थिएन । आफ्नो शरीरको बारेमा सोच्ने फुर्सत उनीसित थिएन । आफ्नो छोरालाई कसरी सञ्चो महसूस गराउने र अझ बढी आनन्द दिने भन्ने सोचेर उनको सबै ध्यान नै आफ्नो बच्चामा केन्द्रित थियो । अनि त्यो बच्चा निको भएपछि उनले आफ्नो परिश्रमको बारेमा सोचेनन् । जब हामी कसैलाई प्रेम गर्दछौं, तब हामी स्वत: कठिनाइ सहन्छौं र परिश्रम गर्दछौं, त्यसकारण हामीले कुनै पनि कुरामा धैर्य गरिरहनै पर्दैन । यो नै 'धैर्य' को आत्मिक अर्थ हो ।

धैर्यको फल

१ कोरिन्थी अध्याय १३, मा रहेको "प्रेमको अध्याय" मा हामी 'धैर्य' बारे उल्लेख भएको पाउँदछौं, र योचाहिँ प्रेम सम्वर्द्धन गर्ने धैर्य हो । उदाहरणको लागि, यसले भन्दछ कि प्रेमले आफ्नो कुरामा जिद्दी गर्दैन । यस वचन अनुसार आफ्नो चाहनालाई त्यागेर सर्वप्रथम अरूको फाइदा खोज्ने क्रममा हामीले यस्ता परिस्थितिहरूको सामना गर्नु पर्ने हुन्छ जहाँ धैर्यको आवश्कता पर्दछ । "प्रेमको अध्याय" मा भएको धैर्यचाहिँ प्रेमलाई सम्वर्द्धन गर्ने धैर्य हो ।

तर पवित्र आत्माका फलहरूमध्येको, धैर्यचाहिँ सबै कुरामा धैर्य गर्नु हो । यो धैर्यचाहिँ आत्मिक प्रेमको धैर्यभन्दा एकतह माथिको धैर्य हो । चाहे परमेश्वरको राज्यको लागि होस् अथवा व्यक्तिगत पवित्रीकरणको लागि होस्, कुनै पनि उद्देश्य पूरा गर्न प्रयत्न गर्दा कठिनाइहरू आइपर्दछन् । हामीले शोक गर्नु पर्ने हुन्छ र आफ्नो सारा सामर्थ्य लगाएर परिश्रम गर्नु पर्ने हुन्छ । तर हामी विश्वास र प्रेमका साथ धैर्यपूर्वक सहन सक्छौं किनभने हामीमा फल फलाउने आशा हुन्छ । यस्तो प्रकारको धैर्यचाहिँ पवित्र आत्माका फलहरूमध्येको एक हो । यस्तो धैर्यका तीनवटा पक्षहरू छन् ।

पहिलोचाहिँ हाम्रो हृदय परिवर्तन गर्ने धैर्य हो

हाम्रो हृदयमा जति बढी दुष्टता हुँदछ, धैर्य गर्न त्यति नै कठिन हुँदछ । यदि हामीमा रीस, घमण्ड, लोभ, स्व-धार्मिकता र आफैले बनाएको संरचनाहरू छन् भने, हामी ससाना कुराहरूमा पनि रिसाउने छौं र असजिलो महसूस गर्नेछौं ।

एक जना चर्चको सदस्य हुनुहुन्थ्यो जसको मासिक आम्दानी १५,००० अमेरिकी डलर जति थियो, र केही महिना पछि उहाँको आम्दानी साविकको भन्दा धेरै कम भयो । त्यसपछि, उहाँले असन्तुष्टि व्यक्त गर्दै परमेश्वरको विरुद्धमा गनगन गर्न थाल्नुभयो । पछिबाट उहाँले यो कुरा स्वीकार गर्नभयो कि उहाँको हृदयमा लोभ भएको कारणले गर्दा आफूले उपभोग गरिरहेको प्रशस्तताको लागि उहाँ कृतज्ञ हुनुभएको थिएन ।

हामीले पर्याप्त धन आर्जन गर्न नसकेतापनि, परमेश्वरले हामीलाई दिनुभएको सबै कुराहरूका निम्ति हामी धन्यवादी हुनु पर्दछ । तब लोभले हाम्रो हृदयमा आश्रय पाउने

छैन र तब हामीले परमेश्वरबाट आशिष् पाउन सक्ने छौं ।

तर दुष्टता त्यागेर हामी पवित्र बन्दै जाँदां, धैर्य गर्न झन्झन् सजिलो हुँदै जान्छ । कठिन परिस्थितिहरूमा पनि हामी शान्त रही सहन सक्छौं । कुनै पनि कुरालाई नदबाईकन हामी केवल अरूलाई बुझ्न र क्षमा दिन सक्छौं ।

लूका ८:१५ ले भन्दछ, "तर असल जमीनमा पर्नेचाहिँ तिनीहरू हुन्, जसले वचन सुनेर निष्कपट र भला हृदयमा त्यसलाई जोगाइराख्छन्, र धैर्यसाथ फल फलाउँछन् ।" अर्थात्, असल जमीन जस्तै असल हृदय भएकाहरूले, असल फल नफलाउञ्जेलसम्मै धैर्य गर्न सक्नुहुन्छ ।

तरैपनि, हामीमा अझै पनि शहनशीलताको आवश्कता छ र हाम्रो हृदयलाई असल जमीनमा परिवर्तन गर्नको लागि हामीले परिश्रम गर्नु पर्दछ । हामीले पवित्रताको चाहना राख्दैमा पवित्रता स्वत: प्राप्त हुँदैन । हामीले आफ्नो सारा हृदयले हार्दिकतापूर्वक प्रार्थना गरी उपवासका साथ आफैलाई सत्यताप्रति आज्ञाकारी बनाउनु पर्दछ । हामीले पहिले प्रेम गरेका कुराहरूलाई त्याग्नु पर्दछ र यदि कुनै कुरा आत्मिक रूपमा फाइदाजनक छैन भने, हामीले त्यसलाई फाल्नु पर्दछ । हामी बीचमा रोकिनु हुँदैन वा केही पटक कोशिश गरेर प्रयत्न गर्न छोड्नु हुँदैन । हामीले पूर्ण रूपमा पवित्रताको फल नफलाउञ्जेलसम्मै र हाम्रो उद्देश्य प्राप्त नगरुञ्जेलसम्मै, हामीले संयम अपनाएर परमेश्वरको वचन आज्ञापालन गरी सक्दो परिश्रम गर्नु पर्दछ ।

हाम्रो विश्वासको अन्तिम गन्तब्यचाहिँ स्वर्गको राज्य हो, र विशेषगरी, सबैभन्दा सुन्दर निवासस्थान, नयाँ यरूशलेम हो । हामी हाम्रो गन्तब्यमा नपुगुञ्जेलसम्म परिश्रम र धैर्यका साथ अघि बढिरहनु पर्दछ ।

तर कहिलेकाहीँ, हामी यस्ता घटनाहरू देख्दछौं जहाँ मानिसहरू परिश्रमपूर्वक इसाई जीवन जिएपछि आफ्नो हृदयलाई पवित्र बनाउने गतिमा सुस्त हुन थाल्छन् ।

तिनीहरूले 'शरीरका कार्य' हरूलाई छिटै त्याग्दछन् किनभने तिनीहरू बाहिर देखिने पापहरू हुन्छन् । तर 'शरीरका कुरा' हरू बाहिर नदेखिने हुनाले तिनलाई त्याग्ने क्रमचाहिँ ढिलो हुँदछ । जब तिनीहरूले आफूमा कुनै असत्यता पाउँदछन् तब त्यसलाई त्याग्नको लागि तिनीहरू धेरै प्रार्थना गर्दछन्, तर केही दिनपछि तिनीहरूले यसलाई

बिर्सिहाल्छन् । यदि तपाईं कुनै झारलाई पूर्ण रूपले हटाउन चाहनु हुन्छ भने, तपाईंले केवल त्यसको पातमात्र टिपेर पुग्दैन तर त्यसलाई जरैदेखि उखेल्नु पर्दछ । पापमय स्वभावहरूमा पनि यही सिद्धान्त लागू हुन्छ । पापमय स्वभावहरूको जरा नउखेलिएसम्म, तपाईंले प्रार्थना गर्नु पर्दछ र अन्तिम सम्मै आफ्नो हृदय परिवर्तन गर्नु पर्दछ ।

म नयाँ विश्वासी हुँदा, बाइबल अध्ययन गर्ने क्रममा घृणा, रीस, र घमण्ड जस्ता पापपूर्ण स्वभावहरूलाई परमेश्वरले घृणा गर्नु हुन्छ भनी मैले जाने र पापहरू फाल्नको लागि प्रार्थना गरेँ । म आफ्नै दृष्टिकोणमा अडिग रहँदा मैले आफ्नो हृदयबाट घृणा र खराब भावनाहरू त्याग्न सकेको थिइनँ । तर प्रार्थनामा परमेश्वरले मलाई अरूको दृष्टिकोणबाट बुझ्ने अनुग्रह दिनुभयो । म भित्र भएको उहाँहरू विरुद्धका सबै वैमनस्यका भावनाहरू पग्लिएर गयो र मेरो घृणा हटेर गयो ।

मैले रीसलाई त्यागेपछि धैर्य हुन सिकेँ । मलाई गलत आरोप लगाइएको समयमा, आफूले बोल्न चाहेको कुरालाई रोक्नका लागि म आफ्नो मनभित्र, 'एक, दुइ, तीन, चार.....' भनी गन्ती गर्दथेँ । शुरूमा, मलाई रीस थाम्न कठिन थियो, तर कोशिश गरिरहँदा, मेरो रीस र झर्कोपना क्रमशः हटेर गयो । अन्ततः एकदमै रीस उठ्ने परिस्थितिमा समेत, मेरो मनभित्र केही पनि कुरा आउन छोड्यो ।

मलाई घमण्ड त्याग्न तीन वर्ष लाग्यो । म नयाँ विश्वासी हुँदा, घमण्ड के हो भन्ने कुरा समेत मलाई थाहा थिएन, तर मैले त्यसलाई फाल्नको लागि केवल प्रार्थना गरिरहेँ । प्रार्थना गरिरहँदा मैले आफैलाई जाचीँ रहन्थेँ । परिणाम स्वरूप धेरै पक्षहरूमा मभन्दा तल्लो तहमा रहेका हरूलाई पनि मैले आदर र सम्मान दिन सकेँ । मेरा समकालीन पास्टरहरू नेतृत्वको तहमा पुग्नु भएका व्यक्तिहरू हुनुभएतापनि वा भर्खरै अभिषेक हुनुभएका पास्टरहरू हुनुभएतापनि, म समान मनोवृत्तिका साथ उहाँहरू सबैको सेवा गर्दथेँ । तीन वर्षसम्म धैर्यपूर्वक प्रार्थना गरेपछि, ममा अभिमानको कुनै पनि स्वभाव नरहेको मैले महसुस गरेँ, र त्यस समयदेखि मैले अभिमान त्याग्नको लागि थप प्रार्थना गरिरहनु परेन ।

यदि तपाईंले पापमय स्वभावको जरा उखेल्नु भएन भने, चरम परिस्थितिमा त्यस

पापको स्वभाव देखापर्दछ । आफूले त्यागिसकेको छु भनी सोचेको असत्यतापूर्ण हृदयका स्वभावहरू अझै पनि आफूमा छन् भन्ने कुरा महसूस हुँदा तपाईं निराश बन्नसक्नु हुन्छ । 'यसलाई त्यागनको लागि मैले कठोर परिश्रम गरें, तर यो अझ ममा रहेछ' भन्ने सो चेर तपाईं हतोत्साहित बन्न सक्नुहुन्छ ।

तपाईंले पापमय स्वभावको मौलिक जरा नउखेलेसम्म, तपाईंले आफूमा असत्यताका प्रकारहरू पाउन सक्नुहुन्छ, तर यसको अर्थ तपाईंले आत्मिक उन्नति गर्नुभएको छैन भन्ने चाहिँ होइन । प्याजको बोक्रा छिल्दा, तपाईंले एउटै प्रकारका पत्रहरू बारम्बार आएको पाउनु हुन्छ । तर, यदि तपाईं निरन्तर ती पत्रहरूलाई निकालिरहनु हुन्छ भने, अन्त्यमा त्यो प्याज सिद्धिन्छ । पापमय स्वभावहरूमा पनि यही कुरा लागू हुन्छ । तिनलाई अझ पनि पूर्ण रूपमा त्याग्न नसकेको कारणले गर्दा तपाईं हतोत्साहित बन्नु हुँदैन । तपाईंले अन्त्यसम्मै धैर्य गर्नु पर्दछ र आफू परिवर्तन हुने आशामा निरन्तर कडा परिश्रम गर्नु पर्दछ ।

कतिपय मानिसहरू परमेश्वरको वचन अनुसार काम गर्दा तुरुन्तै भौतिक आशिष् प्राप्त भएन भने निरुत्साहित हुने गर्दछन् । भलाइमा काम गर्दा पनि केवल घाटा सहनु पर्‍यो भनी तिनीहरू सोच्दछन् । केही मानिसहरू परिश्रमपूर्वक चर्च आएतापनि कुनै आशिष् नपाएको भनी गुनासो गर्दछन् । निश्चय नै गुनासो गर्नु पर्ने केही कारण छैन । अझैपनि असत्यतामा चलेको र परमेश्वरले हामीलाई त्याग्नू भनी भन्नु भएका कुर ाहरूलाई नत्याग्नु भएको कारणले गर्दा तिनीहरूले परमेश्वरबाट आशिष् पाएका हुँदै नन् ।

तिनीहरूले गलत तवरले विश्वास गरेका छन् भन्ने कुरा तिनीहरूको गनगनले प्रमाणित गर्दछ । यदि तपाईं विश्वासका साथ भलाइ र सत्यतामा कार्य गर्नुहुन्छ भने तपाईं थाक्नु हुने छैन । तपाईं जति बढी भलाइमा कार्य गर्नुहुन्छ, त्यति नै बढी तपाईं आनन्दित बन्नुहन्छ त्यसैले गर्दा तपाईं अझ बढी भलाइका कुराहरूको चाहना गर्न थाल्नु हुन्छ । जब तपाईं यस प्रकारले विश्वासद्वारा पवित्र बन्नुहुन्छ, तब तपाईंको प्राणको उन्नति हुनेछ, सबै कुरामा तपाईंको भलो हुनेछ, र तपाईं स्वस्थ हुनुहुनेछ ।

दोस्रो प्रकारको धैर्यचाहिँ मानिसहरू बीचको धैर्य हो ।

विभिन्न प्रकारका व्यक्तित्व र शैक्षिक पृष्ठभूमि भएका मानिसहरूसँग तपाईंको अन्तरक्रिया हुँदा, विभिन्न परिस्थितिहरू पैदा हुन सक्छ । विशेषगरी चर्च यस्तो ठाउँ हो जहाँ विभिन्न पृष्ठभूमिबाट आउनु भएका मानिसहरू भेला हुनु भएको हुँदछ । त्यसै कारण, ससाना कुराहरूदेखि लिएर ठूला र गम्भीर मामिलाहरूमा तपाईंका विचारहरू भिन्न हुन सक्छन् र शान्ति भङ्ग हुन सक्छ ।

तब, मानिसहरूले भन्न सक्छन्, "उसको सोच्ने तरिका मेरोभन्दा पूर्ण रूपमा फरक छ । ऊसँग काम गर्न मलाई गाह्रो छ किनभने हाम्रो व्यक्तित्व फरक छ ।" तर श्रीमान र श्रीमती बीच पनि, कति जाना जोडीको ठ्याक्कै मिल्ने व्यक्तित्व हुन्छ र ? तिनीहरूका आनिबानी र रुचीहरू फरक हुन्छन्, तर एक अर्काको निम्ति उपयुक्त सहयोगी हुनका लागि तिनीहरूले आफूलाई एक अर्काको लागि समर्पण गर्नुपर्दछ ।

पवित्रीकरणको चाहना गर्नेहरूले, सबै मानिसहरूसँग जस्तो सुकै परिस्थितिहरूमा पनि धैर्य गर्न सक्नुहुन्छ र शान्ति कायम गर्नुहुन्छ । कठिन र असहज परिस्थितिहरूमा पनि, उहाँहरू अरूसित मिलनसार हुन कोशिश गर्नुहुन्छ । उहाँहरू सधैं असल हृदयका साथ अरूलाई बुझ्नुहन्छ र अरूको फाइदा खोज्दै सहनु हुन्छ । अरूले दुष्टतापूर्वक कार्य गरेतापनि, उहाँले तिनीहरूलाई सहनु हुन्छ । उहाँहरूले यस्तो दुष्टताको बदला दुष्टताले नभई भलाइद्वारा दिनुहुन्छ ।

सुसमाचार प्रचार गर्दा, वा आत्माहरूलाई परामर्श दिँदा, अथवा परमेश्वरको राज्य पूरा गर्नको लागि चर्चका सेवकहरूलाई तालिम दिँदा पनि हामी धीरजी हुनु पर्दछ । मेरो पास्टरीय सेवकाइको क्रममा म कतिपय मानिसहरूलाई देख्दछु जसमा निकै ढिलो परिवर्तन आउँदछ । उहाँहरूले संसारसित मित्रता गर्नुहुँदा र परमेश्वरको अवहेलना गर्नुहुँदा मैले शोकमा धेरै आँसु बगाएको छु तर मैले कहिल्यै पनि उहाँहरूलाई त्यागेको छैन । उहाँहरू कुनै दिन परिवर्तन हुनुहुने छ भन्ने आशा ममा भएकोले गर्दा म सधैं उहाँहरूलाई सहन्छु ।

चर्चका सेवक सेवीकाहरूलाई हुर्काउने क्रममा मैले निकै लामो समयसम्म धैर्य गर्नु पर्दछ । आफूले चाहेको काम गराउन म सबै निम्नपदस्थ सेवकसेवीकाहरूलाई ठाडो

निर्देशन दिन वा दबाव दिन सक्दिन । कामकुरो अलि ढिला पूरा हुनेछन् भन्ने जानेरपनि, "तपाईं सक्षम हुनुहुन्न । तपाईंलाई यो जिम्मेवारीबाट हटाइएको छ", भनेर म चर्चका सेवक सेवीकाहरूबाट जिम्मेवारी खोस्न सक्दिन । म केवल उहाँहरूलाई सहन्छु र उहाँहरू सक्षम नबन्नु भएसम्म म उहाँहरूलाई अगुवाइ गर्दछु । आत्मिक तालिमद्वारा आफ्नो जिम्मेवारी पूरा गर्ने उहाँहरूमा दक्षता आएको होस् भनी म उहाँहरूलाई पाँच, दश, वा पन्ध्र वर्षसम्म पर्खन्छु ।

उहाँहरूले कुनै पनि फल नफलाउनु भएको बेलामा मात्र होइन, तर गल्तीहरू गर्दा पनि उहाँहरूलाई ठेस नलागोस् भनेर म सहने गर्दछु । यदि दक्षता भएको अर्को व्यक्तिले त्यो काम उहाँहरूको लागि गरिदिने हो भने वा त्यो व्यक्तिको ठाउँमा अझ बढी सक्षम व्यक्तिलाई ल्याउने हो भने परिस्थिति धेरै सहज हुन सक्थ्यो । तर म प्रत्येक आत्माको लागि अन्त्यसम्मै सहने गर्दछु । योचाहिँ परमेश्वरको राज्य अझ पूर्ण तवरले पूरा गर्नको लागि पनि हो ।

यदि तपाईं यस प्रकारले धैर्यको बीउ छर्नु हुन्छ भने, तपाईंले निश्चय नै परमेश्वरको न्यायअनुसार फल प्राप्त गर्न सक्नुहुनेछ । उदाहरणको लागि, यदि तपाईं कुनै आत्माहरूलाई उहाँहरू परिवर्तन नहुञ्जेलसम्म सहनुहुन्छ, आँसुका साथ उहाँहरूका निम्ति प्रार्थना गरिदिनु हुन्छ, भने उहाँहरू सबैजना अटाउने गरी तपाईंको हृदय फराकिलो हुनेछ । त्यसैले, तपाईंले धेरै आत्माहरूलाई जागृत तुल्याउने अख्तियार र शक्ति पाउनु हुनेछ । धार्मिक मानिसको प्रार्थनाद्वारा तपाईंले आफ्नो हृदयभित्र राखेका आत्माहरूलाई परिवर्तन गर्ने शक्ति प्राप्त गर्नु हुनेछ । साथै, यदि तपाईं आफ्नो हृदयलाई नियन्त्रण गर्नुहुन्छ र झूटा आरोपहरूको सामना गर्नु पर्दा पनि सहनशीलताको बीउ छर्नुहुन्छ भने, परमेश्वरले तपाईंलाई आशिष्का फलहरू फलाउन दिनु हुनेछ ।

तेस्रो प्रकारको धैर्यचाहिँ परमेश्वर र हामीबीचको सम्बन्धमा हुने धैर्य हो ।

यसले आफ्नो प्रार्थनाको उत्तर प्राप्त नगरुञ्जेलसम्म तपाईंले गर्नु पर्ने धैर्यलाई जनाउँदछ । मर्कुस ११:२४ ले भन्दछ, "यसकारण म तिमीहरूलाई भन्दछु, तिमीहरूले

प्रार्थनामा जेसुकै माग्छौ सो पाएका छौं भन्ने विश्वास राख, र त्यो तिमीहरूको हुनेछ ।” हामीमा विश्वास भएको खण्डमा हामी बाइबलका ६६ वटा पुस्तकहरूमा भएका सबै वचनहरूमा विश्वास गर्न सक्छौं । हामीले जे सुकै मागेतापनि हामीले प्राप्त गर्ने छौं भन्ने परमेश्वरको प्रतिज्ञाहरू त्यहाँ छन्, र त्यसकारण हामीले प्रार्थनाद्वारा कुनै पनि कुरा प्राप्त गर्न सक्छौं ।

तर निश्चय नै यसको अर्थ, हामीले केवल प्रार्थना मात्रै गरेर अरू केही पनि नगरी बस्नुपर्छ भन्ने होइन । हामीहरूले उत्तर पाउन सक्ने तरिकाले परमेश्वरको वचन आज्ञापालन गर्नु पर्दछ । उदाहरणको लागि, मानौं कक्षामा मध्यम श्रेणीमा रहनुभएको कुनै विद्यार्थीले उत्कृष्ट विद्यार्थी बन्नको लागि प्रार्थना गर्नुहुन्छ । तर यदि उहाँ आफ्नो कक्षामा दिवास्वप्नामा भूली रहनु हुन्छ र अध्ययन गर्नु हुन्नभने । के उहाँ आफ्नो कक्षामा उत्कृष्ट बन्न सक्नु हुन्छ ? उहाँले हार्दिकतापूर्वक प्रार्थना गर्दै परिश्रमका साथ अध्ययन गर्नु पर्दछ जसले गर्दा परमेश्वरले उहाँलाई आफ्नो कक्षामा उत्कृष्ट बन्नका लागि सहायता गर्न सक्नु हुन्छ ।

व्यापारमा पनि यही कुरा लागू हुन्छ । तपाईं आफ्नो व्यापारको समृद्धिको निम्ति हार्दिकतापूर्वक प्रार्थना गर्नुहुन्छ, तर तपाईंको लक्ष्यचाहिँ अर्को घर पाउनु, घर जग्गामा लगानी गर्नु, र आरामदायी गाडी प्राप्त गर्नु छ । यस्तो अवस्थामा के तपाईं आफ्नो प्रार्थनाको उत्तर प्राप्त गर्न सक्नु हुन्छ ? निश्चय नै, आफ्ना सन्तानहरूले प्रशस्ततामा जीवन जिएको परमेश्वर चाहनु हुन्छ, तर केवल स्वार्थपूर्तिका लागि केही कुरा मागेर गरिएको प्रार्थनाले परमेश्वरलाई खुशी तुल्याउन सक्दैन । तर यदि, तपाईं खाँचोमा परे काहरूलाई सहायता गर्न र मिशनेरी कार्यको लागि सघाउन आशिष् प्राप्त गर्न चाहनु हुन्छ, र यदि तपाईं कुनै पनि अवैध कार्य नगरी सही मार्गमा हिँड्नु हुन्छ भने परमेश्वर ले निश्चय नै तपाईंलाई आशिष्को मार्गमा डोऱ्याउनु हुनेछ ।

परमेश्वरले आफ्ना सन्तानहरूका प्रार्थनाहरूको उत्तर दिनुहुनेछ भनी बाइबलमा धेरै प्रतिज्ञाहरू गरिएका छन् । तर प्रायजसो परिस्थितिहरूमा मानिसहरूले धैर्य गर्न नसक्दा उत्तर प्राप्त गर्न सक्दैनन् । मानिसहरूले शीघ्र उत्तरको माग गर्ने गर्दछन्, तर परमेश्वर ले तिनीहरूलाई तत्कालै उत्तर दिनुहुन्न ।

77

धैर्य

परमेश्वरले तिनीहरूलाई अति उपयुक्त अनि उचित समयमा उत्तर दिनु हुन्छ, किनभने उहाँ सबै कुरा जान्नु हुन्छ । यदि तिनीहरूको प्रार्थनाको विषय ठूलो र महत्वपूर्ण छ भने, प्रार्थनाको मात्रा पूरा भएपछि मात्र परमेश्वरले तिनीहरूलाई उत्तर दिनु हुन्छ । दानिएलले आत्मिक कुराहरू बारे प्रकाश पाउनको लागि प्रार्थना गर्नु हुँदा, उहाँले प्रार्थना गर्न शुरु गर्नु भएको क्षणदेखि नै परमेश्वरले उहाँको प्रार्थनाको उत्तर दिनका लागि आफ्नो स्वर्गदूत पठाउनु भएको थियो । तर दानिएललाई स्वर्गदूतसँग भेट्न एक्काइस दिन लाग्यो । प्रार्थना शुरु गरेको समयदेखि एक्काइस दिनसम्म नै दानिएलले उही हार्दिक हृदयका साथ प्रार्थना गर्नु भयो । हामीलाई अघिबाटै कुनै कुरा दिइएको छ भनी यदि हामी विश्वास गर्दछौं भने त्यसलाई प्राप्त गर्नको लागि पर्खन हामीलाई गाह्रो हुनेछैन । हामी केवल समस्याका समाधानहरू प्राप्त गर्दा महसूस हुने आनन्दको बारेमा मात्र सोच्नेछौं ।

केही विश्वासीहरू तिनीहरूले प्रार्थनामा परमेश्वरसित मागेका कुराहरू प्राप्त गर्न हतार गर्दछन् । तिनीहरूले परमेश्वरसित माग्नको लागि प्रार्थना गर्छन् र उपवास बस्छन्, तर शीघ्र उत्तर नआएको खण्डमा, परमेश्वरले तिनीहरूलाई उत्तर दिनुहुने छैन भन्ने सोचेर तिनीहरूले बीचैमा प्रार्थना गर्न छोडिदिन्छन् ।

यदि हामी साँच्चै विश्वास र प्रार्थना गर्दछौं भने, हामी निराश बन्ने छैनौं वा आशा गुमाउने छैनौं । हाम्रो प्रार्थनाको उत्तर : भोलि, आज राती, अर्को प्रार्थनापछि, वा एक वर्षपछि कहिले आउनेछ भनी हामी जान्दैनौं । हामीलाई उत्तर दिने सिद्ध समय परमेश्वर जान्नु हुन्छ ।

याकूब १:६-८ ले भन्दछ, "तर त्यसले कत्ति पनि शङ्का नगरी विश्वाससाथ मागोस् । शङ्का गर्नेचाहिँ बतासले उचाल्दै पछार्दैगर्ने समुद्रका छालसमान हुनेछ । त्यस्तो मानिसले यो नसम्झोस्, कि उसले प्रभुबाट केही पाउनेछ । किनकि दोहोरो मन भएको मानिस उसका सबै चालचलनमा अस्थिर हुन्छ ।"

प्रार्थना गर्दा हामीले कति दृढतापूर्वक विश्वास गरेका छौं भन्ने कुरा नै सबैभन्दा महत्वपूर्ण हुन्छ । यदि अघिबाटै हामीले उत्तर पाइसकेका छौं भनी हामी विश्वास गर्दछौं भने, हामी जस्तोसुकै परिस्थितिहरूमा पनि खुशी र आनन्दित हुन सक्छौं । यदि हामीमा उत्तर प्राप्त गर्ने विश्वास छ भने, हामीले फल प्राप्त नगरुञ्जेलसम्म हामी विश्वासका

साथ प्रार्थना र काम गर्नेछौं । थपअझ, परमेश्वरको कार्य गर्दा हामी हृदयमा कष्टित हुनु परेतापनि वा सतावटहरूबाट गुज्रनु परेतापनि, हामी केवल धैर्यद्वारा मात्र भलाइका फलहरू फलाउन सक्छौं ।

विश्वासका पिताहरूको धैर्य

म्यारथन दौडमा दौडिँदा त्यहाँ कठिनाइहरू आउने गर्दछन् । अनि त्यस्ता कठिन क्षणहरूलाई पार गर्दै त्यस दौडलाई समाप्त गर्दाखेरिको आनन्द यति ठूलो हुँदछ कि यसलाई अनुभव गरेकाहरूले मात्र यसलाई बुझ्न सक्छन् । विश्वासको दौडमा दौडिरहेका परमेश्वरका छोराछोरीहरूले पनि समय समयमा कठिनाइहरूको सामना गर्नुपर्ने हुन्छ, तर येशू ख्रीष्टतिर हेरेर उहाँहरूले हरेक कुराहरूमाथि विजय प्राप्त गर्न सक्नु हुनेछ । परमेश्वरले आफ्नो अनुग्रह र सामर्थ्य उहाँहरूलाई दिनुहुनेछ, र पवित्र आत्माले पनि उहाँहरूलाई सहायता गर्नुहुनेछ ।

हिब्रू १२:१-२ ले भन्दछ,"यसकारण यतिका साक्षीहरूको ठूलो बादलले हामीलाई घेरिराखेको हुनाले, हरकिसिमका बोझा र हामीलाई सजिलैसित अल्झाउने पापलाई पन्छाएर हाम्रा सामुन्ने राखिदिएको दौड धैर्यसाथ दौडौं, हाम्रा विश्वास शुरू गर्नुहुने र पूरा गर्नहुने येशूलाई हेरौं, जसले उहाँको सामुन्ने राखिदिएका आनन्दको निम्ति अपमानलाई केहीजस्तो नठानी क्रूसको कष्ट भोग्नुभयो, र परमेश्वरको सिंहासनको दाहिनेपट्टि विराजमान हुनुहुन्छ ।"

मुक्तिको प्रबन्ध पूरा नगरुञ्जेलसम्म येशूले आफ्ना सृष्टिबाट धेरै अवहेलना र उपहास सहनु भयो । उहाँ परमेश्वरको सिंहासनको दाहिनेपट्टि विराजमान हुनुहुनेछ र मानवजातिलाई मुक्ति प्रदान गरिनेछ भनी उहाँले जान्नुभएको कारणले गर्दा शारीरिक अपमानको बारेमा नसोची उहाँले अन्त्यसम्मै सहनु भयो । अन्ततः मानवजातिको पाप बोक्नु भई उहाँ क्रूसमा मर्नु भयो, तर मुक्तिको मार्ग खोल्नको लागि उहाँ तेस्रो दिनमा बौरी उठ्नु भयो । मृत्युसम्मै प्रेम र विश्वासका साथ आज्ञापालन गर्नु भएको कारणले गर्दा परमेश्वरले येशूलाई राजाहरूका राजा र प्रभुहरूका प्रभुको रूपमा स्थापित गर्नु

भयो ।

याकूब अब्राहामको नाति हुनुहुन्थ्यो र उहाँ इस्राएल राष्ट्रको पिता बन्नु भयो । उहाँमा दृढ हृदय थियो । उहाँले छलद्वारा आफ्नो दाइ एसावको ज्येष्ठ अधिकार लिनुभयो, र उहाँ भागेर हारानमा जानु भयो । उहाँले बेथेलमा परमेश्वरको प्रतिज्ञा प्राप्त गर्नु भयो ।

उत्पत्ति २८:१३-१५ ले भन्दछ, "…. जुन भूमिमा तँ ढल्किरहेको छस् त्यो म तँलाई र तेरा सन्तानहरूलाई दिनेछु । तेरा सन्तान पृथ्वीको धूलोसरह हुनेछन् । पूर्व, पश्चिम, उत्तर र दक्षिणतिर फैलिएर तँ जानेछस् । तँ र तेरा सन्तानहरूद्वारा नै पृथ्वीका सबै मानिसहरू आशीर्वादी हुनेछन् । हेर्, म तँसँग छु र तँ जहाँसुकै गए तापनि तँलाई रक्षा गर्नेछु, र तँलाई यस ठाउँमा फर्काएर ल्याउनेछु । मैले तँलाई भनेको कुरा पूरा नगरुञ्जेल म तँलाई छोड्नेछैनँ ।" याकूबले २० वर्षसम्म परीक्षाहरूको सामना गर्नु भयो र अन्ततः उहाँ सबै इस्राएलीहरूको पिता बन्नु भयो ।

योसेफ याकूबको एघारौं छोरा हुनुहुन्थ्यो, र उहाँका अन्य दाजुहरूमध्ये उहाँ एक्लैले आफ्नो पिताको सबै प्रेम प्राप्त गर्नु भएको थियो । एक दिन उहाँ आफ्ना दाजुहरूको हातबाट दासको रूपमा मिश्रमा बेचिनु भयो । उहाँ विदेशी भूमिमा दास बन्नुभयो, तर उहाँ निराश हुनु भएन । उहाँले आफ्नो कार्यमा सक्दो परिश्रम गर्नु भयो र आफ्नो विश्वासयोग्यताको निम्ति उहाँले आफ्नो मालिकबाट मान्यता पाउनु भयो । मालिकको सम्पूर्ण घरानाको हेरविचार गर्दै जाँदा उहाँको अवस्था सुदृढ हुँदै गयो, तर उहाँलाई गलत आरोप लगाइयो र राजाका कैदीहरू थुनिने झ्यालखानमा उहाँलाई कैद गरियो । यसरी एक पछि अर्को गर्दै परीक्षाहरू आइपरेका थिए ।

निश्चय नै, यी सबै घटना क्रमहरू उहाँलाई मिश्रको प्रधानमन्त्री बनाउनका लागि दिइएको परमेश्वरको अनुग्रह थियो । तर परमेश्वर बाहेक कसैलाई पनि यो कुरा थाहा थिएन । योसेफ झ्यालखानमा हुनुभएतापनि उहाँ हतोत्साहित हुनुभएन, किनभने उहाँमा विश्वास थियो र बाल्यावस्थामा परमेश्वरले दिनुभएको प्रतिज्ञामा उहाँले विश्वास गर्नु भएको थियो । सूर्य, चन्द्र र आकाशका एघार ताराहरूले उहाँलाई दण्डवत् गरेको उहाँको सपना परमेश्वरले पूरा गरिदिनु हुनेछ भनी उहाँलाई विश्वास थियो र उहाँ कुनै

पनि परिस्थितिहरूमा डगमगाउनु भएन । उहाँले पूर्ण रूपमा परमेश्वरमा भरोसा राख्नु भयो, र सबै परिस्थितिहरूलाई सहनु भयो अनि परमेश्वरको वचनअनुसार असल मार्गलाई पछ्याउनु भयो । उहाँको विश्वासचाहिँ साँचो विश्वास थियो ।

यदि तपाईं पनि त्यस्तै परिस्थितिमा पर्नु भएको भए के गर्नुहुने थियो ? दासको रूपमा बेचिनु भएको दिनदेखि १३ वर्षसम्म उहाँले कस्तो महसूस गर्नुभयो भनी के तपाईं कल्पना गर्न सक्नुहुन्छ ? सम्भवतः यो परिस्थितिबाट बाहिर निस्कनको लागि तपाईंले परमेश्वर सामु धेरै प्रार्थना गर्नु हुनेछ । शायद तपाईंले आफूलाई जाँच्नु हुनेछ र परमेश्वरबाट उत्तर प्राप्त गर्नको लागि सम्झनामा आएका सबै कुराहरूको निम्ति पश्चात्ताप गर्नु हुनेछ । तपाईंले धेरै आँसु र हार्दिक शब्दहरूका साथमा परमेश्वरको अनुग्रह माग्नु हुनेछ । अनि यदि एक, दुइ, वा दस वर्षसम्म पनि तपाईंले उत्तर प्राप्त गर्नु भएन तर अझ बढी कठिनाइहरूमा पर्नु भयो भने, तपाईंले कस्तो महसूस गर्नु हुनेछ ?

उहाँले आफ्नो जीवनको क्रियाशील उमेरका धेरै वर्षहरू झ्यालखानमा बिताउनु भयो र यदि उहाँसित विश्वास नभएको भए दिनहरू अर्थहीन रूपमा त्यतिकै बितिरहेको देख्दा उहाँ दुःखित हुन सक्नु हुन्थ्यो । यदि उहाँले आफ्नो बुवाको घरमा आफूले बिताउन सक्ने सुखमय जविनको बारेमा सोच्नु भएको भए उहाँ अझै बढी दुःखी बन्न सक्नुहुन्थ्यो । तर योसेफले सधैं आफूमाथि नजर राख्नु हुने परमेश्वरमा भरोसा गर्नुभयो, र उपयुक्त समयमा आषिश् दिनु हुने परमेश्वरको प्रेममा दृढता पूर्वक विश्वास गर्नु भयो । निराश तुल्याउने परीक्षाहरूमा पनि उहाँले आफ्नो आशा कहिल्यै गुमाउनु भएन, र अन्ततः आफ्नो सपना साकार नहुञ्जेलसम्म उहाँ धैर्यगरी विश्वासयोग्यता र भलाइका साथमा काम गर्नु भयो ।

दाऊदले पनि परमेश्वरको हृदय अनुसारको मानिस भनी परमेश्वरबाट मान्यता पाउनु भएको थियो । तर अर्को राजाको रूपमा अभिषिक्त भइसकेपछि पनि, उहाँ धेरै पर ीक्षाहरूबाट गुज्रनु पर्‍यो साथै राजा शाऊलबाट लखेटिनु पर्‍यो । उहाँ धेरै पटक मृत्युको जोखिममा पर्नु भयो । तर यस्ता प्रकारका सबै कठिन परिस्थितिहरूलाई विश्वासद्वारा जित्नु भएपछि उहाँ सम्पूर्ण इस्राएलभरि शासन गर्न सक्ने महान् राजा बन्नु भयो ।

याकूब १:३-४ ले भन्दछ, "किनकि तिमीहरू जान्दछौ, तिमीहरूका विश्वासको जाँचले धैर्य उत्पन्न गराउँछ । धैर्यलाई त्यसको पूरा काम गर्न देओ, ताकि तिमीहरूमा कुनै कुराको अभाव नभएर तिमीहरू परिपक्व र पूर्ण होओ ।" यस्तो धैर्यलाई पूर्ण रूपमा सम्वर्द्धन गर्नुहोस् भनी म तपाईंहरूलाई आग्रह गर्दछु । यो धैर्यले तपाईंको विश्वासलाई वृद्धि गर्नेछ र तपाईंको हृदयलाई अझ परिपक्व बनाउनको लागि यसलाई फराकिलो अनि गहिरो बनाउनेछ । यदि तपाईंले पूर्ण रूपमा धैर्यको फल फलाउनु भयो भने परमेश्वरले प्रतिज्ञा गर्नुभएका आशिषहरू र उत्तरहरू तपाईंहरूले अनुभव गर्नु हुनेछ (हिब्रू १०:३६) ।

स्वर्गीय राज्यमा जानको लागि चाहिने धैर्य

स्वर्गीय राज्यमा जानको लागि हामीलाई धैर्य चाहिन्छ । कतिपय मानिसहरूले यसो भन्दछन् कि जवान छँदा तिनीहरू संसारमै रमाइलो गर्नेछन् र वृद्धावस्थामा पुगेपछि चर्च आउनेछन् । केहीलेचाहिँ प्रभुको आगमनको आशामा परिश्रमपूर्वक विश्वासी जीवन जिउँछन्, तर पछि तिनीहरूले धैर्य गुमाउँछन् र आफ्नो मन पविर्तन गर्छन् । आफूले सोचे अनुसार प्रभु चाँडै नआउनु भएको देखेर उहाँहरूलाई विश्वासी जीवनमा परिश्रम गर्न अत्यन्तै कठिन लाग्दछ । आफ्नो हृदय खतना गर्ने क्रम र परमेश्वरको काममा केही समय विश्राम लिएर प्रभुको आगमनको चिन्ह निश्चित रूपमा देखेपछि, फेरि परिश्रम गर्न शुरू गरौंला भनी तिनीहरू भन्दछन् ।

परमेश्वरले हाम्रो आत्मालाई कति बेला बोलाउनु हुनेछ, वा प्रभु कहिले आउनु हुनेछ सो कसैले पनि जान्दैन । हामीले शुरूमै त्यो समयको बारेमा थाहा पाएतापनि, आफूले चाहेको जस्तो विश्वास हामी प्राप्त गर्न सक्दैनौं । मुक्ति प्राप्त गर्नको लागि चाहिने आत्मिक विश्वास मानिसहरूले केवल आफ्नो इच्छाद्वारा मात्र पाउन सक्दैनन् । यो त केवल परमेश्वरको अनुग्रहद्वारा प्रदान गरिन्छ । शत्रु शैतान र दियाबलसले पनि तिनीहरूलाई सजिलैसित मुक्ति प्राप्त गर्न दिँदैनन् । थपअझ, यदि तपाईंसित स्वर्गको नयाँ यरूशलेममा जाने विश्वास छ भने, तपाईंलेसबै कुरा धैर्यका साथ गर्न सक्नु हुन्छ ।

भजनसंग्रह १२६:५-६ ले भन्दछ,"आँसुको साथमा छर्नेहरूले आनन्दका गीत गाउँदै कटनी गर्नेछन् । जो रुँदै-रुँदै बीउ बोकेर छर्न जान्छ, त्यो फसलका बिटाहरू बोकेर आनन्दले गीत गाउँदै फर्कनेछ ।" हामीले बीउ छर्दा र बिरुवालाई हुर्काउँदा निश्चय नै आफ्नो सामर्थ्य, आँसु, र शोक खर्चनु पर्दछ । कहिलेकाहीँ आवश्यक परेको बेला वर्षा नहुन सक्छ, वा बालीलाई हानि पुऱ्याउने समुद्री आँधी आउन सक्छ वा अत्याधिक वर्षा पनि हुन सक्छ । तर अन्त्यमा, न्यायको मापदण्डअनुसार हामीले निश्चय नै प्रशस्त फसलको आनन्द प्राप्त गर्न सक्छौं ।

साँचो सन्तान प्राप्त गर्नको लागि परमेश्वरले हजार वर्षलाई एक दिन जस्तै गरी पर्खनु हुन्छ र हाम्रो निम्ति आफ्नो एकमात्र पुत्र बलिदान गर्ने पीडा पनि उहाँले सहनु भएको छ । प्रभुले क्रूसको पीडालाई सहनु भयो र पवित्र आत्माले पनि मानव सम्वर्द्धनको समयलाई शब्दमा व्यक्त गर्न नसकिने पीडाका साथ सहिरहनु भएको हुन्छ । म आशा गर्दछु परमेश्वरको यस्तो प्रेमलाई सम्झेर तपाईंहरूले पूर्णरूपमा आत्मिक धैर्य सम्वर्द्धन गर्नु हुनेछ जसले गर्दा तपाईंहरूले यो पृथ्वी अनि स्वर्ग दुवैमा आशिष्का फलहरू प्राप्त गर्नुहुनेछ ।

लूका ६:३६,

"तिमीहरूका पिता कृपालु हुनुभएझैं, तिमीहरू पनि कृपालु होओ।"

अध्याय ६

दया

दयाको फलद्वारा अरूलाई बुझ्नु र क्षमा गर्नु

प्रभुको जस्तै हृदय र कार्यहरूको आवश्यकता

दयाको हृदय हुनको लागि पूर्वाग्रह त्याग्नु

कठिनाइमा परेकाहरूको लागि कृपा

अरूका कमी-कमजोरीहरूलाई सजिलैसित नऔंल्याउनुहोस्

सबैजनाप्रति उदार हुनुहोस्

अरूको आदर गर्नुहोस्

दया

कहिलेकाहीँ मानिसहरूले कुनै व्यक्तिलाई बुझ्न प्रयास गरेको भएतापनि बुझ्न नसके को, वा क्षमा दिन चाहेको भएतापनि क्षमा दिन नसकेको कुरा बताउँदछन् । तर यदि हामीले आफ्नो हृदयमा दयाको फल फलाएका छौं भने, हामीले बुझ्न नसक्ने कुरा केही हुँदैन र हामीले जोकोहीलाई पनि क्षमा दिन सक्छौं । हामी भलाइद्वारा जस्तो सुकै व्यक्तिलाई पनि बुझ्न सक्छौं र प्रेमद्वारा जोकोहीलाई पनि स्वीकार्न सक्छौं । कुनै कारणले गर्दा हामीलाई कोही मानिस मन पर्छ वा पर्दैन भनी हामी भन्नेछैनौं । हामीले मन नपर ाउने वा घृणा गर्ने व्यक्ति कोही हुनेछैन । शत्रुता कमाउने कुरा त परै जाओस्, हामी कसैसँग पनि सम्बन्ध बिगार्नेछैनौं वा कसैको विरुद्धमा पनि वैमनस्यको भावना आफूमा राख्नेछैनौं ।

दयाको फलद्वारा अरूलाई बुझ्नु र क्षमा गर्नु

दया भनेको दयालु हुने गुण वा अवस्था हो । तर दयाको आत्मिक अर्थ कृपासँग मिल्दोजूल्दो छ । अनि, कृपाको आत्मिक अर्थचाहिँ, "मानिसहरूले बुझ्नै नसक्नेहरूलाई पनि सत्यताकासाथ बुझ्न सक्नु हो ।" यो यस्तो हृदय पनि हो जसले मानिसहरूको नजरमा क्षमा पाउनै नसक्नेहरूलाई समेत सत्यतामा क्षमा दिन सक्छ । परमेश्वरले कृपाको हृदयका साथमा मानवजातिलाई करुणा देखाउनुहुन्छ ।

भजनसंग्रह १३०:३ ले भन्दछ, "हे परमप्रभु, तपाईंले पापको लेखा लिनुभयो भने त, हे प्रभु, को खडा हुन सक्छ र ?" यहाँ उल्लेख भएझैं, यदि परमेश्वरसँग कृपा नभएर उहाँले हामीलाई न्यायको साथ इन्साफ गर्नुभयो भने, परमेश्वरको अघि कोही पनि खडा हुन सक्नेछैन । तर सख्त इन्साफद्वारा क्षमा दिनै नमिल्ने र ग्रहण गर्नै नसकिने मानिसहरूलाई पनि परमेश्वरले क्षमा दिनु भएको छ र ग्रहण गर्नुभएको छ । यसबाहेक, यस्ता मानिसहरूलाई अनन्त मृत्युदेखि बचाउन परमेश्वरले आफ्नो एकमात्र पुत्रको जीवन समेत दिनुभयो । हामी प्रभुमा विश्वास गरेर परमेश्वरको सन्तान बनेको हुँदा, हामीले यस्तो कृपाको हृदय सम्वर्द्धन गरेको परमेश्वर चाहनुहुन्छ । यस कारणले गर्दा

परमेश्वरले लूका ६:३६ मा भन्नुभएको छ ,"तिमीहरूका पिता कृपालु हुनुभएझैं, तिमीहरू पनि कृपालु होओ।"

यो कृपा, प्रेमसँग मिल्दोजुल्दो छ, तर विभिन्न प्रकारले फरक पनि छ। आत्मिक प्रेम भनेको कुनै पनि मोलतोल नगरी अरूका लागि आफैलाई बलिदान गर्न सक्नु हो भने दयाचाहिँ अझ बढी क्षमा र स्वीकृतिसित सम्बन्धित छ। अर्थात्, यो भनेको कुनै व्यक्तिको बारेमा सबै कुरा ग्रहण गर्न र अंगाल्न सक्नु वा प्रेम पाउन अयोग्य व्यक्तिलाई समेत कहिल्यै गलत तरिकाले नबुझ्नु वा घृणा नगर्नु हो। कसैको विचार आफ्नोभन्दा फरक हुँदा तपाईं त्यो व्यक्तिलाई घृणा गर्नुहुन्न वा ऊबाट तर्केर जानुहुन्न तर उल्टो तपाईंले उसलाई सामर्थ्य र सान्त्वना प्रदान गर्न सक्नुहुन्छ। तपाईंसित यदि अरूलाई स्वीकार गर्ने न्यानो हृदय छ भने, तपाईं उसका पापहरू वा गल्तीहरूलाई प्रकट गरि दिनुहुन्न बरु ऊसँग सुन्दर सम्बन्ध कायम गर्न त्यस्ता कुराहरूलाई ढाकछोप गरिदिनु हुन्छ र उसलाई ग्रहण गर्नुहुन्छ।

यस्तो कृपाको हृदयलाई एउटा घटनामा स्पष्टसित दर्साइएको छ। एक दिन येशू र ातभरि जैतून डाँडामा प्रार्थना गर्नुभएर बिहान मन्दिरमा आउनुभयो। उहाँ त्यहाँ बस्नुहुँदा धेरै मानिसहरू भेला भए, र उहाँले परमेश्वरको वचन प्रचार गर्नुहुँदा त्यहाँ हो हल्ला मच्चियो। भीडबाट केही शास्त्रीहरू र फरिसीहरूले येशूको अघि एक स्त्री ल्याए। उनी डरले काँपिरहेकी थिइन्।

तिनीहरूले त्यस स्त्री व्यभिचारको क्रममा पक्राउ परेको कुरा बताए, र व्यवस्था अनुसार त्यस्तो स्त्रीलाई ढुङ्गाले हानेर मारिनुपर्ने हुनाले अब उहाँलाई तिनलाई के गर्नुहुनेछ भनी सोधे। येशूले यदि उनलाई ढुङ्गाले हानेर मार्नु भनी भन्नुभएको भए त्यो उहाँको "शत्रुलाई प्रेम गर" भन्ने शिक्षासँग मेल खाने थिएन। तर उहाँले उनलाई क्षमा गरिदेओ भन्नुभएको भए, त्यसबाट व्यवस्थाको उल्लङ्घन हुने थियो। त्यसबेला येशू कठिन परिस्थितिमा पर्नुभएको झैं देखिन्थ्यो। तर यूहन्ना ८:७ मा लेखिए अनुसार, येशूले जमीनमा केही लेखेर भन्नुभयो, "तिमीहरूमा जो पापरहित छ, त्यसैले त्यस स्त्रीलाई पहिले ढुङ्गा हानोस्।" यो कुराले गर्दा मानिसहरूलाई तिनीहरूको विवेकले दोष्यायो अनि सबैजना एक-एक गरी त्यहाँबाट गइहाले। अन्ततः त्यहाँ त्यस स्त्री र येशू मात्र बाँकी र

हनुभयो ।

यूहन्ना ८:११ मा येशूले तिनलाई भन्नुभयो, “म पनि तिमीलाई दण्ड दिन्नँ । जाऊ, अनि फेरि पाप नगर ।” म पनि तिमीलाई दण्ड दिन्न भन्नुको अर्थ उहाँले उनलाई क्षमा दिनुभयो । क्षमा दिनै नमिल्ने स्त्रीलाई पनि येशूले क्षमा दिनुभयो र उनलाई पापहरूबाट फर्कने एउटा मौका दिनुभयो । यो दयाको हृदय हो ।

प्रभुको जस्तै फदय र कार्यहरूको आवश्यकता

दया भनेको आफ्ना शत्रुहरूलाई समेत साँचो रूपमा क्षमा दिनु र प्रेम गर्नु हो । एउटी आमाले एक नवजात शिशुको ख्याल गरेझैं हामी सबैलाई स्वीकार गर्न र अँगाल्न सक्नेछौं । मानिसहरूमा केही ठूलै दोष छ वा तिनीहरूले गम्भीर पापहरू गरेका छन् भनेपनि, उनीहरूको न्याय गर्नु वा उनीहरू माथि दोष लगाउनुको साटो हामी पहिला दया देखाउनेछौं । हामी पापीहरूलाई होइन तर पापलाई घृणा गर्नेछौं ; तर हामी उसलाई बुझ्ने र बचाउने प्रयास गर्नेछौं ।

मानौं कुनै बालकको शरीर अत्यन्तै कमजोर छ र ऊ प्राय बिरामी भइरहन्छ । अब यो बालकप्रति उसकी आमाको धारणा कस्तो हुनेछ ? त्यो बच्चा किन त्यस्तो जन्मियो र उसले किन उनलाई त्यति धेरै दुःख दिइरहेको छ भनी उनी सोच्दिनन् । तिनले ती कारणहरूले गर्दा त्यो बालकलाई घृणा गर्दिनन् । बरु अन्य स्वस्थ छोराछोरी प्रतिभन्दा त्यो बालकप्रति बढी प्रेम र करुणा दर्साउन्छिन् ।

एउटी आमा थिइन् जसको छोरो सुस्त मनस्थितिको थियो । ऊ बीस वर्षको हुँदा समेत उसको दिमागी हालत दुइ वर्षीय बालकको झैं थियो र ती आमाले एकैछिन पनि आफ्नो नजर उसबाट हटाउँदिन थिइन् । तरैपनि, त्यो छोराको हेरविचार गर्न गाह्रो छ भनी उनले कहिल्यै पनि सोचिनन् । उसको हेरविचार गर्दा उनमा ऊप्रति केवल प्रेम र दयामात्र हुन्थ्यो । यदि हामीले यस्तो प्रकारको दयाको फल पूर्ण रूपले फलाएकाछौं भने, हामी आफ्ना छोराछोरीहरूप्रति मात्र होइन तर सबैप्रति दया देखाउनेछौं ।

येशूले आफ्नो सार्वजनिक सेवकाइको समयमा स्वर्गीय राज्यको सुसमाचार प्रचार गर्नुभयो । उहाँका मुख्य श्रोताहरू धनी र शक्तिशाली मानिसहरू थिएनन्; तर गरीब-दु:खीहरू, उपेक्षित व्यक्तिहरू, मानिसहरूले पापी ठानेका कर उठाउनेहरू वा व्यभिचारिणी स्त्रीहरू थिए ।

येशूले आफ्ना चेलाहरूलाई चुन्नुहुँदा पनि त्यस्तै भएको थियो । मानिसहरूलाई लाग्न सक्छ कि परमेश्वरको व्यवस्थासँग राम्ररी परिचित मानिसहरूलाई चेलाहरूको रूपमा छनोट गर्नु बुद्धिमानी हुने थियो किनभने उनीहरूलाई परमेश्वरको वचन सिकाउन सजिलो हुँदछ । तर येशूले त्यस्ता मानिसहरूलाई चुन्नुभएन । उहाँले मत्तीलाई छान्नुभयो जो कर उठाउने हुनुहुन्थ्यो अनि ; पत्रुस, अन्द्रियास, याकूब, र यूहन्ना जालहार िहरू हुनुहुन्थ्यो ।

येशूले विभिन्न प्रकारका रोगहरू पनि निको पार्नुभयो । एकपल्ट उहाँले अठ्तीस वर्षदेखि बिरामी भएर बेथेस्दाको तलाउमा पानीको प्रतीक्षा गरिरहेको एक मानिसलाई निको पार्नुभयो । उनी जीवनको कुनै आशा विना पीडाका साथ बाँचिरहेको भएतापनि, कसैले पनि उनीप्रति ध्यान दिएका थिएनन् । तर येशूले उनीकहाँ आएर, "के तिमी निको हुने चाहना गर्छौं ?" भनी सोध्नुनभयो र उनलाई निको पार्नुभयो ।

येशूले बाह्र वर्षसम्म रगत बग्ने बेथा भएकी एउटी स्त्रीलाई पनि निको पार्नुभयो । उहाँले बारतिमै नाउँ गरेको एक अन्धो भिखारीको पनि आँखा खोली दिनुभयो (मत्ती ९:२०-२२, मर्कूस १०:४६-५२) । नाइन भन्ने शहरतर्फ जानुहुँदा, एक विधवाको एक्लो छोरो मरेको उहाँले देख्नुभयो । उहाँलाई दया लाग्यो र त्यस मृत छोरोलाई ब्यूँताइदिनुभयो (लूका ७:११-१५) । यस बाहेक, उहाँले थिचोमिचोमा परेकाहरूमाथि निगाह गर्नुभयो । कर उठाउनेहरू र पापीहरूजस्ता बेवास्ता गरिएका मानिसहरूसँग उहाँले मित्रता गर्नुभयो ।

उहाँले पापीहरूसँग बसेर खाना खानु भएको कारण केही मानिसहरूले उहाँको आलो चना गर्दै, "किन तिमीहरूका गुरु कर उठाउनेहरू र पापीहरूसँग खान्छन् ?" भनी सोधे (मत्ती ९:११) । तर येशूले त्यो सुनेर उनीहरूलाई भन्नु भयो, "निरोगीहरूलाई वैद्यको आवश्यकता हुँदैन, तर रोगीहरूलाई हुन्छ । तर गएर यसको अर्थ के हो तिमीहरू सिक :

'म बलिदान होइन, दया चाहन्छु ।' किनकि म धर्मीलाई होइन, तर पापीहरूलाई बोलाउन आएँ" (मत्ती ९:१२-१३) । उहाँले हामीलाई पापी र रोगी बिरामीहरूप्रति दया र कृपाको हृदय दर्शाउन सिकाउनुभयो ।

येशू केवल धनी र धर्मीहरूका लागि मात्र आउनुभएन, तर मुख्यत: गरीब र रोगी-बिरामीहरू, र पापीहरूका निम्ति आउनुभयो । हामीले येशूको हृदय र कामहरूलाई पछ्यायौं भने चाँडै नै दयाको फल फलाउन सक्छौं । अब, दयाको फल फलाउनको लागि हामीले विशेषगरी के गर्नुपर्छ भनी खोतलौं ।

दयाको फदय हुनको लागि पूर्वाग्रह त्याग्नु

सांसारिक मानिसहरू प्रायजसो बाहिरी स्वरूपको आधारमा अरूको न्याय गर्छन् । मानिसहरू धनी वा प्रख्यात छन् कि छैनन् भन्ने आधारमा अरूले उनीहरूप्रति परिवर्तनशील व्यवहार गर्दछन् । परमेश्वरका छोराछोरीहरूले मानिसहरूलाई केवल उनीहरूको बाह्य स्वरूपकै आधारमा उनीहरूको न्याय गर्नु हुँदैन वा उनीहरूप्रति परिवर्तनशील मनोवृत्ति राख्नुहुँदैन । हामीले ससाना नानीहरू वा आफूभन्दा तल्लो स्तरका मानिसहरूको पनि वास्ता गर्नु पर्दछ र प्रभुको हृदयका साथमा उनीहरूको सेवा गर्नुपर्दछ ।

याकूब २:१-४ ले भन्दछ, "मेरा भाइ हो, प्रभु येशू ख्रीष्ट, महिमाका प्रभुमाथि तिमीहरूको विश्वास भएको हुनाले तिमीहरू कुनै भेदभाव नदेखाओ । यदि कोही मानिस सुनका औंठीहरू र राम्रा-राम्रा लुगा लगाएर तिमीहरूको सभामा आयो, र कुनै एउटा गरीब पनि झुत्रे-झाम्रे लुगा लगाएर आयो भने, तिमीहरू त्यो राम्रो लुगा लगाउनेलाई आदर गरेर 'यहाँ राम्रो ठाउँमा बस्नुहोस्' भन्छौ, र त्यस गरीबलाई चाहिँ 'तँ त्यहाँ उभि' अथवा 'मेरा पाउनेर बस्' भन्छौ भने के तिमीहरूले आफ्नै बीचमा भेदभाव देखाएनौ, र कुविचार भएका न्यायकर्ता भएनौ र ?"

त्यसैगरी, १ पत्रुस १:१७ ले भन्दछ, "पनपक्ष नगरी मानिसको कामअनुसार इन्साफ

गर्नुहुनेलाई पिता भनी पुकार गर्छौ भने , तिमीहरूका प्रवासको सम्पूर्ण समय डरसँग बिताओ ।" यदि हामीले दयाको फल फलाएकाछौं भने, कसैको बाहिरी स्वरूपको आधार मा हामी अरूको न्याय गर्ने छैनौं वा अरूलाई दोषी लगाउने छैनौं ।

हामीमा पूर्वाग्रह वा पक्षपाती व्यवहार छ कि छैन भनी हामीले आत्मिक तवरले जाँचेर हेर्नुपर्दछ । कतिपय मानिसहरूले आत्मिक कुराहरू ढिलोगरी बुझ्दछन् । कतिपयमा शरीरका केही कमजोरीहरू हुन्छन्, त्यसैले गर्दा उनीहरूले कतिपय परि स्थितिहरूमा असान्दर्भिक कुरा वा काम गर्नसक्छन् । अझै कतिपयले प्रभुको तरिका अनुसार उपयुक्त नठहरिएको व्यवहार गर्दछन् ।

त्यस्ता मानिसहरूलाई देख्दा वा उनीहरूसित अन्तरक्रिया गर्दा, के तपाईंलाई निर ाशा महसूस भएको छैन ? के तपाईंले तिनीहरूलाई हेलाँको दृष्टिले हेर्नु भएको छ वा के ही हदसम्म उनीहरूबाट तर्किने गर्नुभएको छ ? के तपाईंले आफ्ना रुखो बोलीवचन वा अभद्र स्वभावद्वारा अरूलाई अप्ठ्यारोमा पार्नुभएको छ ?

त्यसैगरी, केही मानिसहरूले कुनै व्यक्तिले पाप गरेको भेट्टाउँदा, आफैं न्यायाधीशको ठाउँमा रहेकोझैं गरेर उक्त व्यक्तिलाई दोष लगाउने कार्य गर्दछन् । व्यभिचार गरेकी स्त्रीलाई येशूकहाँ ल्याइँदा, धेरै मानिसहरूले न्याय र दोष दिने सोचाइका साथ उनीमाथि औंला ठडयाए । तर येशूले उनलाई दोष दिनुभएन तर उद्धारको लागि उनलाई एक मौ का दिनुभयो । यदि तपाईंमा यस्तो दयाको हृदय छ भने, तपाईंले आफ्ना पापको लागि दण्ड भोगिरहेका मानिसहरू प्रति दया देखाउनुहुनेछ, र उनीहरू त्यसमाथि विजयी हुनेछन् भन्ने आशा गर्नुहुनेछ ।

कठिनाइमा परेकाहरूको लागि कृपा

यदि हामी दयालु छौं भने, कठिनाइमा परेकाहरूप्रति हामीले सहानुभूति देखाउनेछौं र उनीहरूलाई मद्दत गर्न हामी रुचाउनेछौं । हामीले केवल उनीहरूका लागि हृदयमा दुःखित हुँदै मुखले मात्र, "साहस गर्नुहोस् अनि बलियो हुनुहोस् !" भन्नेछैनौं । हामीले

उनीहरूलाई कुनै प्रकारको सहायता गर्नेछौं ।

१ यूहन्ना ३:१७-१८ ले भन्दछ, "कसैसित संसारको धन-सम्पत्ति छ, र पनि आफ्ना दाज्यू-भाइलाई खाँचोमा परेको देख्दा उनीहरूप्रति आफ्नो मन कठोर पार्छ भने, परमेश्वर को प्रेम कसरी त्यसमा वास गर्छ ? साना बालकहरू, वचन र बोलीले मात्र हामी प्रेम नगरौं, तर काम र सत्यताले प्रेम गरौं ।" साथै, याकूब २:१५-१६ ले पनि भन्दछ, "यदि कोही भाइ वा बहिनी झुत्रे-झाम्रे छ, र त्यसलाई दिनहुँको भोजनको अपुग छ, र तिमीहरूमध्ये कसैले त्यसलाई 'शान्तिसँग जाऊ, न्यानो गरी बस, पेटभरि खाऊ' मात्र भन्छ, तर त्यसको शरीरलाई चाहिने कुराहरूचाहिँ दिँदैन भने, त्यसबाट के लाभ हुन्छ र ?"

तपाईंले केवल, 'बिचरा ! ऊ भोकाइरहेको छ, तर मसँग आफूलाई पुग्ने जति मात्र भएको कारण म साँच्चै केही गर्न सक्दिन !' भनेर सोच्नुहुँदैन । तपाईंलाई साँच्चै हृदयदे खि नै दया लाग्छ भने, तपाईंले आफूसँग भएको कुरा बाँड्न वा आफ्नै भागबाट पनि दिन सक्नुहुन्छ । आफ्नो अवस्थाको कारण अरूलाई मद्दत गर्न सकिँदैन भनी यदि कसैले सोच्छ भने, उसले धनी भएर पनि अरूलाई सहायता गर्ने संभावना एकदमै थोरै हुन्छ ।

यो केवल भौतिक कुराहरूमा मात्र लागू हुँदैन । कसैलाई कुनै समस्या परेको देख्दा, त्यो व्यक्तिलाई मद्दत गर्ने र उसको पीडा बाँड्चूँड गर्ने चाहना तपाईंमा हुनु पर्दछ । यो दया हो । विशेष गरी, प्रभुलाई विश्वास नगरेर नरकमा गइरहेका मानिसहरूका लागि तपाईंले फिक्री गर्नुपर्दछ । तपाईंले उनीहरूलाई मुक्तिको बाटोतर्फ डोऱ्याउन सकभर प्रयास गर्नुपर्छ ।

मानमिन केन्द्रीय चर्चको स्थापना-कालदेखि नै, यहाँ परमेश्वरको शक्तिका महान् कार्यहरू भइरहेका छन् । तर म अझै ठूलो शक्ति माग्ने गर्दछु र त्यो शक्ति प्रकट गर्न मैले आफ्नो सारा जीवन नै समर्पण गरेको छु । किनभने म आफै पनि कुनै बेला गर िबीले ग्रसित थिएँ, र रोगको कारणले गर्दा मैले सम्पूर्ण आशा गुमाउने पीडालाई पूर्ण रूपले अनुभव गरेको छु । यस्ता समस्याहरूबाट पीडित मानिसहरूलाई देख्दा, म उहाँहरूको पीडालाई आफ्नै पीडाझैं महसूस गर्छु, र उहाँहरूलाई म सक्दो मद्दत गर्न चाहन्छु ।

उहाँहरूको समस्या समाधान गर्नु र उहाँहरूलाई नरकको दण्डबाट बचाउनु मेरो चाहना हो । तर म एक्लै कसरी यति धेरै मानिसहरूलाई मद्दत गर्न सक्छु ? यसको लागि मैले पाएको उत्तर भनेको परमेश्वरको शक्ति नै थियो । गरीबी, रोगहरू र मानिसहरूका अन्य सबै समस्याहरूको समाधान मैले गर्न नसकेतापनि, म उहाँहरूलाई परमेश्वरसित भेट्न र उहाँलाई अनुभव गर्नका लागि मद्दत गर्नसक्छु । त्यसैले धेरै मानिसहरूले परमेश्वरलाई भेट्न र अनुभव गर्न सक्नूभएको होस् भन्ने हेतुले म परमे श्वरको अझ महान् शक्ति प्रकट गर्ने प्रयास गरिरहेको छु ।

निस्सन्देह, शक्ति प्रकट गर्दैमा मुक्तिको प्रक्रिया पूरा हुँदैन । शक्तिलाई देखेर उहाँहरूले विश्वास गर्नु भएतापनि, उहाँहरू विश्वासमा दृढसित खडा नहुञ्जेलसम्म हामीले शारीरिक र आत्मिक कुराहरूमा उहाँहरूको हेरविचार गर्नुपर्दछ । त्यसैकारणले हाम्रो चर्चमा आर्थिक कठिनाइहरू भएतापनि मैले खाँचोमा परेकाहरूलाई सकेसम्म सहायता गरेँ । त्योचाहिँ उहाँहरू अझ बढी बलका साथ स्वर्गतर्फ अघि बढून् भएको होस् भन्ने हेतुले थियो । हितोपदेश १९:१७ ले भन्दछ, “गरीबप्रति दयालु हुनु परमप्रभुलाई सापट दिनु हो, र त्यसले जे गरेको छ, त्यसको इनाम उहाँले त्यसलाई दिनुहुनेछ ।” तपाईंले प्रभुको हृदयको साथमा अन्य आत्माहरूको हेरविचार गर्नुभयो भने, परमेश्वरले निश्चय नै तपाईंलाई आशिष्हरू दिनुहुनेछ ।

अरूका कमी-कमजोरीहरूलाई सजिलैसित नऔंल्याउनुहोस्

यदि हामी कसैलाई प्रेम गर्छौं भने, हामीले कहिलेकाहीँ उनीहरूलाई सल्लाह दिनु वा हप्काउनुपर्ने हुँदछ । यदि आमाबुबाहरूले आफ्ना छोराछोरीहरूलाई प्रेम गर्छु भन्दैमा उनीहरूलाई कहिल्यै पनि गाली नगरी सबै कुरामा सधैं क्षमा दिइरहन्छन् भने, छोराछोर िहरू बिग्रन्छन् । तर यदि हामीमा दया छ भने हामी सजिलैसित अरूलाई सजाय दिन, हप्काउन, वा अरूका कमजोरीहरू औंल्याउन सक्दैनौं । हामीले अरूलाई केही सुझाव मात्र दिँदा पनि, प्रार्थना गरेर त्यो व्यक्तिको हृदयको वास्ता गरी होशियारीपूर्वक केही

भन्नेछौं । हितोपदेश १२:१८ ले भन्दछ, "असावधान वचनले मानिसलाई तरवारले झैं घोच्छ, तर बुद्धिमान्‌को बोलीले निको पार्छ ।" अरू विश्वासीहरूलाई सिकाउनुपर्ने पास्टरहरू र अगुवाहरूले यी कुराहरूमा विशेष ध्यान दिनुपर्छ ।

तपाईंले सजिलैसित कसैलाई यस्तो भन्न सक्नुहुन्छ, "तपाईंसँग कुटिल हृदय छ, र यसले परमेश्वरलाई खुशी तुल्याउँदैन । तपाईंमा यस्ता-यस्ता कमी-कमजोरीहरू छन्, अनि यी कुराहरूले गर्दा तपाईंलाई अरूले मन पराउँदैनन् ।" तपाईंले भन्नु भएका यी कुराहरू सत्य नै भएतापनि यदि तपाईंले कुनै प्रेम विना आफ्नै स्व-धार्मिकता वा संरचना भित्र रहेर त्यसरी कमी-कमजोरीहरू औंल्याउनुहुन्छ भने, त्यसले जीवन दिँदैन । सुझावको परिणामस्वरूप अन्य मानिसहरू परिवर्तन हुने छैनन् तर उल्टो उनीहरूको चित्त दुख्नेछ र उनीहरू निराश भएर आफ्नो सामर्थ्य गुमाउनेछन् ।

कहिलेकाहीँ, चर्चका केही सदस्यहरू आफ्ना कमी-कमजोरीहरू महसूस गरेर आफूलाई परिवर्तन हुनका लागि म कहाँ आउनु भएर मलाई उहाँहरूका कमजोरीहरू औंल्याइदिन अनुरोध गर्नुहुन्छ । उहाँहरू आफ्ना कमी-कमजोरीहरू महसूस गरेर परिवर्तन हुन चाहेको कुरा बताउनुहुन्छ । त्यसैले मैले होशियारीपूर्वक केही भन्न शुरू गर्नासाथ, उहाँहरूले आफ्नै दृष्टिकोणबाट आफ्ना कुराहरू व्याख्या गर्न थालेर मलाई रोक्नुहुन्छ, जसको कारणले गर्दा मैले साँच्चै सुझाव दिन सक्दिनँ । सुझाव दिनु कुनै हालतमा पनि सजिलो कुरा होइन । त्यो बेला, उहाँहरूले धन्यवादका साथ सुझाव स्वीकार गर्न सक्नुहुन्छ, तर उहाँहरूले फेरि आत्माको पूर्णता गुमाउनुभयो भने, उहाँहरूको हृदयमा के हुनेछ भनी कसैलाई थाहा हुँदैन ।

कहिलेकाहीँ, परमेश्वरको राज्य पूरा गर्नको लागि केही काम गर्दा वा मानिसहरूलाई उहाँहरूका समस्याहरूको समाधान प्राप्त गर्नका लागि डोऱ्याउँदा मैले केही कुराहरू औंल्याउनु पर्ने हुन्छ । उहाँहरूले चित्त दुखाउनु भएको नहोस् वा निराश हुनुभएको नहोस् भन्ने आशा गर्दै, प्रार्थनाको मनका साथ उहाँहरूका अनुहारको मनोभावलाई म नियाल्ने गर्दछु ।

अवश्य पनि, येशूले फरिसीहरू र शास्त्रीहरूलाई कडा शब्दमा हप्काउनुहुँदा, उनीहरूले उहाँको सुझावलाई स्वीकार गर्न सकेनन् । उनीहरूमध्ये एकै जनाले मात्र

भए पनि उहाँको कुरा सुनेर पश्चात्ताप गरोस् भनेर येशूले उनीहरूलाई मौका दिइर हनुभएको थियो । उनीहरू मानिसहरूका शिक्षकहरू भएको कारणले गर्दा पनि, मानिसहरूले सत्य कुरा बुझून् र उनीहरूको कपटको बहकाउमा नपरुन् भनी येशू चाहनुहुन्थ्यो । यस्तो विशेष अवस्थामा बाहेक, अरूको भावनामा चोट पुऱ्याउने वा तिनीहरूका कमजोरीहरू प्रकट गरिदिएर तिनीहरूलाई ठेस खान लगाउने खालका शब्दहरू तपाईंले बोल्नु हुँदैन । नितान्त आवश्यक अवस्थामा तपाईंले सल्लाह दिनै पऱ्यो भने पनि, अरूको दृष्टिकोणबाट सोचेर त्यो आत्माको फिक्री गर्दै प्रेमका साथ तपाईंले सुझाव दिनुपर्दछ ।

सबैजना प्रति उदार हुनुहोस्

अधिकांश मानिसहरूले आफूसित भएका केही कुराहरू आफूलाई मन पर्ने मानिसहरूलाई उदारताकासाथ दिन सक्छन् । कञ्जुस्याइँ गर्नेहरूले पनि, आफूले फिर्तामा केही पाउँछु भन्ने थाहा पाए भने उनीहरू अरूलाई सर-सापट दिने वा उपहार हरू दिने गर्छन् । लूका ६:३२ ले भन्दछ, "तिमीहरूलाई प्रेम गर्नेहरूसँग प्रेम गर्दछौ भने, तिमीहरूलाई के लाभ भयो ? किनकि पापीहरूले पनि आफूलाई प्रेम गर्नेहरूसँग प्रेम गर्दछन् ।" यदि हामी फिर्तामा केही पनि नचाहीकन आफ्ना कुराहरू अरूलाई दिन सक्छौं भने हामी दयाको फल फलाउन सक्छौं ।

यहूदाले आफूलाई विश्वासघात गर्नेछ भन्ने कुरा येशूलाई शुरूदेखि नै थाहा थियो, तर उहाँले उसलाई अरू चेलाहरू जस्तै नै व्यवहार गर्नुभयो । उसले पश्चात्ताप गर्न सकोस् भनेर उहाँले धेरैपटक उसलाई मौका दिनुभयो । उहाँ क्रूसमा टाँगिनु हुँदा पनि, येशूले आफूलाई क्रूसमा टाँग्नेहरूका लागि प्रार्थना गरिदिनुभयो । लूका २३:३४ ले भन्दछ, "हे पिता, यिनीहरूलाई क्षमा गर्नुहोस्, किनकि यिनीहरूले के गर्दैछन् सो जान्दैनन् ।" यो यस्तो दया हो जसद्वारा हामी क्षमा पाउन नसक्नेहरूलाई पनि क्षमा दिन सक्छौं ।

प्रेरितको पुस्तकमा, स्तिफनसमा पनि दयाको यस्तो फल भएको हामी पाउँदछौं । उहाँ एक प्रेरित हुनुहुन्नथ्यो, तर उहाँ परमेश्वरको अनुग्रह र शक्तिले भरिनुभएको थियो । उहाँद्वारा महान् चिन्हहरू र आश्चर्यकर्महरू भए । यो कुरा मन नपराउनेहरूले उहाँसित तर्क गर्न खोजे, तर उहाँले पवित्र आत्माको भरपूरीमा परमेश्वरको बुद्धिका साथ जवाफ दिनुहुँदा उनीहरूले प्रतिरोधमा तर्क गर्न सकेनन् । मानिसहरूले उहाँको अनुहार देख्दा, त्यो स्वर्गदूतको जस्तो थियो भनी उल्लेख गरिएको छ (प्रेरित ६:१५) ।

स्तिफनसको वचन सुन्दा यहूदीहरूलाई विवेकमा कष्टित अनुभव भयो, र अन्ततः तिनीहरूले उहाँलाई शहर बाहिर लगे अनि उहाँलाई ढुङ्गाले हानेर मारे । आफू मर्दै गर्दा पनि, उहाँले आफूमाथि ढुङ्गा हान्नेहरूका निम्ति यसो भन्दै प्रार्थना गरिदिनुभयो, "हे प्रभु, यो पापको दोष यिनीहरूलाई नलागोस्" (प्रेरित ७:६०) । यसले यो देखाउँदछ कि उहाँले तिनीहरूलाई अघिबाटै क्षमा दिइसक्नुभएको थियो । उहाँमा तिनीहरूको विरुद्ध कुनै घृणा थिएन, तर केवल तिनीहरूमाथि कृपा देखाउने दयाको फल थियो । यस्तो हृदय भएको कारण स्तिफनसले त्यस्ता महान् कार्यहरू प्रकट गर्न सक्नुभयो ।

त्यसोभए तपाईंले यस किसिमको हृदय कति मात्रामा सम्वर्द्धन गर्नुभएको छ ? के तपाईंलाई मन नपर्ने वा तपाईंसँग राम्रो सम्बन्ध नभएको कोही मानिस छ ? उनीहरूको स्वभाव वा राय तपाईंको विचारसँग मेल नखाएतापनि तपाईंले उनीहरूलाई स्वीकार्न र अँगाल्न सक्नुपर्छ । तपाईंले उक्त व्यक्तिको दृष्टिकोणबाट पनि सोच्नुपर्छ । त्यसपछि, तपाईंले त्यस व्यक्तिप्रतिको घृणाको भावनालाई परिवर्तन गर्न सक्नुहुन्छ ।

तपाईंले 'उसले यस्तो किन गर्छ ? म उसलाई बुझ्न सक्दिनँ,' भनी सोच्नुहुन्छ भने तपाईंमा वैमनस्यका भावनाहरू आउनेछन्, र उसलाई देख्दा तपाईंलाई असजिलो महसूस हुनेछ । तर तपाईंले, 'हो, उसले त्यो अवस्थामा त्यसो गर्नु मनासिब नै थियो' भनेर सोच्न सक्नुभयो भने तपाईंले घृणाको भावनालाई परिवर्तन गर्न सक्नुहुन्छ । अब, तपाईंले बुझ्नै नसक्ने काम गर्नेहरू प्रति पनि तपाईंले दया गर्नु हुनेछ अनि तपाईंले उनीहरूका लागि प्रार्थना गरिदिनुहुनेछ ।

तपाईंले यसरी आफ्नो विचार र भावनालाई परिवर्तन गर्दै जाने क्रममा घृणा र अन्य

दुष्ट भावनाहरू एक एक गरेर बाहिर निकाल्न सक्नुहुनेछ । यदि तपाईं आफ्नो जिद्दीपनामै अडिरहनु भयो भने, तपाईंले अरूलाई स्वीकार गर्न सक्नुहुन्न । नता तपाईंले आफूमा भएको घृणा वा वैमनस्यका भावनाहरूलाई नै बाहिर निकाल्न सक्नुहुनेछ । तपाईंले आफ्नो स्व-धार्मिकता फ्याँक्नु पर्छ र जस्तोसुकै किसिमको मानिसलाई स्वीकार्न र सेवा गर्नको लागि तपाईंले आफ्ना विचार र भावनाहरूलाई परिवर्तन गर्नुपर्छ ।

अरूको आदर गर्नुहोस्

दयाको फल फलाउनको लागि, केही राम्रो कुरा हुँदा हामीले त्यसको श्रेय अरूलाई दिनुपर्छ, र केही गलत हुँदा त्यसको दोष आफूले लिन सक्नुपर्छ । तपाईंले कसैसँग एकै साथ परिश्रम गर्नुहुँदा यदि सबै स्याबासी र प्रशंसा अर्को व्यक्तिलाई प्राप्त भयो भने त्यस्तो अवस्थामा पनि त्यसलाई आफ्नै खुशी सम्झेर तपाईं ऊसँग-सँगै रमाउनु पर्दछ । आफूले धेरै काम गर्नुपर्‍यो र अर्को व्यक्तिमा धेरै कमजोरीहरू भएतापनि उसले बढी प्रशंसा पायो भन्ने सोचेर तपाईंलाई असजिलो महसूस हुने छैन । बरु उसले अरूबाट प्रशंसा पाएपछि उसमा आत्मबल अझ बढी बढ्नेछ र उसले अझै मेहनतका साथ काम गर्न सक्नेछ भन्ने सोचेर तपाईं केवल धन्यवादी बन्नुहुनेछ ।

यदि कुनै आमाले आफ्नो बच्चासँग मिलेर केही काम गर्दा, त्यो बच्चाले मात्र इनाम पाउँछ भने, आमालाई कस्तो महसूस हुनेछ ? त्यो काम पूरा गर्न आफ्नो बच्चालाई आफूले मद्दत गरेको भएतापनि आफूलाई कुनै इनाम प्राप्त भएन भनेर गुनासो गर्ने कुनै आमा हुनुहुँदैन । साथै, कुनै आमालाई उनी सुन्दर छिन् भनी कसैले प्रशंसा गरिदिंदा उनी खुशी हुन्छिन्, तर उनकी छोरी सुन्दर छिन् भनी अरूले भनेको सुन्न पाउँदा उनी झन् बढी खुशी हुन्छिन् ।

यदि हामीमा दयाको फल छ भने, हामीले अरूलाई आफूअघि राखेर उसैलाई श्रेय दिन सक्छौं । अनि उसको प्रशंसा हुँदा आफ्नै प्रशंसा भए जस्तो गरी हामी ऊसितै आनन्दित हुनेछौं । दया परमेश्वर पिताको गुण हो जो करुणा र प्रेमले भरिपूर्ण हुनुहुन्छ ।

दयामात्र होइन, तर पवित्र आत्माको प्रत्येक फल पनि सिद्ध परमेश्वरको हृदय हो । प्रेम, आनन्द, शान्ति, धैर्य, र अन्य सबै प्रकारका फलहरू परमेश्वरको हृदयका विभिन्न पक्षहरू हुन् ।

तसर्थ, पवित्र आत्माको फल फलाउनु भनेको, हामीले परमेश्वरको जस्तो हृदय प्राप्त गर्न र परमेश्वर जस्तै सिद्ध हुन प्रयास गर्नु हो । तपाईंमा जति धेरै परिपक्व आत्मिक फलहरू हुन्छन्, तपाईं त्यति नै प्रिय बन्नु हुनेछ, अनि परमेश्वरले तपाईं अत्याधिक प्रेम गर्नुहुनेछ । तपाईंहरू उहाँसित समरूप उहाँका छोराछोरीहरू हुनुहुन्छ भनी उहाँ तपाईंहरूमा आनन्दित हुनुहुनेछ । यदि तपाईं उहाँलाई खुशी तुल्याउने परमेश्वरको सन्तान बन्नुभयो भने, तपाईंले प्रार्थनामा मागेका जे-सुकै कुरा पनि प्राप्त गर्न सक्नुहुन्छ, र कुनै कुरा केवल तपाईंको हृदयमा आयो भने मात्र पनि, परमेश्वरलाई त्यो थाहा हुनेछ अनि उहाँले तपाईंहरूलाई त्यसको उत्तर दिनुहुनेछ । म आशा गर्दछु कि तपाईंहरूले पूर्ण रूपले पवित्र आत्माको फल फलाउनुहुनेछ र परमेश्वरलाई सबै कुरामा खुशी तुल्याउनुहुनेछ, जसले गर्दा तपाईं आशिष्ले भरिपूर्ण हुनुहुनेछ र सिद्ध तवरले परमेश्वरसित समरूप हुने सन्तानको रूपमा स्वर्गको राज्यमा ठूलो सम्मान प्राप्त गर्नुहुनेछ ।

फिलिप्पी २:५

"तिमीहरूमा यस्तो मन होस्, जो ख्रीष्ट येशूमा पनि थियो।"

अध्याय ७

भलाइ

भलाइको फल

पवित्र आत्माको इच्छा अनुसार भलाइको खोजी गर्नु

असल सामरीलेझैं सबै कुरामा भलाइ गर्न रोज्नु

कुनै पनि परिस्थितिमा झगडा वा घमण्ड नगर्नुहोस्

फुटेको निगालो नभाँच्नुहोस् र धिपधिप भइरहेको सलेदो ननिभाउनुहोस्

सत्यतामा रहेर भलाइ गर्ने शक्ति

भलाइ

एक रात, भुत्रो लुगा लगाएको एक जना जवान मानिस भाडामा बस्न कोठा खोज्दै एक वृद्ध दम्पत्तिकहाँ पुग्नुभयो । यो दम्पत्तिले उहाँमाथि दया देखाउनु भएर उहाँलाई बस्नको लागि एउटा कोठा दिनुभयो । तर यो जवान व्यक्ति काममा नगईकन, रक्सी पिएर दिनहरू बिताँउन थाल्नुभयो । यस्तो अवस्थामा प्रायजसो मानिसहरूले उहाँले कोठा भाडा तिर्न सक्नु हुन्न भन्ने सोचेर घरबाट निकालिदिने थिए । तर यो वृद्ध दम्पत्तिले उहाँलाई समय समयमा खाने कुरा दिँदै र सुसमाचार प्रचार गरेर उहाँलाई उत्साह दिनुभयो । उहाँहरूको प्रेमका कार्यहरू देखेर त्यो व्यक्ति प्रभावित हुनुभयो किनभने उहाँहरूले त्यो व्यक्तिलाई आफ्नै छोरालाई भैं व्यवहार गरिरहनु भएको थियो । अन्ततः त्यो जवान व्यक्तिले येशू ख्रीष्टलाई ग्रहण गर्नुभयो र नयाँ मानिस बन्नुभयो ।

भलाइको फल

अवहेलित मानिसहरू वा समाजबाट बहिष्कृत भएका मानिसहरूलाई नत्यागीकन अन्त्यसम्मै प्रेम गर्नु भलाई हो । भलाइको फल केवल हृदयभित्र मात्र उत्पन्न हुँदैन तर ती वृद्ध दम्पत्तिले गर्नु भए भैं त्यो फल कार्यमा प्रकट हुन्छ ।

यदि हामी भलाइको फल फलाउँछौं भने, हामीले चारैतिर ख्रीष्टको सुगन्ध छर्नेछौं । हामीले गरेका असल कामहरू देखेर हामी वरपरका मानिसहरू प्रभावित छुनेछन् र परमेश्वरलाई महिमा दिनेछन् ।

भलाइ भनेको कोमल, विचारशील, दयालु र सदाचारी हुने गुण हो । तापनि, आत्मिक अर्थमा, योचाहिँ पवित्र आत्मामा भलाइ खोज्ने अर्थात् सत्यतामा रहेर भलाइ खोज्ने हृदय हो । यदि हामीले पूर्ण रूपमा भलाइको यो फल फलाएकाछौं भने, हामीमा प्रभुको भैं शुद्ध र निष्खोट हृदय हुनेछ ।

कहिलेकाहीँ, पवित्र आत्मा प्राप्त नगरेका अविश्वासीहरूले पनि केही हदसम्म भलाइका कामहरू गर्दछन् । सांसारिक मानिसहरूले आफ्नो विवेक अनुसार कुनै कुर

ालाई असल वा खराब भनी बुझ्ने र न्याय गर्ने गर्दछन् । उनीहरूको विवेकले दोष नदिने हुनाले सांसारिक मानिसहरूले आफूलाई असल र धर्मी ठान्दछन् । तर मानिसको विवेक व्यक्तिपिच्छे फरक हुँदछ । भलाइलाई आत्माको फलको रूपमा बुझ्नको लागि, हामीले पहिले मानिसको विवेकबारे बुझ्न पर्दछ ।

पवित्र आत्माको इच्छाअनुसार भलाइको खोजी गर्नु

केही नयाँ विश्वासीहरूले आफ्नै ज्ञान र विवेक प्रयोग गरेर यसो भन्दै प्रवचनहरूको बारेमा न्याय गर्नुहुन्छ, 'यो कुरा वैज्ञानिक सिद्धान्तसँग मेल खाँदैन' । तर उहाँहरू विश्वासमा बढ्दै जानुभएर परमेश्वरको वचन सिक्नु भएपछि आफ्नो न्यायको मापदण्ड ठीक थिएन भनी महसूस गर्नुहुन्छ ।

विवेक भनेको असल र खराबलाई पहिचान गर्ने मानक हो, जुन हरेक व्यक्तिको स्वभावको जगमा आधारित हुँदछ । मानिस कस्तो जीवन-ऊर्जा लिएर जन्मिएको छ र कस्तो वातावरणमा हुर्किएको छ सोही अनुरूप उसको स्वभाव निर्माण भएको हुँदछ । असल जीवन-ऊर्जा पाएका सन्तानहरूमा तुलनात्मक रूपले असल स्वभाव हुन्छ । साथै, असल कुराहरू देखेर र सुनेर राम्रो वातावरणमा हुर्किएका मानिसहरूमा पनि असल विवेकको निर्माण हुँदछ । अर्कोतिर, यदि कुनै व्यक्ति आफ्ना आमाबुवाबाट धेरै दुष्ट स्वभाव लिएर जन्मिएको छ र थुप्रै दुष्ट कुराहरूको सम्पर्कमा ऊ आउँदछ भने, उसको स्वभाव र चेतना संभवत: दुष्ट नै बन्नेछ ।

उदाहरणको लागि, इमानदार हुन सिकाइएका बच्चाहरूमा, झूटो बोल्दा उनीहरूको विवेकले उनीहरूलाई दोष दिन्छ । तर झूटा बोल्नेहरूका बीचमा हुर्किएका बच्चाहरूलाई झूटो बोल्नु स्वभाविक लाग्दछ । आफूले झूट बोलिरहेको छु भनेर समेत तिनीहरू सोच्दैनन् । झूटो बोल्नु ठीकै हो भनेर सोच्ने क्रममा, तिनीहरूको विवेक दुष्टताले यति मैलिएको हुन्छ उनीहरूको विवेकले उनीहरूलाई दोषसमेत दिँदैन ।

साथै, उही आमाबुवाद्वारा एउटै वातावरणमा हुर्काइएका बच्चाहरूले आफू वरपरका कुराहरूलाई भिन्नाभिन्नै तरिकाले ग्रहण गर्छन् । केही छोराछोरीहरू आफ्ना आमाबाबुको आज्ञापालन गरिहाल्छन् भने केही अट्टेरी हुन्छन् र आज्ञापालन गर्दैनन् । यसरी एउटै आमाबुवाद्वारा हुर्काइएका सन्तानहरूको विवेक पनि फरक-फरक किसिमले निर्माण भएको हुँदछ ।

तिनीहरू हुर्कने क्रममा कस्ता सामाजिक र आर्थिक मूल्य-मान्यताहरू थिए सोको आधारमा विवेक फरक तरिकाले निर्माण हुँदछ । प्रत्येक समाजको मूल्य मान्यता फरक-फरक हुँदछ, र १०० वर्ष अघि, ५० वर्ष अघि र वर्तमान परिस्थितिका मूल्य मान्यताहरू फरक छन् । उदाहरणको लागि, दासप्रथाको समयमा, दासहरूलाई कुट्नु र जबरजस्ती काममा लगाउनु गलत हो भनी सोचिँदैनथ्यो । त्यस्तै, सार्वजनिक रूपमा प्रसारण हुने कार्यक्रमहरूमा महिलाले अंग प्रदर्शन गर्नु सामाजिक रूपमा अस्वीकार्य थियो । यहाँ उल्लेख गरिए अनुसार, व्यक्ति, ठाउँ र समय अनुसार विवेकहरू फरक-फरक हुन्छन् । आफ्नो विवेकअनुसार नै गरिरहेको छु भन्नेहरू वास्तवमा केवल आफूलाई ठीक लागेका कुराहरू मात्र पछ्याइरहेका हुन्छन् । तथापि, उनीरूलाई पूर्ण भलाइमा कार्य गरेको भनी भन्न सकिँदैन ।

तर हामी परमेश्वरमा विश्वास गर्नेहरूसँग असल र खराब छुट्याउने एउटै मानक छ । मानकको रूपमा हामीसँग परमेश्वरको वचन छ । यो मानक हिजो, आज र सधैँभरि समान छ । यही सत्यताले हाम्रो विवेकको रूपमा काम गरेर त्यसलाई पछ्याउनु भनेको आत्मिक भलाइ हो । योचाहिँ पवित्र आत्माका इच्छाहरू पालन गर्ने र भलाइको खोजी गर्ने तत्परता हो । तर केवल भलाइ गर्ने इच्छा हुँदैमा, हामीले भलाइको फल फलाएका छौं भनी हामी भन्न सक्दैनौं । भलाइ गर्ने इच्छा कार्यमा प्रकट हुँदा मात्रै हामीले फल फलाएका छौं भनी हामी भन्न सक्छौं ।

मत्ती १२:३५ ले भन्दछ,"असल मानिसले आफू भित्र भरिएका असल थोकबाट

असलै थोक निकाल्छ, तर दुष्ट मानिसले आफूमा भरिएको दुष्टताबाट दुष्ट थोक नै निकाल्छ ।" हितोपदेश २२:११ ले पनि भन्दछ, "जसले हृदयको शुद्धता रुचाउँछ र जसको बोलीवचन अनुग्रहसहितको छ, त्यसको लागि राजा पनि मित्र हुनेछ ।" उपरोक्त पदहरूमा उल्लेख गरिएझैं, साँच्चै भलाइ खोज्नेहरूमा स्वाभाविक रूपमै बाहिरबाट देख्न सकिने असल कार्यहरू हुन्छन् । उहाँहरू जहाँ जानुभएर जोसुकैसँग भेट्नु भएतापनि, उहाँहरूले असल बोलीवचन र कामद्वारा उदारता र प्रेम देखाउनु हुन्छ । अत्तर लगाएको व्यक्तिबाट मीठो सुगन्ध आएजस्तै, भलाइ भएका व्यक्तिहरूबाट ख्रीष्टको सुगन्ध बाहिर आउँदछ ।

केही मानिसहरू असल हृदय सम्वर्द्धन गर्न चाहनु हुन्छ, त्यसैले उहाँहरू आत्मिक व्यक्तिहरूलाई पछ्याउनु हुन्छ र उहाँहरूसँग मित्रता गाँस्न चाहनु हुन्छ । उहाँहरू सत्यका कुराहरू सुन्न र सिक्न मन पराउनु हुन्छ । कुनै कुराले उहाँहरूको हृदयलाई छिटै छुँदछ र उहाँहरूले धेरै आँसु पनि बगाउनु हुन्छ । तर उहाँहरूमा भलाइको चाहना हुँदैमा उहाँहरूले असल हृदय सम्वर्द्धन गर्न सक्नुहुन्न । उहाँहरूले त्यस्ता कुराहरू सुनेर सिकेपछि, त्यसलाई आफ्नो हृदयमा सम्वर्द्धन गर्नुपर्छ र त्यसलाई व्यवहारमा उतार्नुपर्छ । उदाहरणको लागि, यदि तपाईंलाई केवल असल मानिसहरूको वरिपरि मात्र रहन मनपर्छ र नराम्रा मानिसहरूबाट सधैं टाढा रहन मन पर्छ भने, के त्यो साँच्चै भलाइप्रतिको तृष्णा हो र ?

जो मानिसहरू खासै असल छैनन् तिनीहरूबाट पनि सिक्न मिल्ने धेरै कुराहरू हुँदछन् । तिनीहरूबाट तपाईंले केही कुरा नसिक्नु भएतापनि, तिनीहरूको जीवनबाट तपाईंले पाठ सिक्न सक्नुहुन्छ । यदि कुनै व्यक्तिमा तातो रीस छ भने त्यस्तो व्यक्ति प्रायजसो, झगडा र वादविवादमा मुछिँदो रहेछ भन्ने कुरा तपाईं सिक्न सक्नुहुन्छ । यो दे खेर तपाईंले किन क्रोधित हुनु हुँदैन भनी सिक्नुहुनेछ । यदि तपाईं असल मानिसहरूसित मात्र सङ्गत गर्नुहुन्छ भने, आफूले देख्ने वा सुन्ने कुराहरूको सापेक्षताबाट तपाईं सिक्न सक्नुहुन्न । सबै प्रकारका मानिसहरूबाट सधैं केही न केही सिक्न सकिन्छ । आफूले भलाइको चाहना धेरै गरेको छु र धेरै कुराहरू सिकेको र महसूस गरेको छु भन्ने

तपाईंलाई लाग्न सक्छ, तर वास्तवमा भलाइका कार्यहरू सञ्चय गर्ने क्रममा कतै कमी पो भएको छ कि भनी तपाईंले आफैलाई जाँचेर हेनुपर्दछ ।

असल सामरीले झैं सबै कुरामा भलाइ गर्न रोज्नु

अब, हामी आत्मिक भलाइलाई अझ विस्तृत रूपमा हेरौं । आत्मिक भलाइ भनेको सत्यता र पवित्र आत्मामा भलाइको खोजी गर्नु हो । वास्तवमा भन्ने हो भने, आत्मिक भलाइ अत्यन्तै व्यापक अवधारणा हो । परमेश्वरको स्वभाव नै भलाइ हो, र बाइबलभरि भलाइ अन्तर्निहित भएको छ । तर फिलिप्पी २:१-४ मा हामी भलाइको सुगन्धलाई राम्रो सित महसुस गर्न सक्छौं

यदि ख्रीष्टमा केही प्रोत्साहन छ भने, प्रेमको केही प्रेरणा, पवित्र आत्माको केही सङ्गति, केही स्नेह र सहानुभूति छ भने, तिमीहरू एउटै मनका भएर, एउटै प्रेम राखेर, पूर्ण सम्मतिसाथ एउटै चित्तका भएर मेरो आनन्द पूरा गर स्वार्थ वा अहङ्कारमा केही नगर, तर नम्रतामा एउटाले अर्कालाई आफूभन्दा श्रेष्ठ ठान । तिमीहरू हरेकले आफ्नै हित मात्र नखोज, तर अरूका हितलाई पनि हेर ।

यदि कुनै व्यक्तिले आत्मिक भलाइको फल फलाउनु भएको छ भने उहाँले प्रभुमा र हेर भलाइको खोजी गर्नुहुन्छ, त्यसैले गर्दा वास्तवमा आफू खासै सहमत नभएका कामहरूलाई पनि उहाँले समर्थन गर्नु हुन्छ । त्यस्तो व्यक्तिमा नम्रता हुन्छ अनि उहाँमा अरूबाट मान्यता पाउने वा आफैलाई प्रकट गर्ने जस्ता कुनै पनि व्यर्थको चाहना हुँदैन । अरू मानिसहरू उहाँ जत्तिको धनी वा बुद्धिमानी नभएतापनि, उहाँ अरूलाई हृदयदेखि नै आदर गर्न सक्नुहुन्छ र तिनीहरूको साँचो मित्र बन्न सक्नुहुन्छ ।

अरूले विनाकारण उहाँलाई दुःख दिएतापनि, उहाँले तिनीहरूलाई प्रेमका साथ ग्रहण

गर्न सक्नुहुन्छ । सबैजनासँग शान्तिमा रहनको लागि, उहाँले तिनीहरूको सेवा गर्नुहुन्छ र आफूलाई नम्र तुल्याउनु हुन्छ । उहाँले विश्वासयोग्यतापूर्वक आफ्ना जिम्मेवारीहरू पूरा गर्ने मात्र होइन, तर अरू मानिसहरूको कामलाई पनि वास्ता गर्नुहुन्छ । लूका १० अध्यायमा, हामी असल सामरीको दृष्टान्त पाउँदछौं ।

एक जना मानिस यरूशलेमबाट यरीहोतिर जाँदै थियो । त्यो डाँकूहरूको फेला पऱ्यो । तिनीहरूले त्यसलाई नाङ्गै पारेर पिटे र अधमरो पारी छोडेर गए । एउटा पूजाहारी त्यही बाटो भएर जाँदै थियो तर त्यो अधमरो मान्छेलाई देखेर ऊ अर्कोपट्टि तर्केर गयो । एउटा लेवी पनि त्यस ठाउँमा आएर त्यसलाई देखेपछि अर्कोपट्टि तर्केर गयो । पूजाहारीहरू र लेवीहरू परमेश्वरको वचन थाहा पाएका र परमेश्वरको सेवा गर्ने मानिसहरू हुन् । तिनीहरूलाई व्यवस्थाको बारेमा अरू मानिसहरूलाई भन्दा बढी थाहा हुन्छ । तिनीहरू परमेश्वरको सेवा राम्रो तरिकाले गरेकोमा गर्व पनि गर्छन् ।

तिनीहरूले परमेश्वरको इच्छा पालन गर्नेबेलामा देखाउनु पर्ने कार्यहरू देखाएनन् । निस्सन्देह, तिनीहरूले त्यस व्यक्तिलाई मद्दत गर्न नसक्नुको आ-आफ्नै कारणहरू बताउलान्, तर यदि तिनीहरूमा भलाइ भएको भए तिनीहरूले साँच्चै मद्दत चाहिएको मानिसलाई बेवास्ता गर्न सक्दैन थिए ।

पछि, एक सामरी त्यही बाटो भएर गइरहेको थियो र उसले त्यो लुटिएको मानिसलाई देख्यो । त्यसलाई देखेर त्यो सामरीको मन दयाले भरियो र उसले त्यसका घाउहरूमा पट्टी बाँधिदियो । उसले त्यसलाई आफ्नो गधामाथि चढाएर एउटा पौवामा ल्याई त्यसको हेरचाह गऱ्यो भोलिपल्ट उसले दुइ चाँदीका सिक्का पौवाको मालिकलाई दियो र त्यसको हेरचाह गर्न अनुरोध गरेर अरू बढी खर्च लागे आफू फर्केर आउँदा तिरिदिने वाचा गऱ्यो ।

यदि त्यो सामरीले स्वार्थपूर्ण तवरले सोचेको भए, उसले त्यसो गरिरहनै पर्दैनथ्यो । ऊ अत्यन्तै व्यस्त थियो र कुनै अपरिचित व्यक्तिको मामिलामा मुछिएर उसले समय र पैसाको ठूलो घाटा बेहोर्नु पर्ने हुनसक्थ्यो । त्यस्तै, उसले त्यो व्यक्तिलाई केवल प्राथमिक

उपचार गरिदिएर छोडिदिन सक्थ्यो तर पौवाको मालिकलाई त्यसको हेरचाह गर्न अनुरोध गरेर बढी खर्च लागेको रकम तिरिदिने वाचा गरिरहनु पर्दैनथ्यो ।

तर उसमा भलाइ भएको कारणले गर्दा, मर्दै गरेको व्यक्तिलाई उसले बेवास्ता गर्न सकेन । समय र पैसाको घाटा बेहोर्नु परेता पनि अनि आफू व्यस्त भएतापनि, मद्दतको साह्रै खाँचोमा परेको व्यक्तिलाई उसले बेवास्ता गर्न सकेन । ऊ आफैंले त्यो व्यक्तिको हेरचाह गर्न नसक्ने अवस्थामा पनि उसले अर्को व्यक्तिसित मद्दत मागेर त्यो व्यक्तिको हेरचाह गऱ्यो । आफ्नो व्यक्तिगत कारणहरूले गर्दा यदि उसले त्यो व्यक्तिलाई सहायता नगरीकन त्यतिकै गएको भए, भविष्यमा यी सामरीको हृदयमा यो कुरा बोझ बनेर बस्न सक्थ्यो ।

उसले लगातार आफैंलाई प्रश्न गर्दै र दोष दिँदै यसो भनी सोच्ने थियो, 'त्यो घाइते मानिसलाई के भयो होला ? मैले घाट सहनु परेतापनि उसलाई बचाउनु पर्थ्यो । परमेश्वरले मलाई हेरिरहनुभएको थियो र मैले किन त्यसो गरें ?' आत्मिक भलाइ भनेको भलाइको बाटो नरोजेको खण्डमा त्यो कुरा सहनै नसक्नु हो । कसैले हामीलाई धोका दिन खोजिरहेको छ भन्ने थाहा हुँदा हुँदै पनि, हामी सबै कुरामा भलाइ रोज्नेछौं ।

कुनै पनि परिस्थितिमा झगडा वा घमण्ड नगर्नुहोस्

हामीलाई आत्मिक भलाइ महसूस गराउने अर्को पद भनेको मत्ती १२:१९-२० हो । १९ पदले भन्दछ, "तिनी नता झगडा गर्नेछन् न साह्रै चिच्च्याउनेछन्, नता कसैले तिनको स्वर गल्लीहरूमा सुन्नेछ ।" अर्को २० पदले भन्दछ, "फुटेको निगालो तिनले भाँच्नेछैनन्, र धिपधिप भइरहेको सलेदो तिनले निभाउनेछैनन्, र अन्त्यमा न्यायलाई विजयसम्म पुऱ्याउनेछन् ।"

यो येशूको आत्मिक भलाइको बारेमा हो । उहाँको सेवकाइको दौरान येशूले कसैसित पनि झगडा वा समस्या खडा गर्नु भएन । बाल्यकालदेखि नै उहाँले परमेश्वरको वचन

पालन गर्नुभयो, र आफ्नो सार्वजनिक सेवकाइको दौरान, उहाँले स्वर्गीय राज्यको सुसमाचार प्रचार गर्नु भएर र बिरामी निको पार्नु भएर, केवल असल कामहरू मात्र गर्नुभयो । तैपनि, दुष्ट मानिसहरू उहाँलाई मार्ने प्रयासमा धेरै कुराहरूद्वारा उहाँको परीक्षा गर्दथे ।

प्रत्येक पटक, येशूलाई उनीहरूको खराब मनसाय थाहा हुन्थ्यो, तर उहाँले तिनीहरूलाई घृणा गर्नुभएन । उहाँले तिनीहरूलाई केवल परमेश्वरको साँचो इच्छा महसूस गराउनुभयो । तिनीहरूले ती कुराहरू पटक्कै महसूस गर्न नसक्दा, उहाँले तिनीहरूसँग झगडा गर्नुभएन तर सिर्फ तिनीहरूबाट जोगिनुभयो । क्रूसीकरणभन्दा अघि उहाँलाई सोधपुछ गरिँदा पनि, उहाँले झगडा वा बहस गर्नुभएन ।

हामीले हाम्रो इसाई जीवनको प्रारम्भिक चरण पार गरिसक्दा, हामीले परमेश्वरको वचन केहीमात्रामा सिकेका हुन्छौं । अरूसँग केही मतभेद हुँदैमा हामी ठूलो स्वरले बोल्दैनौं वा क्रोध प्रकट गर्दैनौं । तर झगडा गर्नु भनेको केवल आवाज ठूलो गर्नु मात्र होइन । यदि कुनै मतभेदका कारण हामी असजिलो महसूस गर्छौं भने त्यो पनि झगडा गर्नु हो । हामी यसलाई झगडा नै भन्छौं किनभने हृदयभित्रको शान्ति भङ्ग भएको हुन्छ ।

यदि हृदयभित्र झगडा छ भने, त्यसको कारणचाहिँ हामी आफैभित्र हुन्छ । कसैले हामीलाई दुःख दिएको कारण हामीलाई त्यस्तो भएको होइन । हामीले सही ठानेको मार्गलाई उनीहरूले नपछ्याएको कारण पनि त्यस्तो भएको होइन । हाम्रो हृदय ती कुराहरूलाई स्वीकार गर्न साँघुरो भएको कारण, र धेरै कुराहरूसित टक्कर पार्ने सोचाइको संरचना हामीमा भएको कारण यस्तो हुँदछ ।

एउटा नरम कपासको टुक्रा जुनसुकै वस्तुसित ठोक्किँदा पनि कुनै आवाज आउँदैन । शुद्ध र सफा पानी भएको गिलासलाई जति चलाएतापनि त्यो पानी शुद्ध र सफा नै र हिरहन्छ । मानिसहरूको हृदयमा पनि यही कुरा लागू हुन्छ । यदि कुनै परिस्थितिमा मनको शान्ति भङ्ग हुन्छ र केही असहज भावनाहरू आउँछन् भने, त्योचाहिँ अझै पनि हृदयभित्र दुष्टता रहेको कारणले गर्दा हो ।

येशू चिच्च्याउनुभएन भनी भनिएको छ, त्यसोभए मानिसहरू किन चिच्च्याउँछन् त

110

? किनकि तिनीहरू आफूलाई चिनाउन र प्रदर्शन गर्न चाहन्छन् । आफू चिनिन र अरूबाट सेवा पाउनको लागि तिनीहरू चिच्च्याउँछन् ।

येशूले मृत्युबाट पुनर्जीवित पार्ने र अन्धाका आँखा खोली दिने जस्ता ठूला कामहरू प्रकट गर्नुभयो । तापनि, उहाँ नम्र हुनुहुन्थ्यो । थप अझ, उहाँ क्रूसमा टाँगिनु भएको बेला मानिसहरूले उहाँको गिल्ला गर्दा समेत, उहाँले मृत्यु सम्मै परमेश्वरको इच्छा पालन गर्नुभयो, किनकि उहाँमा आफैलाई प्रकट गर्ने कुनै मनसाय थिएन (फिलिप्पी २:५-८) । उहाँको आवाज सडकमा सुनिदैनथ्यो पनि भनिएको छ । यसले यो बताउँछ कि उहाँको व्यवहार पनि सिद्ध थियो । उहाँ आफ्नो आचरण, मनोवृत्ति, र बोलीवचनमा सिद्ध हुनुहुन्थ्यो । उहाँको हृदयको गहिराइभित्र भएको उहाँको भलाइ, नम्रता र आत्मिक प्रेमको पराकाष्टा बाहिर पनि प्रकट भएको थियो ।

यदि हामी आत्मिक भलाइको फल फलाउँछौं भने, हाम्रा प्रभुको कसैसँग झगडा नभए जस्तै हाम्रो पनि कसैसँग झगडा वा समस्या हुनेछैन । हामी अन्य मानिसहरूका गल्ती वा कमजोरीहरूका बारेमा चर्चा गर्नेछैनौं । हामी आफूलाई प्रदर्शन गर्न वा अरूको अघि आफूलाई उचाल्ने प्रयास गर्नेछैनौं । कुनै कारण नै विना पीडित हुनु परेता पनि, हामी गनगन गर्नेछैनौं ।

फुटेको निगालो नभाँच्नुहोस् र धिपधिप भइरहेको सलेदो ननिभाउनुहोस्

कुनै रूख वा बोटबिरुवा हुर्काउँदा यदि तिनीहरूमा चोट लागेका पात वा हाँगाहरू छन भने हामी प्राय तिनीहरूलाई काटेर फाल्छौं । त्यस्तै, निभ्नलागेको सलेदोले खासै उज्यालो दिँदैन र त्यसबाट खार र धुवाँ धेरै आउँदछ त्यसैले मानिसहरूले त्यसलाई निभाइ दिन्छन् । तर आत्मिक भलाइ हुनेहरूले फुटेको निगालो भाँच्नुहुन्न र धिपधिप भइरहेको सलेदो निभाउनु हुन्न । सुधार्न मिल्ने अलिकता मात्र मौका बाँकी छ भने पनि, उहाँहरूले त्यो जीवनलाई त्यागन सक्नुहुन्न र अरूको लागि जीवनको ढोका खोलीदिन

प्रयत्न गरिदिनु हुन्छ ।

यहाँ, फुटेको निगालोले यस संसारको पाप र दुष्टताले भरिएका मानिसहरूलाई जनाउँदछ । धिपधिप भएको सलेदोले ती मानिसहरूलाई जनाउँदछ जसको हृदयमा यति धेरै दुष्टताको दाग लागेको हुन्छ कि उनीहरूको आत्माको ज्योति नै निभ्न लागेको अवस्थामा हुन्छ । यी फुटेको निगालो र धिपधिप भइरहेको सलेदोजस्ता मानसहरूले प्रभुलाई ग्रहण गर्ने संभावना कमै हुन्छ । तिनीहरूले परमेश्वरमा विश्वास गरेतापनि, तिनीहरूका कामहरू सांसारिक मानिसहरूको भन्दा फरक हुँदैन । तिनीहरू पवित्र आत्मा विरुद्ध बोल्दछन् र परमेश्वरको विरुद्ध खडा हुँदछन् । येशूको समयमा, येशूमा विश्वास नगर्ने मानिसहरू धेरै थिए । अनि तिनीहरूले शक्तिको उदेक लाग्दा कामहरू देखेतापनि, तिनीहरू पवित्र आत्माका कामहरू विरुद्ध खडा भइरहे । तैपनि, येशूले तिनीहरूलाई अन्त्यसम्मै विश्वासका साथ हेर्नुभयो र तिनीहरूका लागि मुक्ति प्राप्त गर्ने अवसरहरू खोलिदिनुभयो ।

आज, चर्चहरूमा पनि, धेरै मानिसहरू छन् जो फुटेको निगालो र धिपधिप भइरहेको सलेदो जस्तै छन् । तिनीहरू आफ्ना ओठले प्रभु प्रभु भन्छन् तर अझै पनि पापमा बाँचिरहेका हुन्छन् । तिनीहरूमध्ये केही परमेश्वरको विरुद्धमा समेत खडा हुन्छन् । कमजोर विश्वासका कारण, तिनीहरूले परीक्षामा ठेस खान्छन् र चर्च आउन छोड्छन् । चर्चमा दुष्टता ठानिएका कुराहरू गरेपछि, तिनीहरू अत्यन्तै लज्जित भएर चर्च छोड्छन् । यदि हामीमा भलाइ छ भने, हामीले पहिला तिनीहरूलाई सहायता गर्नुपर्दछ ।

केही मानिसहरू चर्चमा प्रेम र मान्यता पाउन चाहन्छन्, तर त्यसो नहुँदा, तिनीहरूभित्रको दुष्टता बाहिर प्रकट हुँदछ । तिनीहरूले चर्चका सदस्यहरूबाट प्रेम पाएका मानिसहरू र आत्मामा अघि बढिरहेका मानिसहरूको डाह गर्छन्, र उहाँहरूको बारेमा नराम्रो कुराहरू बोल्दछन् । यदि कुनै काम उनीहरूद्वारा शुरू गरिएको होइन भने उनीहरूले त्यो काममा आफ्नो मन लगाउँदैनन् र तिनमा दोष भेट्टाउने लगाउने प्रयास गर्छन् ।

यस्ता अवस्थाहरूमा पनि, आत्मिक भलाइको फल फलाउने मानिसहरूले, दुष्टता प्रकट गर्नेहरूलाई स्वीकार गर्नुहुनेछ । उहाँहरू को सही वा गलत छ, अथवा असल वा खराब छ भनी पहिचान गर्न र मानिसहरूलाई दबाउन प्रयास गर्नु हुन्न । उहाँहरू सत्यताले भरिएको हृदयद्वारा, त्यस्ता मानिसहरूप्रति भलाइकासाथ व्यवहार गरी तिनीहरूको हृदयलाई छुनु हुन्छ र पगाल्नु हुन्छ ।

गलत मनसायका साथ चर्च आउने मानिसहरूको परिचय खुलाइ दिन कतिपय मानिसहरूले मलाई आग्रह गर्नुभएको छ । उहाँहरू भन्नुहुन्छ कि त्यसो गर्दा चर्चका सदस्यहरू छलमा पर्नुहुने छैन र त्यस्ता मानिसहरू चर्च नै आउने छैनन् । हो, तिनीहरूको परिचय खुलाइदिनाले चर्चको शुद्धिकरण हुनसक्छ, तर त्यसो गर्दा तिनीहरूका परिवारका सदस्यहरू वा तिनीहरूलाई चर्चमा डोऱ्याउने मानिसहरूलाई कति लाज हुनेछ ? यदि विभिन्न कारणहरूले गर्दा हामीले चर्चका सदस्यहरूलाई निकाल्न थाल्यौं भने, चर्चमा धेरै मानिसहरू बाँकी रहने छैनन् । दुष्ट मानिसहरूलाई समेत परिवर्तन गर्नु र तिनीहरूलाई स्वर्गको राज्यमा डोऱ्याउनु चर्चको जिम्मेवारीहरूमा पर्दछ ।

निस्सन्देह, कतिपय मानिसहरूले बढ्दो रूपमा दुष्टता देखाइरहन्छन् र हामीले तिनीहरूप्रति भलाइको व्यवहार गरेतापनि तिनीहरू मृत्युको बाटोमा नै जानेछन् । तर यस्ता अवस्थाहरूमा समेत, हामी आफ्नो सहनशीलताको कुनै सीमा तोक्ने छैनौं र यदि तिनीहरूले त्यो सीमाभन्दा पर जान्छन् भने पनि हामी तिनीहरूलाई त्याग्ने छैनौं । अन्त्यसम्मै हार नमानीकन तिनीहरूलाई आत्मिक जीवन तर्फ डोऱ्याउन प्रयात्न गर्नु नै आत्मिक भलाइ हो ।

गहुँ र भुस दुवै बाहिरबाट हेर्दा उस्तै देखिएतापनि भुसचाहिँ भित्र खाली हुँदछ । बाली काट्ने कार्य पछि, किसानले गहुँलाई जम्मा पार्छ र भुसलाई आगोमा जलाइदिन्छ । अथवा उसले त्यसलाई मलको रूपमा प्रयोग गर्छ । चर्चमा पनि गहुँ र भुस दुवै हुन्छन् । बाहिरबाट हेर्दा, सबैजना विश्वासीहरू जस्ता देखिन्छन्, तर कोही परमेश्वरको वचन

पालन गर्ने गहुँ हुन्छन् भने कोहीचाहिँ दुष्टता अनुसार चल्ने भुस हुन्छन्।

तर किसानले बाली काट्ने बेलासम्म पर्खेको जस्तै, प्रेमको परमेश्वरले अन्त सम्म भुस जस्ता मानिसहरू परिवर्तन होऊन् भनी पर्खनुहुन्छ । अन्त्यको दिन नआएसम्म, हामीले आफूमा आत्मिक भलाइ सम्वर्द्धन गर्दै सबैलाई बाँच्ने मौका दिनुपर्छ र सबैलाई विश्वासको दृष्टिले हेर्नुपर्दछ ।

सत्यतामा रहेर भलाइ गर्ने शक्ति

अब यो आत्मिक भलाइ अन्य आत्मिक गुणहरूभन्दा कसरी फरक छ भनी तपाईं अल्मलिन सक्नुहुन्छ । अर्थात्, असल सामरीको दृष्टान्तमा, उसका कार्यहरूलाई परोपकारी मन र दयालु भनी वर्णन गर्न सकिन्छ ; र यदि हामी झगडा गर्दैनौं वा ठूलो स्वरमा बोल्दैनौं भने, हामीमा पक्कै पनि शान्ति र नम्रता रहेको हुनु पर्दछ । त्यसोभए, के यी सबैकुराहरू आत्मिक भलाइ अन्तर्गत पर्दछन् त ?

निश्चय नै, प्रेम, परोपकारी हृदय, दया, शान्ति र नम्रता सबै भलाइ अन्तर्गत पर्दछन्। तर अघि नै उल्लेख गरिएझैं, भलाइ स्वयम् परमेश्वरको स्वभाव हो र यो निकै फराकिलो अवधारणा हो । तर आत्मिक भलाइका विशिष्ट पक्ष भनेको यस्तो भलाइमा चल्ने इच्छा र त्यसलाई व्यवहारमा उतार्ने सामर्थ्य हो । मुख्य कुरो भनेको अरूमाथि दया देखाउने कृपा वा अरूलाई सहायता गर्ने कार्यहरू होइनन् । प्रमुख कुरोचाहिँ त्यो भलाइ हो जसद्वारा त्यस सामरीले दया देखाउनु पर्ने समयमा त्यतिकै तर्केर जान सकेन ।

साथै, झगडा नगर्नु वा कडा शब्दमा प्रस्तुत नहुनु नम्र हुनुको एउटा पाटो हो । तर यी अवस्थाहरूमा आत्मिक भलाइको स्वभाव भनेको हामीले यस्तो भलाइलाई पछ्याएको कारणले शान्ति भङ्ग गर्न नसक्नु हो । ठूलो स्वरले चिच्च्याउनु र आफूलाई प्रकट गर्नुको साटो हामी यस्तो भलाइमा रहेर नम्र हुन चाहन्छौं ।

114

विश्वासीयोग्य हुँदा यदि तपाईंमा भलाइको फल छ भने, तपाईं कुनै एउटा कुरामा मात्र होइन तर परमेश्वरको सम्पूर्ण घरानामा विश्वासीयोग्य बन्नुहुनेछ । यदि तपाईंले आफ्नो कुनै जिम्मेवारीहरूलाई बेवास्ता गर्नुभयो भने, त्यसको कारणले गर्दा अरू कसैलाई कष्ट हुनसक्छ । अनि परमेश्वरको राज्य जसरी पूरा हुनुपर्ने हो त्यसरी पूरा नहुन सक्छ । त्यसैले यदि तपाईंमा भलाइ छ भने, तपाईंलाई यस्त कुराहरूको बारेमा असजिलो महसूस हुनेछैन । तपाईंले कुनै पनि कुरालाई बेवास्ता गर्न सक्नुहुन्न, त्यसकारण तपाईं परमेश्वरको सम्पूर्ण घरानामा विश्वासयोग्य हुन प्रयत्न गर्नुहुनेछ । तपाईंले यो सिद्धान्त आत्माको अन्य गुणहरूमा पनि लागू गर्न सक्नुहुन्छ ।

यदि दुष्ट मानिसहरूले दुष्टचाइँ गर्न पाएनन् भने तिनीहरूलाई असजिलो महसूस हुनेछ । तिनीहरूमा जतिमात्रामा दुष्टता हुन्छ त्यति नै तिनीहरूलाई दुष्टता प्रकट गरे पछि मात्रै सन्तुष्टि मिल्दछ । अरूले बोल्दा बीचैमा कुरा काटोर बोल्ने बानी भएकाहरूलाई अन्य मानिसहरूको कुराकानीमा हस्तक्षेप गर्न नपाउँदा आफैलाई नियन्त्रण गर्न गाह्रो हुन्छ । आफूले अरूको भावनामा चोट पुऱ्याएतापनि वा अरूलाई दुःख दिएतापनि, आफूले चाहेको कुरा गरिसकेपछि मात्र तिनीहरूलाई शान्ति मिल्दछ । तरैपनि, यदि तिनीहरू परमेश्वरको वचनअनुरूप ठीक नठहरेका आफ्ना खराब बानी र मनोवृत्तिहरूलाई याद गरेर तिनलाई त्याग्ने प्रयत्न गरिरहन्छन् भने, तिनीहरूले त्यस्ता कुराहरू धेरै मात्रामा त्याग्न सक्नेछन् । तर यदि तिनीहरू प्रयास समेत नगरी त्यत्तिकै हार मान्छन् भने, दस वा बीस वर्षपछि पनि तिनीहरू जस्ताको तस्तै रहिरहनेछन् ।

तर भलाइका मानिसहरू विपरीत स्वभावका हुन्छन् । उहाँहरू भलाइमा नचल्नु हुँदा आफूले कुनै नोक्सानी बेहोर्नु परेकोभन्दा पनि अझ बढी कष्टित महसूस गर्नुहुनेछ र उहाँहरूले बारम्बार त्यही कुराको बारेमा सोची रहनु हुनेछ । त्यसैकारण, आफूले केही घाटा सहनुपरेतापनि, उहाँहरू अरूलाई हानि पुऱ्याउन चाहनुहुन्न । आफूलाई कठिन लागेतापनि उहाँहरू नियम पालना गर्न प्रयत्न गर्नुहुन्छ ।

हामी यस्तो हृदय पावलको भनाइमा महसूस गर्न सक्छौं । उहाँमा मासु खान हुन्छ भन्ने विश्वास थियो, तर यसले अरू कसैलाई ठेस पुऱ्याएको खण्डमा, उहाँ आफ्नो

जीवनभरि नै मासु नखान तयार हुनुहुन्थ्यो । त्यसैगरी, आफूलाई मन पर्ने कुनै कुराले यदि अरूलाई कुनै प्रकारको असुविधा पुऱ्याउँछ भने, भलाइका मानिसहरूले त्यस्तो कुरो लिनुको साटो अरूको खातिर त्यसलाई त्याग्दा अझ बढी खुशी महसूस गर्नुहुन्छ । अरूलाई अप्ठ्यारोमा पार्ने कुनै पनि कुरा उहाँहरू गर्न सक्नुहुन्न र आफूभित्र रहनुभएको पवित्र आत्मालाई शोकित तुल्याउने कुनै पनि कुरा उहाँहरू कहिल्यै पनि गर्न सक्नुहुन्न ।

त्यसै गरी, यदि तपाईं सबै कुरामा भलाइ पछ्याउनु हुन्छ भने, यसको अर्थ यो हो कि तपाईं आत्मिक भलाइको फल फलाइरहनु भएको छ । यदि तपाईं आत्मिक भलाइको फल फलाउनु हुन्छ भने, तपाईंमा प्रभुको जस्तो मनोवृत्ति हुनेछ । तपाईंले कुनै सानो बालकलाई समेत बाधा पुग्ने केही कार्य गर्नुहुनेछैन । तपाईंमा बाहिर पनि भलाइ र नम्रता हुनेछ । प्रभुको जस्तो स्वरूप भएको कारण तपाईं सम्मानजनक बन्नुहुनेछ, र तपाईंको व्यवहार र बोलीचाली पनि सबै सिद्ध हुनेछन् । तपाईं ख्रीष्टको सुगन्ध छर्दै, सबै को दृष्टि सुन्दर बन्नुहुनेछ ।

मत्ती ५:१५-१६ ले भन्दछ, "मानिसहरूले बत्ती बालेर पाथीले त छोप्दैनन्, तर सामदानमा राख्दछन्, र घरमा हुने सबैको निम्ति त्यसले उज्यालो दिन्छ । यसरी नै तिमीहरूको ज्योति मानिसहरूका सामुन्ने चम्कोस्, र तिनीहरूले तिमीहरूका सुकर्म दे खून्, र स्वर्गमा हुनुहुने तिमीहरूका पिताको महिमा गरून् ।" त्यस्तै २ कोरिन्थी २:१५ ले भन्दछ, "किनकि उद्धार पाइरहेकाहरू र नष्ट भइराखेकाहरूका माझमा पनि हामी परमे श्वरको निम्ति ख्रीष्टको सुबास्ना हौं ।" त्यसकारण, चाँडै नै आत्मिक भलाइको फल फलाएर ख्रीष्टको सुगन्ध विश्वभरि छरी तपाईंहरूले सबै कुरामा परमेश्वरलाई महिमा दिनुहुनेछ भनी म आशा गर्दछु ।

गन्ती १२:७-८

"त्यो त मेरा सबै घरानामा विश्वासी छ।
त्यससँग म गुप्त रीतिले होइन, तर
आमनेसामने प्रष्टसँग बात गर्छु,
र मेरो स्वरूप त्यसले हेर्छ।"

अध्याय ८

विश्वस्तता

हाम्रो विश्वासयोग्यताले मान्यता पाउनका लागि
आफूलाई दिइएको भन्दा बढी कार्य गर्नु
सत्यतामा रहेर विश्वासयोग्य हुनु
मलिकको इच्छाअनुसार कार्य गर्नु
परमेश्वरको सम्पूर्ण घरानामा विश्वासयोग्य हुनु
परमेश्वरको राज्य र धार्मिकताको लागि विश्वासयोग्य हुनु

विश्वस्तता

कुनै मानिस परदेश जान लागेका थिए । आफ्नो अनुपस्थितिमा आफ्नो धन सम्पत्तिको हेरचाह गर्ने जिम्मोवारी तिनले तीन जना नोकरहरूलाई दिए । तिनीहरूका योग्यता अनुसार तिनले एक जनालाई एउटा सुनको सिक्का, अर्कालाई दुइवटा र अर्कालाई पाँचवटा सुनका सिक्का दिए । पाँच सिक्का पाउनेले आफ्नो मालिकको निम्ति त्यसलाई व्यापारमा लगाईकन अरू पाँच सिक्का कमायो । त्यसरी नै दुइ सिक्का पाउने ले पनि अरू दुइ कमायो । तर एक सिक्का पाउनेलेचाहिँ गएर त्यसलाई भूइँ खनेर त्यसलाई गाड्यो र त्यसबाट कुनै नाफा कमाएन ।

मलिकले ती थप पाँच र दुइ सिक्का कमाउने नोकरहरूको प्रशँसा गरे र यसो भन्दै तिनीहरूलाई इनाम दिए, "स्याबास, असल र विश्वासी नोकर" (मत्ती २५:२१) । तर दिइएको एक सिक्कालाई लगेर गाड्ने नोकरलाई तिनले यसो भन्दै झपारे, "ए दुष्ट, अल्छे नोकर" (पद २६) ।

हामीले परमेश्वरको निम्ति कार्य गर्न सकौं भनेर परमेश्वरले हामीलाई हाम्रा क्षमताअनुसार धेरै जिम्मेवारीहरू दिनुभएको छ । हामीले हाम्रो सबै सामर्थ्यद्वारा हाम्रा जिम्मेवारीहरूलाई पूरा गरेर परमेश्वरको राज्यलाई फाइदा पुऱ्यायौं भने मात्र हामी ' असल र विश्वासीलो नोकरको' मान्यता पाउँदछौं ।

हाम्रो विश्वासयोग्यताले मान्यता पाउनका लागि

शब्दकोषको परिभाषा अनुसार 'विश्वस्तता' भनेको 'स्नेह वा बफादारीमा दृढ हुने वा बाचा वा कर्तब्य पूरा गर्न अटल रहने गुण हो ।' यस संसारमासमेत विश्वासीला मानिसहरूलाई भरोसायोग्य भएकोमा उच्च मूल्याङ्कन गरिन्छ ।

तर परमेश्वरले मान्यता दिनुहुने विश्वासयोग्यता सांसारिक मानिसहरूको भन्दा फरक छ । केवल कार्यद्वारा मात्र हाम्रो जिम्मेवारी पूरा गर्नु आत्मिक विश्वासयोग्यता होइन । कुनै क्षेत्रमा हामीले हाम्रो पूरा सामर्थ्य र जीवन नै लगाएता पनि त्यो पूर्ण विश्वासयोग्यता हुँदैन । यदि हामीले श्रीमती, आमा, वा श्रीमान्को रूपमा आफ्ना जिम्मेवारीहरू

पूरा गर्छौं भने, के यसलाई विश्वासयोग्यता भन्न सकिन्छ ? यो त हामीले गर्नै पर्ने कुरा हो ।

आत्मिक रूपले विश्वासयोग्य मानिसहरू परमेश्वरको राज्यका गाढधनहरू हुनुहुन्छ र उहाँहरूले मीठो सुगन्ध छर्नुहुन्छ । उहाँहरूले अपरिवर्तनीय हृदय, दृढ आज्ञाकारीताको सुगन्ध छर्नु हुन्छ । यसलाई असल काम गर्ने आज्ञाकारीता र भरोसायोग्य हृदयको सुगन्धसित तुलना गर्न सकिन्छ । यदि हामीले यस्ता प्रकारका सुगन्धहरू छर्न सक्यौं भने, प्रभुको लागि हामी प्रिय बन्नेछौं र उहाँले हामीलाई अँगाल्न चाहनु हुनेछ । मोशाको सन्दर्भमा पनि यस्तै भएको थियो ।

इस्राएलका छोराहरू मिश्रमा ४०० वर्षभन्दा बढी समयसम्म दासत्वमा रहेका थिए, र मोशाले तिनीहरूलाई कनान भूमिसम्म डोऱ्याउने जिम्मा पाउनु भएको थियो । परमेश्वरले उहाँलाई यति प्रेम गर्नुहुन्थ्यो कि उहाँ मोशासित आमनेसामने कुराकानी गर्नुहुन्थ्यो । मोशा परमेश्वरको सम्पूर्ण घरानामा विश्वासयोग्य हुनुहुन्थ्यो र परमेश्वरले आज्ञा गर्नुभएका सबै कुराहरू उहाँले पालना गर्नुभयो । आफूले भोग्नु पर्ने समस्याहरूका बारेमा समेत उहाँले सोच्नु भएन । इस्राएलको अगुवाको रूपमा आफ्नो जिम्मेवारी पूरा गर्नुका साथै आफ्नो परिवारप्रति पनि विश्वासयोग्य भएर, उहाँ सबै क्षेत्रहरूमा विश्वासयोग्य ठहरिनु भएको थियो ।

एक दिन, मोशाका ससुरा यित्रो उहाँकहाँ आउनु भयो । मोशाले उहाँसँग परमेश्वरले इस्राएलका मानिसहरूका निम्ति गर्नु भएको सबै उदेकका कुराहरू बताउनुभयो । भोलिपल्ट यित्रोले केही अनौठो कुरा देख्नुभयो । बिहान सबेरै मानिसहरू मोशालाई भेट्नका लागि भेला भएका थिए । तिनीहरूले आफूबीच समाधान गर्न नसकेका विवादहरू मोशाकहाँ लिएर आएका थिए । तब यित्रोले एउटा सुभाव दिनुभयो ।

प्रस्थान १८:२१-२२, ले भन्दछ, "तर सबै मानिसहरूमध्येबाट परमेश्वरको भय मान्ने, योग्य मानिसहरू चुन । तिनीहरू अनुचित फाइदा घिनाउने ईमानदार व्यक्तिहरू होऊन् । तिनीहरूलाई हजार-हजार, सय-सय, पचास-पचास र दश-दशमाथि नायक हुनलाई नियुक्त गर । तिनीहरूले हरसमय मानिसहरूका न्यायकर्ता भएर सेवा गरून् ।

सबै ठूला-ठूला मुद्दाहरूचाहिँ तिनीहरूले तिम्रो सामु ल्याऊन् , तर साना-साना मुद्दाहरूचाहिँ तिनीहरूले नै इन्साफ गरून् । यसरी तिमीलाई सजिलो पर्नेछ, किनकि तिनीहरूले पनि तिम्रो भार बाँड्नेछन् ।"

मोशाले उहाँका कुराहरू सुन्नुभयो । आफ्नो ससुराको कुरा सही छ भनी उहाँले महसूस गर्नुभयो र उहाँको सुझावलाई ग्रहण गर्नु भयो । मोशाले अनुचित फाइदा घिनाउने योग्य मानिसहरू चुन्नुभयो र उहाँहरूलाई हजार-हजार, सय-सय, पचास-पचास र दश-दशमाथि नायक हुनलाई नियुक्त गर्नुभयो । उहाँहरू न्यायकर्ताको रूपमा मानिसहरूका सामान्य र ससाना मुद्दाहरूको इन्साफ गर्नुहुन्थ्यो र मोशालेचाहिँ केवल जटिल मुद्दाहरूको इन्साफ गर्नुहुन्थ्यो ।

असल हृदयका साथ आफ्ना सबै जिम्मेवारीहरू पूरा गर्ने व्यक्तिले विश्वस्तताको फल फलाउन सक्नुहुन्छ । मोशा आफ्ना परिवारका सदस्यहरूको साथै आफ्ना मानिसहरूको सेवा गर्ने काममा पनि विश्वासयोग्य हुनुहुन्थ्यो । उहाँले आफ्नो सबै समय र सामर्थ्य खर्चनु भयो, अनि यसै कारणले गर्दा उहाँले परमेश्वरको सबै घरानामा विश्वासयोग्य व्यक्तिको रूपमा मान्यता पाउनुभयो । गन्ती १२:७-८ ले भन्दछ, "तर मेरो दास मोशासित त म त्यसो गर्दिनँ । त्यो त मेरा सबै घरानामा विश्वासी छ । त्यससँग म गुप्त रीतिले होइन, तर आमनेसामने प्रष्टसँग बात गर्छु, र मेरो स्वरूप त्यसले हेर्छ ।"

अब, परमेश्वरले मान्यता दिनुहुने विश्वसयोग्यताको फल फलाउने व्यक्ति कस्तो हुँदछ त ?

आफूलाई दिइएको भन्दा बढी कार्य गर्नु

कामको निम्ति ज्याला पाउने कामदारहरूले केवल आफ्नो जिम्मेवारी पूरा गर्दा हामी तिनीहरूलाई विश्वासयोग्य भन्न सक्दैनौं । तिनीहरूले आफ्नो काम पूरा गरे भनी हामी

भन्न सक्छौं, तर आफ्नो कामको लागि तिनीहरूले ज्याला पाएको हुनाले तिनीहरू विश्वासयोग्य छन् भनी भन्न सक्दैनौं । तर ज्यालामा काम गर्ने कामदारहरूमध्ये को हीकोहीले आफूलाई दिइएको ज्यालाभन्दा बढी काम गर्ने गर्दछन् । तिनीहरू अनिच्छुक भएर वा कम्तिमा आफूले ज्याला पाएजति काम गर्नु पर्छ भन्ने सोचाइ राखेर काम गर्दैनन् । तिनीहरू आफ्नो सारा हृदय, मन, र प्राण लगाएर, आफ्नो समय र पैसासमेत खर्चेर, हृदयदेखि नै इच्छुक भएर जिम्मेवारी पूरा गर्दछन् ।

चर्चका केही पूर्णकालिन सेवक सेविकाहरूले उहाँहरूलाई दिइएको भन्दा बढी काम गर्नु हुन्छ । उहाँहरू कार्य समयपछि वा बिदाको समयमा पनि काम गर्नुहुन्छ, र काम नगरेको समयमा पनि, उहाँहरू सधैं परमेश्वरप्रतिको आफ्नो जिम्मेवारीको बारेमा नै सो ची रहनुहुन्छ । उहाँहरू सधैं आफूलाई दिइएका काम बाहेक पनि कसरी चर्च र चर्चका सदस्यहरूलाई आझ बढी सेवा पुऱ्याउने भन्ने बारेमा सोचिरहनुहुन्छ । थपअझ, आत्माहरूको हेरचाह गर्नको लागि उहाँहरूले कोषिय समूहको अगुवाका जिम्मेवारीहरू पनि लिनु भएको छ । यस प्रकारले, हामीलाई जिम्मामा दिइएकोभन्दा अझ बढी गर्नु चाहिँ विश्वास्तता हो ।

साथै, दायित्व बहन गर्ने क्रममा, विश्वस्तताको फल फलाउनु भएका हरूले आफ्नो जिम्मेवारीमा भएको भन्दा बढी गर्नुहुन्छ । उदाहरणको लागि, मोशाको सन्दर्भमा पनि, पाप गर्ने इस्राएलका छोराहरूलाई बचाउनका लागि उहाँले प्रार्थना गर्नुहुँदा आफ्नो जीवन जोखिममा राख्नु भयो । यो कुरा हामी प्रस्थान ३२:३१-३२ मा उल्लेख गरिएको प्रार्थनामा देख्न सक्छौं, जसमा यसो लेखिएको छ, "हाय ! यी मानिसहरूले कस्तो ठूलो पाप गरेका छन् । तिनीहरूले आफ्ना निम्ति सुनका देवताहरू बनाएका छन् । तापनि तपाईंले तिनीहरूको पाप क्षमा गर्नुहुन्छ होलाहुन्न भनेता, तपाईंले लेख्नुभएको पुस्तकबाट मेरो नाउँनिशानै मेटिदिनुहोस् ।"

मोशाले आफ्नो जिम्मेवारी पूरा गर्ने क्रममा, परमेश्वरले दिनुभएका आज्ञाहरू केवल कार्यमा मात्र पालन गर्नु भएन । उहाँले यस्तो सोच्नु भएन, 'तिनीहरूलाई परमेश्वरको इच्छा बताउन मैले भरमग्दूर प्रयास गरें, तर तिनीहरूले यसलाई स्वीकार गरेनन् । अब म तिनीहरूलाई अझ बढी सहायता गर्न सक्दिनँ ।' उहाँमा परमेश्वरको हृदय थियो र

आफ्नो सम्पूर्ण प्रेम र सामर्थ्यद्वारा उहाँले मानिसहरूलाई डोऱ्याउनु भयो । त्यसैले गर्दा, जब मानिसहरूले पापहरू गरे, त्यसलाई उहाँले आफ्नै गल्ती सरह मान्नुभयो, र त्यसको उत्तरदायित्व लिन चाहनु भयो ।

प्रेरित पावल पनि यस्तै हुनुहुन्थ्यो । रोमी ९:३ ले भन्दछ, "म त यहाँसम्म पनि चाहन सक्थें कि मेरा भाइहरू र मेरा जातिको नाताले मेरा कुटुम्बहरूका खातिर म नै श्रापित होऊँ, र ख्रीष्टबाट परित्यक्त होऊँ !" तर हामीले पावल र मोशाको विश्वस्तताको बारेमा सुन्दैमा र जान्दैमा, हामीले पनि विश्वस्तता सम्वर्द्धन गरेको छौं भन्ने हुँदैन ।

विश्वास भएका र आफ्ना जिम्मेवारीहरू पूरा गर्ने मानिसहरू पनि, यदि मोशाको स्थानमा हुनु भएको भए उहाँहरूले बेग्लै कुरा भन्नु हुने थियो । अर्थात्, उहाँहरूले यसो भन्न सक्नुहुन्छ, "परमेश्वर, मैले सक्दो प्रयास गरें । मलाई यी मानिसहरू प्रति दया लागेको छ, तर यिनीहरूलाई डोऱ्याउने क्रममा मैले पनि धेरै कष्टहरू भोगेको छु ।" वास्तवमा तिनीहरूले भन्न खोजेको कुरा यो हो, "म विश्वस्त छु किनभने आफूले गर्नु पर्ने कुरा जति मैले सबै गरेको छु ।" अथवा, आफू जिम्मेवार नभएतापनि, अरू मानिसहरूको पापको निम्ति आफूले पनि साथसाथै हप्की खानु पर्नेछ भनी तिनीहरूमा चिन्ता हुन सक्छ । यस्ता मानिसहरूको हृदय विश्वसयोग्ताभन्दा धेरै टाढा हुन्छ ।

निश्चय नै, "कृपया तिनीहरूका पापहरू क्षमा गरिदिनुहोस् वा जीवनको पुस्तकबाट मेरो नाम मेटिदिनुहोस्" भनी जोकोहीले प्रार्थना गर्न सक्दैन । यसको मतलब यदि हामीले आफ्नो हृदयमा विश्वासयोग्यताको फल फलाएका छौं भने कुनै कुरा गलत हुँदा हामी त्यसको लागि जिम्मेवार छैनौं भनी हामी भन्न सक्दैनौं । हामीले राम्रो काम गरेका छौं भनेर सोच्नुभन्दा अघि, हामी पहिला आफूलाई शुरूमा जिम्मेवारी दिँदा हाम्रो हृदय कस्तो थियो भन्ने बारेमा सोच्नेछौं ।

त्यस्तै, सर्वप्रथम हामीले आत्माहरूप्रतिको परमेश्वरको प्रेम र करुणाको बारेमा सो च्नेछौं र तिनीहरूका पापको खातिर परमेश्वरले तिनीहरूलाई नष्ट गर्छु भनी

भन्नुभएतापनि परमेश्वर तिनीहरू नष्ट भएको चाहनु हुन्न भनी याद राख्नेछौं । त्यसो भए, हामीले परमेश्वरमा कस्तो प्रकारको प्रार्थना अर्पण गर्नेछौं त ? संभवतः हामीले हाम्रो हृदयको गहिराइदेखि, “परमेश्वर, यो मेरो गल्ती हो । मैले नै उनीहरूलाई ठीकसित डोऱ्याउन सकिन । मोरो खातिर यिनीहरूलाई एउटा मौका दिनुहोस्” भनी भन्नेछौं ।

अन्य सबै पक्षहरूमा पनि यही कुरा लागू हुन्छ । विश्वासयोग्य मानिसहरूले केवल “मैले सक्दो गरेको छु” भनी भन्नुहुने छैन तर उहाँहरूले आफ्नो सारा हृदय लगाएर परि पूर्णताका साथ कार्य गर्नुहुनेछ । २ कोरिन्थी १२:१५ मा पावलले भन्नुभएको छ, “म तिमीहरूका निम्ति ज्यादै खुशीसाथ खर्च गर्नेछु, र स्वयम् आफै पनि खर्चनेछु । यदि मैले तिमीहरूलाई बढी प्रेम गरेँ भने, के मैले चाहिँ कम्ती प्रेम पाउने ।”

अर्थात्, आत्माहरूको हेरचाह गर्नका लागि पावललाई नत बाध्य गरिएको थियो न उहाँले यो कार्य देखावटी रूपमा गर्नुभएको थियो । आफ्नो जिम्मेवारी पूरा गर्ने क्रममा उहाँ अत्यन्तै आनन्दित बन्नुहुन्थ्यो त्यस कारणले गर्दा अन्य आत्माहरूको निम्ति स्वयम् खर्चने कुरा उहाँले बताउनुभयो ।

उहाँले लगातार पूर्ण समर्पणताका साथ अन्य आत्माहरूका निम्ति आफैलाई अर्पण गर्नुभयो । पावलले गर्नु भए झैं, यदि हामी आनन्द र प्रेमका साथ आफ्नो जिम्मेवारी पूर ा गर्न सक्छौं भने योचाहिँ साँचो विश्वासयोग्यता हो ।

सत्यतामा रहेर विश्वासयोग्य हुनु

मानौं कुनै व्यक्ति एक अपराधिक गिरोहमा सामेल भएर उसले त्यो गिरोहको नाइके को लागि आफ्नो जीवन अर्पण गर्दछ । के यस्तो व्यक्तिलाई परमेश्वरले विश्वासयोग्य भन्नु हुन्छ ? निश्चय नै भन्नुहुन्न ! परमेश्वरले हाम्रो विश्वस्ततालाई तब मात्र मान्यता दिनसक्नुहुन्छ जब हामी भालइ र सत्यतामा रहेर विश्वासयोग्य हुन्छौं ।

क्रिश्चियन भएर परिश्रमपूर्वक विश्वासी जीवन जिउनेहरूले धेरै जिम्मेवारीहरू प्राप्त

गर्न सक्नुहुन्छ। कतिपय अवस्थाहरूमा शुरूमा उहाँहरू जोशका साथ आफ्नो जिम्मेवारीहरू पूरा गर्न कोशिश गर्नुहुन्छ, तर निश्चित समयपछि परिश्रम गर्न छोड्नु हुन्छ। आफ्नो व्यवसाय विस्तार गर्नका लागि योजना बनाउनमा उहाँहरू व्यस्त हुन थाल्नुहुन्छ। जीवनमा कठिनाइको कारण वा अरूबाट आउने सतावटहरूबाट बच्ने क्रममा उहाँहरूले आफ्नो जिम्मेवारीप्रतिको जोश गुमाउन सक्नुहुन्छ। उहाँहरूको मन किन यसरी परिवर्तन हुन्छ ? किनभने परमेश्वरको राज्यको निम्ति काम गर्दा उहाँहरूले आत्मिक विश्वस्ततालाई उपेक्षा गनुहुन्छ।

आत्मिक विश्वस्तता भनेको हाम्रो हृदयको खतना गर्नु हो। योचाहिँ हाम्रो हृदयको वस्त्रलाई निरन्तर सफा गरिरहनु हो। योचाहिँ सबै प्रकारका पापहरू, असत्यता, दुष्टता, अधार्मिकता, व्यवस्थाहीनता, र अन्धकारलाई त्याग्नु र पवित्र बन्नु हो। प्रकाश २:१० ले भन्दछ, "तिमी मृत्युसम्मै विश्वासी होओ, र म तिमीलाई जीवनको मुकुट दिनेछु।" यहाँ, मृत्युसम्मै विश्वासयोग्य हुनुको अर्थ हामीले आफ्नो शारीरिक मृत्यु नहुञ्जेलसम्म परिश्रमका साथ विश्वासयोग्यतापूर्वक काम गर्नुपर्छ भन्ने होइन। यसको अर्थ यो हो कि हामीले आफ्नो सारा जीवन लगाएर बाइबलमा भएको परमेश्वरको वचन पालन गर्न पूर्ण रूपमा कोशिश गर्नु पर्दछ भन्ने पनि जनाउँदछ।

आत्मिक विश्वस्तता पूरा गर्नका लागि, सर्वप्रथम हामीले रगत बगाउने बिन्दुसम्म पापको विरुद्ध संघर्ष गर्नु पर्दछ र परमेश्वरको आज्ञाहरू पालन गर्नु पर्दछ। सबैभन्दा प्रमुख प्राथमिकताचाहिँ परमेश्वरले अति घृणा गर्नुहुने दुष्टता, पाप, र असत्यताहरूलाई त्याग्नु हो। यदि हामी हृदयको खतना नगरी केवल शारीरिक रूपमा मात्र परिश्रम गर्छौं भने, यसलाई हामी आत्मिक विश्वस्तता भन्न सक्दैनौं। पावल ले "प्रतिदिन म मर्दछु" भनी भन्नुभए झैं हामीले आफ्नो पापमय स्वभावलाई पूर्णरूपले नष्ट गर्नु पर्दछ र पवित्र बन्नु पर्दछ। योचाहिँ आत्मिक विश्वस्तता हो।

परमेश्वर पिताले हामीमा चाहनुभएको सबैभन्दा प्रमुख कुराचाहिँ पवित्रता हो। हामीले यस कुरालाई ध्यानमा राखेर सक्दो परिश्रमका साथ आफ्नो हृदयको खतना गर्नु पर्दछ। निश्चय नै, यसको मतलब पूर्ण रूपमा पवित्र हुनुभन्दा अघि हामीले कुनै पनि जिम्मेवारी लिन सक्दैनौं भन्ने चाहिँ होइन। यसको अर्थ यो हो कि अहिले हामीले

जुनसुकै जिम्मेवारी बहन गरेतापनि, हाम्रो जिम्मेवारी पूरा गर्ने क्रममा हामीले पवित्रतालाई पनि पूरा गर्नु पर्दछ ।

जोजतिले निरन्तर आफ्नो हृदयको खतना गर्नुहुन्छ उहाँहरूको विश्वस्ततामा परिवर्तन हुने प्रवृत्ति हुँदैन । आफ्नो दैनिक जीवनमा कठिनाइहरू हुँदैमा वा हृदयको कुनै पीरको कारण उहाँहरूले आफ्नो बहुमूल्य जिम्मेवारी त्याग्नुहुन्न । परमेश्वरले दिनुभएको जिम्मेवारीहरू परमेश्वर र हामीबीच गरिएको प्रतिज्ञा हो, र हामीले जस्तोसुकै कठिन परिस्थितिमा पनि परमेश्वरसितको हाम्रो प्रतिज्ञा कहिल्यै तोड्नु हुँदैन ।

अर्कोतिर, यदि हामीले हाम्रो हृदयको खतनालाई बेवास्ता गर्यौं भने के हुनेछ त ? कठिनाइ र कठिन परिस्थितिहरूको सामना गर्दा हामीले आफ्नो हृदयलाई सुरक्षित राख्न सक्नेछैनौं । हामीले परमेश्वरसितको विश्वासको सम्बन्धलाई त्याग्न सक्छौं र आफ्नो जिम्मेवारीलाई छोड्न सक्छौं । त्यसपछि, यदि हामीले फेरि परमेश्वरको अनुग्रहलाई पुनःप्राप्त गर्यौं भने, केही समयको लागि हामी परिश्रमपूर्वक कार्य गर्नेछौं, र यो चक्र दोहोरिरहन्छ । यस्तो प्रकारको उतारचढावबाट गुज्रिरहनुहुने सेवकसेविकाहरूले आफ्नो काम ठीकसित गर्नु भएतापनि उहाँहरूले विश्वासयोग्यभएको मान्यता प्राप्त गर्न सक्नुहुन्न ।

परमेश्वरले मान्यता दिनुहुने विश्वासयोग्यता प्राप्त गर्नको लागि, हामीमा आत्मिक विश्वासयोग्यता हुनुपर्दछ, अर्थात् हामीले आफ्नो हृदयको खतना गर्नु पर्दछ । तर हृदयको खतना गर्दैमा हामीले इनाम पाउने होइन । उद्धार पाएका परमेश्वरका छोराछोरीहरूले हृदयको खतना गर्नु अत्यावश्यक कुरो हो । तर यदि हामी पापहरू त्याग्यौं र पवित्र हृदयका साथ आफ्ना जिम्मेवारीहरू पूरा गर्यौं भने, शारीरिक मनका साथ काम गरेको समयमा भन्दा बढी फल हामीले फलाउन सक्छौं । त्यसकारण, हामीले ठूला इनामहरू प्राप्त गर्नेछौं ।

उदाहरणको लागि, मानौं आइतबारको दिन चर्चमा दिनभरि स्वयंसेवकको रूपमा काम गरेर तपाईंले पसीना बगाउनु भयो । तर तपाईंले अन्य धेरै मानिसहरूसित झगडा गर्नुभयो र धेरै मानिसहरूसित शान्ति भङ्ग गर्नुभयो । यदि तपाईं गनगन गर्दै अप्रसन्नताका साथ चर्चमा सेवा गर्नुहुन्छ भने, तपाईंका धेरै इनामहरू घट्नेछन् । तर

यदि तपाईं अरूहरूसित शान्तिमा रहेर भलाइ र प्रेमका साथ चर्चमा सेवा गर्नुहुन्छ भने, तपाईंको सबै काम परमेश्वरमा ग्रहणयोग्य सुगन्ध बन्नेछ, र तपाईंले गर्नुभएको प्रत्येक कार्य तपाईंको निम्ति इनाम बन्नेछ ।

मालिकको इच्छाअनुसार कार्य गर्नु

चर्चमा, हामीले परमेश्वरको हृदय र इच्छाअनुसार कार्य गर्नु पर्दछ । त्यस्तै, चर्चमा रहेको मर्यादाक्रमलाई पालन गर्दै हाम्रो अगुवाहरूको आज्ञापालन गर्न हामी विश्वासीलो हुनुपर्दछ । हितोपदेश २५:१३ ले भन्दछ, "कटनीको बेला हिउँको शीतलताझैं विश्वसनीय दूत त्यसलाई पठाउनेहरूका निम्ति हुन्छ । आफ्ना मालिकको आत्मालाई त्यसले ताजा गराउँछ ।"

हामी हाम्रो जिम्मेवारीमा धेरै परिश्रमी भएतापनि, यदि हामी आफ्नो इच्छा अनुसार मात्र गर्दछौं भने हामीले आफ्नो मालिकको इच्छालाई पूरा गर्न सक्दैनौं । उदाहरणको लागि, तपाईंको हाकिमले तपाईंलाई कार्यलयमै बसिरहनु भनी भन्नुभएको छ किनभने एक जना अति महत्वपूर्ण ग्राहक आउँदै हुनुहुन्छ । तर कार्यलय सम्बन्धि नै कुनै कार्य बाहिर गएर गर्नु पर्ने हुनाले तपाईं दिनभरि बाहिरै रहनुहुन्छ । कार्यलयकै कामको लागि तपाईं बाहिर जानुभएतापनि, हाकिमको दृष्टिमा तपाईं विश्वासयोग्य हुनुहुन्न ।

हामीले आफ्नै सोचाइलाई पछ्याउँदा वा हामीमा स्वकेन्द्रित अभिप्रायहरू हुँदा हामी मालिकको इच्छालाई पूरा गर्न सक्दैनौं । यस्तो व्यक्तिले आफ्नो मालिकको सेवा गरिरहेको जस्तो देखिएतापनि, वास्तवमा उसले यो विश्वस्तता पूर्वक गरिरहेको हुँदैन । उसले केवल आफ्नो विचार र इच्छालाई पछ्याइ रहेको हुन्छ, र यसबाट उसले यो देखाउँदछ कि उसले जुनसुकै बेला पनि मालिकको इच्छालाई लत्याउन सक्छ ।

बाइबलमा हामीले योआब नाम गरेको व्यक्तिको बारेमा पढेका छौं, जो दाऊदको नातेदार र उहाँको सेनाको सेनापति थिए । दाऊदलाई राजा शाऊलले लखेट्दा सबै जो

खिमहरूका माझ योआब दाऊदसित थिए । उनी बुद्धिमान र वीर थिए । दाऊदले चाहनुभएका कुराहरू उनी व्यवस्थित गरिदिन्थे । जब उनले अम्मोनीहरूलाई आक्रमण गरेर तिनीहरूको शहर लिए, यथार्थमा उनले कब्जा गरेतापनि, उनले दाऊदलाई पर्खे र उहाँलाई नै आएर त्यो शहर कब्जा गर्न दिए । उनले शहर विजयको महिमा आफै लिएनन् तर दाऊदलाई लिन दिए ।

यसरी उनी राम्रोसित दाऊदको सेवा गर्दथे, तर दाऊद उनीप्रति निश्चिन्त बन्न सक्नु भएको थिएन । किनभने व्यक्तिगत रूपमा आफूलाई कुनै कुराले फाइदा हुने परि स्थितिमा उनले दाऊदको आज्ञा उल्लङ्घन गर्दथे । आफ्नो उद्देश्य पूरा गर्नको लागि यो आब दाऊदको सामु अशिष्टतापूर्वक व्यवहार गर्न हिचकिचाउँदैनथे ।

उदाहरणको लागि दाऊदको शत्रु, सेनापति अबनेर, दाऊदकहाँ आत्मसमर्पण गर्न आएका थिए । दाऊदले तिनलाई स्वागत गर्नुभयो र फिर्ता पठाइ दिनुभयो । किनभने तिनलाई स्वीकार गरेर दाऊदले मानिसहरूलाई चाँडै नै स्थिर तुल्याउन सक्नुहुन्थ्यो । तर जब योआबले पछि यो कुरा थाहा पाए, उनी अबनेरको पछिपछि गएर तिनको हत्या गरिदिए । किनभने अबनेरले अघिल्लो लडाइँमा योआबको भाइलाई मारेका थिए । अबनेर लाई मार्दा दाऊद अप्ठेरोमा पर्नुहुनेछ भनी उनलाई थाहा थियो तर पनि उनले केवल आफ्नो भावनाअनुसार काम गरे ।

दाऊदका छोरा अब्शालोमले दाऊदको विरुद्ध विद्रोह गर्दा, अब्शालोमका मानिसहरूसँग लडाइँ गर्न जाने आफ्ना सेनाहरूसँग दाऊदले आफ्नो छोराप्रति दया दे खाउन आग्रह गर्नुभएको थियो । यो आदेश जान्दाजान्दै पनि, योआबले अब्शालोमलाई मारे । शायद अब्शालोमलाई जीवितै छोडी दिंदा तिनले फेरि विद्रोह गर्न सक्छन् भन्ने ठानेर उनले त्यसो गरेका हुन सक्छन् तर अन्त्यमा आफ्नै स्वविवेक प्रयोग गरेर यो आबले राजाको अवज्ञा गरे ।

कठिन परिस्थितिहरूमा समेत राजाको साथमा रहेतापनि उनले महत्वपूर्ण क्षणहरूमा राजाको आज्ञा उल्लङ्घन गरेका हुनाले, राजाले उनलाई भरोसा गर्न सक्नु भएन । अन्ततः, योआबले दाऊदका छोरा राजा सोलोमनको विरुद्ध विद्रोह गरे, र उनी मारिए । यो पटक पनि, दाऊदको इच्छा पालन गर्नुको साटो, आफूले चाहेको व्यक्तिलाई उनी र

ाजा बनाउन चाहन्थे । उनले आफ्नो जीवनभरि दाऊदको सेवा गरे, तर प्रशंसनीय सेवक बन्नुको साटो एक विद्रोहीको रूपमा उनको जीवनको अन्त्य भयो ।

परमेश्वरको कार्य गर्दा, महत्वाकाङ्क्षी हुनुको साटो, हामीले परमेश्वरको इच्छा पछ्याउनुचाहिँ महत्वपूर्ण कुरो हो । परमेश्वरको इच्छा विरुद्ध गएर विश्वासयोग्य हुनु व्यर्थ हुन्छ । चर्चमा काम गर्दा, हामीले आफ्ना विचारहरूलाई पछ्याउनु भन्दा अघि हाम्रो अगुवाहरूलाई पछ्याउनु पर्दछ । यस प्रकारले, शत्रु दियाबलस र शैतानले कुनै पनि दोष लगाउन सक्नेछैनन् र अन्त्यमा हामी सबैले परमेश्वरलाई महिमा दिन सक्नेछौं ।

परमेश्वरको सम्पूर्ण घरानामा विश्वासयोग्य हुनु

'परमेश्वरका सम्पूर्ण घरानामा विश्वासयोग्य हुनु' को अर्थ हामीसँग सम्बन्धित सबै पक्षहरूमा विश्वासयोग्य हुनु हो । चर्चमा हाम्रो धेरै जिम्मेवारीहरू भएतापनि, हामीले हाम्रा सबै जिम्मेवारीहरू पूरा गर्नु पर्दछ । चर्चमा हाम्रो कुनै विशेष जिम्मेवारी नभएतापनि, सदस्यको रूपमा हामी जहाँ उपस्थित हुनु पर्ने हो त्यहाँ उपस्थित हुनु हाम्रो जिम्मेवारी हो ।

चर्चमा मात्रै होइन, तर कार्यलय र विद्यालयका क्षेत्रहरूमा, सबै जनाको आ-आफ्नै जिम्मेवारी हुँदछ । यी सबै क्षेत्रहरूमा, हामीले सदस्यको रूपमा आफ्ना जिम्मेवारीहरू पूरा गर्नु पर्दछ । परमेश्वरको सबै घरानामा विश्वासयोग्य हुनु चाहिँ हाम्रो जीवनको सबै पक्षहरूमा : परमेश्वरका छोराछोरीहरूको रूपमा, अगुवाहरू वा चर्चका सदस्यहरूका रूपमा, परिवारका सदस्यहरूका रूपमा, कम्पनीको कामदारहरूको रूपमा, वा विद्यालयको विद्यार्थी र शिक्षकहरूको रूपमा हाम्रा सम्पूर्ण जिम्मेवारीहरू पूरा गर्नु हो । हामीले आफ्ना केही जिम्मेवारीहरूमा मात्र विश्वासयोग्य भई अरू जिम्मेवारीहरूलाई त्याग्नु हुँदैन । हामी सबै पक्षहरूमा विश्वासयोग्य हुनु पर्दछ ।

कसैले यस्तो सोच्न सक्नुहुन्छ, 'म एक्लै कसरी सबै कुराहरूमा विश्वासयोग्य हुन

सक्छु ?' हामी जतिमात्रामा आत्मामा परिवर्तन हुन्छौं त्यति नै हामीलाई, परमेश्वरको सम्पूर्ण घरानामा विश्वासयोग्य हुन गाह्रो हुनेछैन । यदि हामी आत्मामा रोप्छौं भने थोरै समयमात्र लगानी गरेतापनि हामी निश्चय नै फल फलाउन सक्छौं ।

साथै, आत्मामा परिवर्तन हुनु भएकाहरूले आफ्नो फाइदा र सुखसुविधामा ध्यान दिनुहुन्न तर अरूहरूको फाइदाको बारेमा सोच्नुहुन्छ । उहाँहरूले पहिला अरूको दृष्टिकोणबाट हेर्नु हुन्छ । त्यसैले यस्ता प्रकारका मानिसहरूले आफैलाई बलिदान गर्नुपरे तापनि आफ्नो सबै जिम्मेवारीहरू पालन गर्नुहुनेछ । साथै, हामी कतिमात्रामा आत्माको तह प्राप्त गर्छौं, सोही अनुरूप हाम्रो हृदय भलाइले भरिनेछ । यदि हामी असल छौं भने हाम्रो झुकाव कुनै एक पक्षप्रति मात्रै हुने छैन । त्यसैले, हामीसित धेरै जिम्मेवारीहरू भएतापनि, हामी कुनै पनि जिम्मेवारीलाई बेवास्ता गर्ने छैनौं ।

अझ बढी अरूका वास्ता गर्ने प्रयत्न गर्दै, हामी आफू वरपर भएका सबै जनाको हेरचाह वा हेर विचार गर्न सक्दो प्रयत्न गर्नेछौं । तब, हाम्रो वरिपरि भएका मानिसहरूले हाम्रो हृदयको सत्यतालाई महसूस गर्न सक्नुहुनेछ । त्यसैले, हामी हर समय उहाँहरूको साथमा हुन नसकेतापनि उहाँहरू निराश हुनुहुने छैन, तर उल्टो हामीले उहाँहरूको वास्ता गरेको देखेर उहाँहरू धन्यवादी बन्नुहुनेछ ।

उदाहरणको लागि, कुनै व्यक्तिका दुइवटा जिम्मेवारीहरू छन्, एउटा समूहमा उहाँ अगुवा हुनुहुन्छ र अर्को समूहकोचाहिँ केवल सदस्यमात्र हुनुहुन्छ । यहाँ, यदि उहाँमा भलाइ छ र उहाँले विश्वस्तताको फल फलाउनु भएको छ भने, उहाँले कुनै पनि जिम्मे वारीलाई बेवास्ता गर्नु हुनेछैन । उहाँले यस्तो भन्नुहुने छैन, “पछिल्लो समूहका सदस्यहरूले म उहाँहरूका साथमा उपस्थित हुन नसकेको कारण बुझ्नुहुनेछ किनभने म अघिल्लो समूहको अगुवा हुँ ।” उहाँ पछिल्लो समूहमा शारीरक रूपमा सहभागी हुन नसक्नुभएतापनि उहाँ अरू नै तरिकाबाट त्यस समूहलाई हृदयदेखि नै सहायता गर्न को शिश गर्नुहुनेछ । त्यसैगरी, जतिमात्रामा हामीमा भलाइ हुन्छ, त्यति नै हामी परमेश्वरको सम्पूर्ण घरानामा विश्वासयोग्य हुन सक्छौं र सबैजनासित शान्तिमा रहन सक्छौं ।

परमेश्वरको राज्य र धार्मिकताको लागि विश्वासयोग्य हुनु

योसेफ शाही अङ्गरक्षकको कप्तान पोतिफरको घरमा दासको रूपमा बेचिनुभएको थियो । योसेफ यति विश्वासीलो र इमानदार हुनुहुन्थ्यो कि पोतिफरले घरका सबै कामको जिम्मा यस कलिलो दासलाई सुम्पिदिएका थिए र उहाँले गर्नुभएको कार्यहरूमा तिनले कुनै फिक्री गर्दैनथे । किनभने योसेफले ससाना कुराहरूलाई पनि आफ्नो जस्तै ठानी सक्दो परिश्रमका साथ सबै कुराको हेरविचार गर्नुहुन्थ्यो ।

परमेश्वरको राज्यमा पनि थुप्रै क्षेत्रहरूमा योसेफझैं विश्वासीला सेवकहरूको खाँचो छ । यदि तपाईंले कुनै जिम्मेवारी पाउनु भएको छ र तपाईंले यसलाई विश्वासयोग्यताका साथमा पूरा गर्नु हुँदा, तपाईंको अगुवाले फेरि त्यसलाई दोहोऱ्याएर हेरिरहनु पर्दैन भने, तपाईं परमेश्वरको राज्यको निम्ति कति ठूलो सामर्थ्य बन्नुहुनेछ !

लूका १६:१० ले भन्दछ, "जो थोरै कुरामा ईमानदार हुन्छ, त्यो धेरैमा पनि ईमानदार हुन्छ र जो अति सानो कुरामा बेईमान हुन्छ, त्यो धेरैमा पनि बेईमान हुन्छ ।" उहाँले शारीरिक मालिकको सेवा गर्नुभएतापनि, योसेफले परमेश्वरप्रतिको विश्वासका साथ विश्वासयोग्य भई कार्य गर्नु भयो । परमेश्वरले त्यसलाई व्यर्थमा जान दिनुभएन, तर त्यसको साटो उहाँले योसेफलाई मिश्रको प्रधान मन्त्री बनाउनुभयो ।

परमेश्वरका कार्यहरूलाई मैले कहिल्यै पनि हलुका रूपले लिएको छैन । चर्च स्थापना हुनभन्दा अघि पनि म सधैं रातभरि प्रार्थना गर्दथें, तर चर्च शुरू गरेपछि मैले व्यक्तिगत रूपमा मध्यरातदेखि बिहान ४ बजेसम्म प्रार्थना गर्न थालें र बिहान ५ बजेदेखि म बिहानीको प्रार्थना सभामा अगुवाइ गर्थें । त्यस बेला अहिलेको झैं राती नौ बजे शुरू हुने दानिएल प्रार्थना सभा थिएन । हामीसँग अरू पास्टरहरू वा कोषका अगुवाहरू हुनुहुन्न थियो, त्यसकारण मैले नै सबै प्रार्थना सभाहरूमा अगुवाइ गर्नुपर्दथ्यो । तर म कुनै दिन पनि छुटाउँदिनथें ।

थपअझ, थियोलोजिकल सेमिनारीमा अध्ययन गर्दा मैले आइतबारका सेवाहरू, बुधबारका सेवाहरू, र शुक्रबारका रात्रीकालिन सेवाहरूका लागि प्रवचन तयार गर्नु

पर्दथ्यो । आफू थाकेतापनि मैले कहिल्यै पनि आफ्ना जिम्मेवारीहरू पूरा गर्न छोडिनँ वा आफ्नो काम अरूलाई गर्न लगाइनँ । सेमिनरीबाट फर्केर आएपछि, म विरामीहरूको हेर चाह गर्थें वा सदस्यहरू कहाँ भेटघाटको लागि जान्थें । देशभरिका विभिन्न ठाउँहरूबाट धेरै विरामीहरू आउने गर्नु हुन्थ्यो । प्रत्येक चोटि चर्चको कुनै सदस्यलाई भेट्न जाँदा आत्मिक रूपले उहाँहरूको सेवा गर्नका लागि म आफ्ना सारा हृदय लगाउने गर्थें ।

त्यो बेला, चर्चमा आउनका लागि केही विद्यार्थीहरू दुइ-तीनवटा बस चढेर आउनु हुन्थ्यो । अहिले हाम्रो चर्चमा बसहरू छन्, तर त्यस बेला हामीसित थिएन । त्यसैले, विद्यार्थीहरू गाडी भाडाको चिन्ता विना चर्चमा आउन सक्नु भएको होस् भनी म चाहन्थें । आराधना सेवा सकिएपछि म विद्यार्थीहरूको पछिपछि बस बिसौनीमा जान्थें र उहाँहरूलाई बसको कुपन वा टिकट दिने गर्दथ्यें । उहाँहरू अर्कोचोटि पनि चर्चमा आउन सक्नु भएको होस् भनी म उहाँहरूलाई पर्याप्त मात्रामा बसको कुपन दिने गर्दथ्यें । चर्चमा भेटीको रूपमा केही डलर मात्र उठ्ने गर्दथ्यो, र चर्चले उहाँहरूलाई सहायता गर्न सक्दैनथ्यो । मैले आफ्नो वचतबाट उहाँहरूलाई बस भाडा दिन्थें ।

चर्चमा कुनै नयाँ व्यक्तिले दर्ता गराउनुहुँदा, म उहाँहरू प्रत्येकलाई बहुमूल्य धनको रूपमा लिन्थें, त्यसैले म उहाँहरूका लागि प्रार्थना गरिदिन्थें र उहाँहरूमध्ये कसैलाई पनि नगुमाउन प्रेमका साथ उहाँहरूको सेवा गर्दथें । यसै कारणले गर्दा त्यो समयमा चर्चमा दर्ता गराउनु हुने कुनै पनि सदस्यले चर्च छोडेर जानुहुन्नथ्यो । अनि स्वभाविक रूपमै, चर्च वृद्धि हुँदै गयो । अब, यस चर्चमा धेरै सदस्यहरू हुनुहुन्छ, तब के यसको मतलब मेरो विश्वासयोग्यता सेलाएर गएको छ त ? अवश्य पनि, होइन ! आत्माहरूप्रतिको मेरो उत्साह कहिल्यै पनि कम भएको छैन ।

अहिले, विश्वभरि हाम्रा १०००० भन्दा बढी शाखा चर्चहरूका साथै हामीसित पाष्टरहरू, एल्डरहरू, सिनियर डिकनिसहरू, अनि जिल्ला, उप-जिल्ला र कोषिय समूहका अगुवाहरू हुनुहुन्छ । तर अझै पनि, आत्माहरू प्रतिको मेरा प्रार्थना र प्रेम झनै तीव्र रूपमा वृद्धि भइरहेको छ ।

के कुनै पनि रीतिले परमेश्वर सामु तपाईंहरूको विश्वासयोग्ता सेलाएको छ ? के तपाईंहरूमध्ये कोही हुनुहुन्छ जसलाई पहिला परमेश्वरका कामहरूको जिम्मेवारी सुम्पिएको थियो तर अहिलेचाहिँ कुनै जिम्मेवारी पाउनु भएको छैन ? यदि तपाईंले विगतमा पाउनु भएकै जिम्मेवारीलाई अहिले पनि निर्वाह गरिरहनु भएको छ भने, के त्यो जिम्मेवारीप्रति तपाईंको उत्साह कम भएको छैन र ? यदि हामीसित साँचो विश्वास छ भने, हामी विश्वासमा परिपक्व हुँदै जाँदा हाम्रो विश्वासयोग्यता वृद्धि भइरहनेछ, र परमेश्वरको राज्य पूरा गर्न अनि अनगिन्ती आत्माहरू बचाउन हामी प्रभुमा विश्वासयोग्य भइरहेनेछौं । यसरी हामी पछि गएर स्वर्गमा बहुमूल्य इनाम प्राप्त गर्नेछौं !

यदि परमेश्वरले कार्यमा मात्रै विश्वासयोग्यता चाहनु भएको भए, उहाँले मानिसलाई सृष्टि गर्नु पर्दैनथ्यो, किनभने त्यहाँ आज्ञापालन गर्ने अनगिन्ती स्वर्गीय दूतगण र स्वर्गदूतहरू हुनुहुन्छ । तर यन्त्र मानवले जस्तै निशर्त आज्ञा पालन गर्ने व्यक्तिहरू परमेश्वरले चाहनु भएन । उहाँ आफ्नो हृदयको गहिराइदेखि नै परमेश्वरलाई प्रेम गरेर उहाँप्रति विश्वासयोग्य हुने सन्तानहरू चाहनुहुन्थ्यो ।

भजनसंग्रह १०१:६ ले भन्दछ, "मेरो कृपा-दृष्टि देशका विश्वासयोग्य जनहरूमाथि रहनेछ, ताकि तिनीहरू मसित वास गरून् । त्यो जो निर्दोष मार्गमा हिँड्दछ, त्यसले मेरो सेवा गर्नेछ ।" सबै प्रकारका दुष्टताहरू फाल्ने अनि परमेश्वरको सम्पूर्ण घरानामा विश्वासयोग्य हुनेहरूले, स्वर्गको सबैभन्दा सुन्दर निवासस्थान नयाँ यरूशलेममा प्रवेश गर्ने आशिष् पाउनुहुनेछ । त्यसकारण, तपाईंहरू परमेश्वरको राज्यमा बलिया खाँबोहरूजस्ता सेवकसेविकाहरू बन्नुहुनेछ र परमेश्वरको सिंहासन नजीक बस्न पाउने सम्मान प्राप्त गर्नुहुनेछ भनी म आशा गर्दछु ।

मत्ती ११:२९

"मेरो जुवा आफूमाथि लेओ, र मसँग सिक,

किनभने म विनम्र र कोमल हृदयको छु,

अनि तिमीहरूले आफ्ना आत्मामा विश्राम पाउनेछौ।"

अध्याय ९

नम्रता

धेरै मानिसहरूलाई ग्रहण गर्ने नम्रता
उदारतासहितको आत्मिक नम्रता
नम्रताको फल फलाउनेहरूका गुणहरू
नम्रताको फल फलाउनका लागि
असल भूमि सम्वर्द्धन गर्नुहोस्
नम्रहरूले पाउने आशिषहरू

नम्रता

यो आश्चर्यजनक कुरा हो कि धेरै मानिसहरू क्रोध, निराशा, वा आफ्ना अति बाह्यमुखी वा अति अन्तर्मुखी स्वभावको बारेमा चिन्तित हुने गर्दछन् । केही मानिसहरू तिनीहरूको चाहना अनुरूप कुनै कार्य नहुँदा "म सुध्रिन सक्दिनँ किनकि मेरो व्यक्तित्व नै यस्तो छ" भनी सबै दोष आफ्नो व्यक्तित्वमाथि थुपार्ने गर्दछन् । तर परमेश्वरले मानिसहरूलाई सृष्टि गर्नुभयो, र उहाँको शक्तिद्वारा मानिसहरूको व्यक्तित्व परिवर्तन गर्न परमेश्वरको निम्ति कठिन छैन ।

मोशाले एक पटक आफ्नो क्रोधको कारणले गर्दा एक जना मानिसलाई मार्नु भएको थियो, तर उहाँ परमेश्वरको शक्तिद्वारा यति परिवर्तन हुनुभयो कि परमेश्वरले उहाँलाई पृथ्वीमा सबैभन्दा विनम्र र सोझो व्यक्तिको रूपमा मान्यता दिनुभयो । प्रेरित यूहन्नाले ' गर्जनको छोरा' भन्ने उपनाम पाउनु भएको थियो, तरपछि उहाँ परमेश्वरको शक्तिद्वारा परिवर्तन हुनुभयो र 'नम्र प्रेरित'को रूपमा चिनिनु भयो ।

यदि मानिसहरू दुष्टतालाई त्याग्न इच्छुक छन् र हृदयको भूमि सम्वर्द्धन गर्दछन् भने, अति क्रोधित हुनेहरू, शेखी गर्नेहरू, र स्वकेन्द्रित मानिसहरू पनि परिवर्तन हुन सक्छन् र नम्रताको स्वभाव सम्वर्द्धन गर्न सक्छन् ।

धेरै मानिसहरूलाई ग्रहण गर्ने नम्रता

शब्दकोषमा नम्रतचाहिँ नम्र, कोमल, संवेदनशील, वा नरम हुने गुण वा अवस्था हो । कायरहरू वा 'लजालु अनि समाजमा घुलमिल हुन नसक्ने' स्वभाव भएकाहरू, वा आफूलाई राम्ररी अभिव्यक्त गर्न नसक्नेहरू पनि नम्रझैं देखिन सक्छन् । सोझाहरू र बौद्धिकताको कमीले गर्दा नरिसाउनेहरू पनि सांसारिक मानिहरूका नजरमा नम्र देखिन सक्छन् ।

तर आत्मिक नम्रताचाहिँ केवल कोमलता र संवेदनशीलता मात्र होइन । योचाहिँ गलत र सही बीच पहिचान गर्न सक्ने बुद्धि र योग्यता हुनु हो, र उहाँहरूमा कुनै

दुष्टता नभएकोले गर्दा सबैलाई बुझ्न र ग्रहण गर्न सक्नु हो । अर्थात्, आत्मिक नम्रता भनेको कोमल र नरम स्वभावका साथ उदारता हुनु हो । यदि तपाईंमा यस्तो सदाचारी उदारता छ भने, तपाईं सधैं कोमल मात्र बन्नु हुने छैन, तर आवश्यकता अनुसार तपाईंमा अनुशासन र गरिमा पनि हुँदछ ।

नम्र मानिसको हृदय कपास जस्तै नरम हुन्छ । तपाईंले कपासमा ढुङ्गा फाल्नु हुँदा वा त्यसलाई सियोले घोच्नुहुँदा, कपासले त्यस वस्तुलाई केवल ढाक्दछ र अँगाल्दछ । त्यस्तै किसिमले आत्मिक रूपले नम्र व्यक्तिहरूलाई अन्य मानिसहरूले जस्तो सुकै व्यवहार गरेतापनि, उहाँहरूको हृदयमा त्यस्ता मानिसहरू प्रति असहज भावना हुँदैन । अर्थात्, उहाँहरू रीसाउनु वा असजिलो महसूस गर्नु हुन्न, र साथै अरूहरूलाई पनि असुविधा पुऱ्याउनु हुन्न ।

उहाँहरूले न्याय गर्नु हुन्न र दोष लगाउनु हुन्न तर अरूलाई बुझ्नुहुन्छ र ग्रहण गर्नुहुन्छ । मानिसहरूले यस्ता व्यक्तिहरूबाट सान्त्वना पाउनुहुन्छ र नम्रमानिसहरू कहाँ धेरै जाना आएर विश्राम लिन सक्नुहुन्छ । योचाहिँ धेरै हाँगा भएको एउटा विशाल वृक्ष जस्तै हो जहाँ चराहरू आएर, ती हाँगाहरूमा गुँण बनाउँदछन् र विश्राम लिँदछन् ।

मोशा यस्तो व्यक्ति हुनुहुन्छ जसलाई परमेश्वरले नम्र मानिस भनी मान्यता दिनु भएको थियो । गन्ती १२:३ ले भन्दछ,"मोशाचाहिँ पृथ्वीभरिमा सबैभन्दा विनम्र व्यक्ति थिए ।" प्रस्थानको समयमा इस्राएलीहरूमध्ये ६००००० भन्दा बढी वयस्क पुरुषहरू थिए । महिला र बालकबालिकाहरूको गणना गर्ने हो भने त्यो संख्या २०००००० भन्दा पनि बढी हुन सक्थ्यो । यस्तो ठूलो संख्यामा रहेका मानिसहरूलाई अगुवाइ गर्नु एउटा साधारण व्यक्तिको लागि अति कठिन कार्य हुने थियो ।

विशेषगरी मिश्रीहरूका दास रहेर कठोर हृदय भएका ती मानिसहरूलाई अगुवाइ गर्नु कठिन कुरा थियो । यदि तपाईंले सधैं पिटाइ खानुहुन्छ, दुर्वचन र अपशब्दले भरि एको भाषा सुन्नुहुन्छ अनि दासहरूले झैं कठिन काम गर्नु हुन्छ भने तपाईंहरूको हृदय रूखो र कठोर बन्दछ । यस्तो परिस्थितिमा, आफ्नो हृदयमा अनुग्रहलाई खोपेर राख्नु वा

हृदयदेखि नै परमेश्वरलाई प्रेम गर्नु सजिलो हुँदैन । त्यही भएर मोशाले तिनीहरूलाई त्यस्तो महान् शक्ति देखाउनु भएतापनि मानिसहरूले बारम्बार परमेश्वरको अवज्ञा गरिरहे ।

आफ्नो परिस्थितिमा थोरैमात्र पनि कठिनाइको सामना गर्नुपर्दा, तिनीहरू तुरुन्तै गनगन गर्न शुरू गर्थे र मोशाको विरुद्धमा खडा हुन्थे । यस्ता मानिसहरूलाई मोशाले ४० वर्षसम्म अजाडस्थानमा डोऱ्याउनु भएको कुरा देख्दा मात्रै पनि मोशामा कत्ति आत्मिक नम्रता थियो भनी हामी बुझ्नसक्छौं । मोशाको यस्तो हृदय आत्मिक नम्रता हो, जुनचाहिँ पवित्र आत्माका फलहरूमध्ये एक हो ।

उदारतासहितको आत्मिक नम्रता

तर के कोही हुनुहुन्छ जसले यसरी सोच्नुहुन्छ, 'म रिसाउँदिन, र मलाई लाग्छ म अरूभन्दा नम्र छु, तर मैले आफ्नो प्रार्थनाको उत्तर खासै पाएको छैन । मैले वास्तवमा पवित्र आत्माको स्वर त्यति राम्रोसित सुनेको पनि छैन ?' त्यसो भए तपाईंले आफ्नो नम्रता कतै शारीरिक नम्रता हो कि भनी जाँच्नु पर्दछ । यदि तपाईं कोमल र शान्त दे खिनु भयो भने मानिसहरूले तपाईं नम्र हुनुहुन्छ भनी भन्न सक्छन्, तर योचाहिँ केवल शारीरिक नम्रता मात्र हो ।

परमेश्वरले आत्मिक नम्रता चाहनु हुन्छ । आत्मिक नम्रताचाहिँ केवल नम्र र कोमल हुनुमात्र होइन, तर यसमा सदाचारी उदारता पनि हुनु पर्दछ । आत्मिक नम्रता पूर्ण रूपले सम्वर्द्धन गर्नको लागि, हृदयमा सोझोपनाको साथ साथै तपाईंमा बहिर स्पष्ट रूपमा देखिने सदाचारी उदारताको गुण पनि हुनुपर्दछ । योचाहिँ असल चरित्र भएको मानिसले उसको चरित्रलाई सुहाउँदो वस्त्र पहिरिएको जस्तै हो । यदि असल चरित्र भएको मानिस पनि, लुगा नलगाइ वरिपरि नाङ्गै हिँड्छ भने, उसको नग्नताले उसलाई शर्ममा पार्नेछ । त्यसरी नै सदाचारी उदारता विनाको नम्रता पूर्ण हुँदैन ।

सदाचारी उदारता त्यो बाहिरी वस्त्र जस्तै हो जसले नम्रतालाई चम्काउँदछ, तर यो अहङ्कारी वा कपटी कार्यहरू भन्दा फरक छ । यदि तपाईंको हृदयमा पवित्रता छैन भने, बाहिरी रूपमा असल कार्य गर्दैमा तपाईंमा सदाचारी उदारता छ भनी भन्न सकिँदैन । यदि तपाईं आफ्नो हृदय सम्वर्द्धन गर्नुको साटो राम्रा कामहरू देखाउनेपट्टि आफ्नो झुकाव राख्नुहुन्छ भने, तपाईंले आफ्ना कमजोरीहरू महसूस गर्न छोड्नुहुनेछ र आफू आत्मिरूपमा निकै वृद्धि भइसकेको छु भनी गलत रूपले सोच्नु हुनेछ ।

तर यस संसारमा पनि, बाहिरी सौन्दर्य मात्र भएका तर राम्रो आचरण नभएका मानिसहरूले अरूको हृदय जित्न सक्दैनन् । विश्वासमा पनि भित्रि सुन्दरतालाई सम्वर्द्धन गर्न छोडेर बाहिरी कार्यहरूमा मात्र ध्यान दिनु अर्थहीन हो ।

उदाहरणको लागि, केही मानिसहरू इमानदारीपूर्वक कार्य गर्नुहुन्छ, तर उहाँहरू आफूलेझैं काम नगर्ने मानिसहरूको न्याय गर्नुहुन्छ र त्यस्ता मानिसहरूलाई तुच्छ ठान्नुहुन्छ । अरूहरूसँग व्यवहार गर्दा उहाँहरूले यस्तो सोचेर आफ्नै मापदण्डमा जिद्दी गर्न सक्नुहुन्छ, 'यो नै सही तरिका हो, अरूले किन यो तरिका अपनाउनु हुन्न ?' उहाँहरूले सुझाव दिँदा मीठो बोली बोल्नुहुन्छ, तर आफ्नो हृदयमा अरूको न्याय गर्नुहुन्छ, र आफ्नै स्व-धार्मिकता र खराब भावनाका साथ बोल्नुहुन्छ । मानिसहरूले यस्ता व्यक्तिहरूमा विश्राम पाउन सक्नुहुन्न । उहाँहरूको चित्त दुख्नेछ र उहाँहरू हतोत्साहित बन्नुहुनेछ, त्यसैले गर्दा उहाँहरू यस्ता मानिसहरूको नजीक रहन चाहनुहुन्न ।

केही मानिसहरू आफ्नै स्व-धार्मिकता र दुष्टतामा रहेर रिसाउने र झर्किने गर्दछन् । तर तिनीहरूले आफूमा केवल 'धार्मिक रोष' मात्र छ र यो अरूको भलाइको लागि हो भनी भन्ने गर्दछन् । तर सदाचारी उदारता हुनेहरूले कुनै पनि परिस्थितिमा मनको शान्ति गुमाउनु हुनेछैन ।

यदि तपाईं साँच्चै पूर्ण रूपमा पवित्र आत्माको फलहरू फलाउन चाहनुहुन्छ भने, तपाईंले केवल आफ्नो बाहिरी आवरणद्वारा आफ्नो हृदयभित्रको दुष्टतालाई ढाक्छोप गर्न सक्नु हुन्न । यदि तपाईं यस्तो गर्नुहुन्छ भने यो केवल मानिसहरूको सामु गरिएको लो

काचार मात्र हुनेछ । तपाईंले सबै कुरामा निरन्तर आफूलाई जाँची रहनु पर्दछ र भलाइको मार्ग छान्नु पर्दछ ।

नम्रताको फल फलाउनेहरूका गुणहरू

मानिसहरूले नम्र र फराकिलो हृदय भएका व्यक्तिहरूलाई देख्दा तिनीहरूले उनीहरूको हृदय समुद्र जस्तै विशाल छ भनी भन्दछन् । समुद्रले खोला र नदीका सबै प्रदूषित पानीहरूलाई ग्रहण गर्छ र त्यसलाई शुद्ध बनाउछ । यदि हामी समुद्र जस्तै फर ाकिलो र नम्र हृदय सम्वर्द्धन गर्छौं भने, हामीले पापका दाग लागेका आत्माहरूलाई समे त मुक्तिको मार्गमा डोऱ्याउन सक्छौं ।

यदि हामीमा भित्री नम्रताका साथै बाहिरी उदारता पनि छ भने, हामीले धेरै मानिसहरूको हृदय जित्न सक्छौं र धेरै माहन् कार्यहरू पूरा गर्न सक्छौं । अब, नम्रताको फल फलाउने मानिसहरूका गुणहरू बारेमा केही उदाहरण मलाई बताउन दिनुहोस् ।

पहिलो, उहाँहरू आफ्ना कार्यहरूमा मर्यादित र संयमी रहनुहुन्छ

स्वभावमा नरम देखिने तर वास्तवमा दुबिधापूर्ण रहनेहरूले अरूलाई ग्रहण गर्न सक्दैनन् । तिनीहरूलाई अरूले होच्याउँदछन् र प्रयोग गर्दछन् । इतिहासमा पनि, केही र ाजाहरू नम्र स्वभावका थिए तर तिनीहरूमा सदाचारी उदारता भने थिएन, त्यसैले तिनीहरूको राज्य स्थिर थिएन । पछि इतिहासमा मानिसहरूले त्यस्तो व्यक्तिलाई नम्र व्यक्तिको रूपमा नभई असक्षम र सङ्कल्परहित व्यक्तिको रूपमा मूल्याङ्कन गर्दछन् ।

अर्कोतिर, केही राजाहरूमा गरिमासहितको बुद्धिका साथै न्यानो र कोमल स्वभाव थियो । यस्ता राजाहरूका राज्यकालमा राज्य स्थिर थियो र जनताहरूमा शान्ति थियो ।

त्यसैगरी, नम्रता र सदाचारी उदारता दुवै भएकाहरूमा न्यायको उचित मापदण्ड हुन्छ । सही र गलतबीच ठीकसित पहिचान गरी उहाँहरू जे धार्मिक छ त्यही गर्नुहुन्छ ।

येशूले मन्दिरलाई शुद्ध पार्नुहुँदा र शास्त्री अनि फारिसीहरूको कपटलाई हप्काउनु हुँदा, उहाँ धेरै प्रबल र कठोर बन्नुभएको थियो । 'फुटेको निगालो नभाँच्ने र धिपधिप भइरहेको सलेदो ननिभाउने' नम्र हृदय उहाँमा भएतापनि आवश्यक परेको बेलामा उहाँले मानिसहरूलाई कडासित हप्काउनु भयो । यदि तपाईंको हृदयमा यस्तो गरिमा र धार्मिकता छ भने, तपाईंले कहिल्यै पनि उच्च स्वरमा नबोल्नुभएतापनि वा कठोर हुन कोशिश नगर्नुभएतापनि मानिसहरूले तपाईंलाई होच्याउन सक्दैनन् ।

प्रभुको स्वभाव र शरीरको सिद्ध कार्यहरू प्राप्त गर्नका लागि बाहिरी स्वरूप पनि सन्दर्भिक छ । सदाचारीहरू मानिसहरूको बोलविचनमा गरिमा, अख्तियार र गहनता हुन्छ ; उहाँहरू लापरवाहीपूर्वक अर्थहीन कुराहरू बोल्नु हुन्न । उहाँहरू प्रत्येक अवसरमा उपयुक्त पहिरन लगाउनुहुन्छ । उहाँहरूको अनुहारको अभिव्यक्ति रूखो वा कठोर होइन तर कोमल हुन्छ ।

उदाहरणको लागि, मानौं कुनै व्यक्तिको कपाल र कपडा अव्यवस्थित छ अनि उसको व्यवहार अमर्यादित छ । मानौं उसलाई ठट्टा गर्न पनि मन पर्दछ र उसले व्यर्थका कुराहरू गर्दछ । यस्ता मानिसहरूले अरूबाट भरोसा र आदर पाउन सम्भवत: धेरै कठिन हुँदछ । अरू मानिसहरू ऊद्वारा स्वीकार र ग्रहण गरिन चाहँदैनन् ।

यदि येशूले सधैं जिस्किने गर्नु भएको भए, उहाँका चेलाहरूले उहाँसँग ठट्टा गर्न प्रयास गर्नु हुने थियो । त्यसैले, यदि येशूले उहाँहरूलाई कुनै गाह्रो कुरा सिकाउनु हुँदा, उहाँहरूले तुरुन्तै बहस गर्नुहुने थियो वा आफ्नै विचारहरूमा जिद्दी गर्नुहुने थियो । तर उहाँहरूले त्यसो गर्न साहस गर्नुभएन । उहाँसँग विवाद गर्न आउनेहरूले उहाँको गरिमाको कारणले गर्दा उहाँसँग बहस गर्न सकेनन् । येशूका वचन र कार्यहरूमा सधैंभरि गहनता र गरिमा हुँदथ्यो, त्यसकारण मानिसहरूले उहाँलाई हलुका रूपले लिन सक्दै नथे ।

निश्चय नै, कहिलेकाहीं माथिल्लो ओहदामा रहेकाहरूले आफ्नो मातहतमा रहेका

मानिसहरूलाई सजिलो महसूस गराउन ठट्टा गर्न सक्छन् । तर यदि तल्लो पदका कर्मचारीहरूले अशिष्ट भएर सँगसँगै ठट्टा गर्न खोज्छन् भने यसको मतलब तिनीहरूमा ठीक समझ छैन । तर यदि अगुवाहरू इमान्दार छैनन् र तिनीहरूको स्वरूप विक्षिप्त देखिन्छ भने, अरूले तिनीहरूमा भरोसा गर्न सक्दैनन् । विशेषगरी, कम्पनीको उच्च ओहदामा रहेका हाकिमहरूको स्वभाव, बोलीवचन र व्यवहार मर्यादित हुनुपर्दछ ।

कुनै संस्थाको प्रमुखले आफ्नो मातहतमा रहेका कर्मचारीहरूको अघि आदरसूचक भाषामा बोल्न र सम्मानपूर्वक कार्य गर्न सक्छन्, तर कहिलेकाहीं तल्लो पदको कुनै कर्मचारीले अत्याधिक सम्मान दिइरहेको छ भने उसलाई सजिलो महसूस गराउनका लागि ती प्रमुखले आदरसूचक भाषामा नभई सामान्य भाषामा बोल्न सक्छन् । यस्तो परिस्थितिमा, त्यति धेरै नम्रता नदेखाउनाले तल्लो पदमा रहेको कर्मचारीलाई सजिलो महसूस हुन सक्छ र यसो गर्दा उसले आफ्ना विचारहरू खुलेर प्रस्तुत गर्न सक्छ । तर माथिल्लो ओहदाको व्यक्तिले आफ्नो मातहतमा रहेका मानिसहरूलाई सजिलोको महसूस गराउँदैमा, तल्लो तहका मानिसहरूले आफ्ना हाकिमहरूलाई होच्याउने, तिनीहरूसित बहस गर्ने, वा तिनको अवाज्ञा गर्ने गर्नु हुँदैन ।

रोमी १५:२ ले भन्दछ, “हामी प्रत्येकले आफ्नो छिमेकीको आत्मिक सुधार होस् भनेर तिनको भलाइको लागि तिनलाई प्रसन्न राखौं ।” फिलिप्पी ४:८ ले भन्दछ, “अन्त्यमा भाइ हो, जे कुरो सत्य छ, जे कुरो आदरणीय छ, जे कुरो न्यायसङ्गत छ, जे कुरो शुद्ध छ, जे कुरो प्रेम-योग्य छ, जे कुरो कृपामय छ, यदि केही श्रेष्ठता, प्रशंसाको योग्य केही छ भने यी नै कुराका विचार गर । ” यसैगरी, सदाचार र उदारता भएकाहरूले सबै कुरा मर्यादित तरिकाले गर्नुहुन्छ, र मानिसहरूलाई सान्त्वना दिने विचारशीलता पनि उहाँहरूमा हुन्छ ।

अर्को, नम्रहरूले उदार फदयका साथ कृपा र करुणाका कार्यहरू देखाउनु हुन्छ ।

उहाँहरूले आर्थिक खाँचोमा परेकाहरूलाई मात्र नभई आत्मिक रूपले उदासीन र कमजोर भएकाहरूलाई पनि सान्त्वना र अनुग्रह प्रदान गरी सहायता गर्नुहुन्छ । तर उहाँहरूमा नम्रता भएतापनि, यदि त्यो नम्रता केवल उहाँहरूको हृदयमा मात्रै रहन्छ भने, ख्रीष्टको सुगन्ध छर्न गाह्रो हुँदछ ।

उदाहरणको लागि, मानौं कुनै विश्वासीले आफ्नो विश्वासको खातिर सतावटबाट गुजिरहनु भएको छ । उहाँको वरिपरि रहेका चर्चका अगुवाहरूले यो थाहा पाउनु भएर उहाँप्रति सहानुभूति महसूस गरी उहाँको निम्ति प्रार्थना गरिदिनुहुन्छ । उहाँहरू यस्ता अगुवाहरू हुनुहुन्छ जो हृदयमा मात्रै दया महसूस गर्नु हुन्छ । अर्कोतिर, अरू केही अगुवाहरूले व्यक्तिगत रूपमा नै उहाँलाई प्रोत्साहन र सान्त्वना दिनुहुन्छ र साथै परिस्थिति अनुसार कामद्वारा नै सहायता गर्नु हुन्छ । विश्वासद्वारा विजयी हुन सहायता गर्नका लागि उहाँहरूले ती विश्वासीलाई बलियो बनाउनुहुन्छ ।

त्यसकारण, समस्याबाट गुज्रिरहेको मानिसलाई केवल हृदयमा दया देखाउनु र कार्यहरूद्वारा नै सहायता गर्नु नितान्त रूपले फरक कुरा हुन् । जब नम्रता उदार कार्यहरूका रूपमा बाहिर प्रकट हुँदछ, यसले अरूलाई अनुग्रह र जीवन प्रदान गर्न सक्छ । त्यसैले, बाइबलले, 'नम्रहरूले पृथ्वीको अधिकार पाउनेछन्' (मत्ती ५:५) भनी भन्दा, यसको सम्बन्ध यस्तो विश्वस्ततासित छ जसले सदाचारी उदारताको प्रतिफल प्रकट गर्दछ । पृथ्वीमा अधिकार पाउनु स्वर्गीय इनामसँग सम्बन्धित छ । प्रायजसो, स्वर्गीय इनाम प्राप्त गर्नुको सम्बन्ध विश्वस्ततासँग रहेको छ । यदि तपाईंले चर्चबाट प्रशंसा पत्र, कुनै सम्मान, वा सुसमाचारीय कार्यको लागि पुरस्कार प्राप्त गर्नुहुन्छ भने, योचाहिँ तपाईंको विश्वस्तताको परिणाम हो ।

यसैगरी, नम्रहरूले आशिष् प्राप्त गर्नुहुनेछ, तर योचाहिँ केवल नम्र हृदयको कारणले गर्दा मात्र हुने होइन । जब त्यो नम्र हृदय सदाचार र उदार कार्यहरूका साथ प्रकट गरि

न्छ, तब उहाँहरूले विश्वस्तताको फल फलाउनु हुनेछ । अनि उहाँहरूले त्यसको नतिजा स्वरूप इनाम प्राप्त गर्नुहुनेछ । अर्थात्, जब तपाईं उदारताका साथ धेरै आत्माहरूलाई स्वीकार गर्नुहुन्छ र अँगाल्नु हुन्छ, तिनीहरूलाई सन्त्वना, अनि प्रोत्साहन र जीवन दिनु हुन्छ, तब यस्ता कार्यहरूद्वारा तपाईंले स्वर्गको भूमिमा अधिकार प्राप्त गर्नु हुनेछ ।

नम्रताको फल फलाउनका लागि

अब, हामी कसरी नम्रताको फल फलाउन सक्छौं ? निश्कर्षमा भन्नुपर्दा, हामीले हाम्रो हृदयलाई असल भूमिमा सम्वर्द्धन गर्नु पर्दछ ।

उहाँले तिनीहरूलाई दृष्टान्तमा धेरै कुरा भन्नुभयो । उहाँले भन्नुभयो, “एउटा बीउ छर्ने बीउ छर्न निस्क्यो । अनि यसरी छर्दा केही बीउ बाटोतिर परे, र चराचुरुङ्गीले आएर ती खाइदिए । केही बीउ ढुङ्गेनी जमीनमा परे, जहाँ धेरै माटो थिएन, र गहिरो माटो नभएकोले ती छिट्टै उम्रे । तर जब घाम लाग्यो ती ओइलाए, र जरा नभएकोले ती सुकिहाले । अरूहरूचाहिँ काँढाहरूका बीचमा परे, तर काँढाहरू बढेर आए र तिनलाई निसासिदिए । अरू बीउ असल जमीनमा परे, र कुनैले सय, कुनैले साठी, कुनैले तीस गुणा फल दिए” (मत्ती १३:३-८) ।

मत्ती को पुस्तक १३ अध्यायमा, हाम्रो हृदयलाई चार प्रकारका भूमिहरूसित तुलना गरिएको छ । यसलाई बाटोतिरको जमीन, ढुङ्गेनी जमीन, काँढा भएको जमीन र असल जमीनमा वर्गीकरण गरिएको छ ।

बाटोतिरको जमीन जस्तो हृदयको भूमिमा स्व-धार्मिकता र स्व-केन्द्रित संरचनाहरू

तोडिनु पर्दछ ।

बाटोतिरको जमीनमा मानिसहरू हिँड्दछन् अनि यो साह्रो हुन्छ, त्यसकारण यसमा बीउहरू रोप्न सकिन्न । यहाँ बीउे जरा गाड्न पाउँदैन र चराहरूले पनि बीउ खाइदिन्छन् । यस्ता हृदय भएकाहरूमा हठी मन हुन्छ । तिनीहरूले सत्यतालाई ग्रहण गर्न सक्दैनन्, त्यसकारणले गर्दा तिनीहरूले परमेश्वरलाई भेट्न वा विश्वास प्राप्त गर्न सक्दैनन् ।

तिनीहरूको ज्ञान र मूल्यमान्यता यति बलियोसित निर्माण भएका हुन्छन् जसले गर्दा तिनीहरूले परमेश्वरको वचन ग्रहण गर्न सक्दैनन् । तिनीहरू आफू सही छु भनी दृढतापूर्वक विश्वास गर्दछन् । स्व-धार्मिकता र संरचनाहरूलाई तोड्नका लागि तिनीहरूले पहिला आफ्नो हृदयमा रहेको दुष्टतालाई नष्ट गर्नुपर्दछ । यदि कसैले अहंकार, घमण्ड, हठ, र असत्यतालाई त्याग्दैन भने स्व-धार्मिकता र संरचनालाई तोड्न कठिन हुँदछ । त्यस्ता दुष्टताहरूले मानिसमा शारीरिक सोचाइहरू उत्पन्न गराउँदछ जसले परमेश्वरको वचनमा विश्वास गर्नबाट तिनीहरूलाई अवरोध पुऱ्याउँदछ ।

उदाहरणको लागि, आफ्नो मनमा असत्यता संचय गर्ने मानिसहरू, अरूले सत्य बोल्दा समेत पनि शंका नगरीकन रहन सक्दैनन् । रोमी ८:७ ले भन्दछ, “किनभने पापमय शरीरतिर लागेको मनचाहिँ परमेश्वरप्रति शत्रुता हो। परमेश्वरका व्यवस्थाको अधीनमा त्यो हुँदैन, नता त्यो कहिल्यै हुन सक्छ ।” यहाँ लेखिएझैं, तिनीहरूले परमेश्वरको वचनलाई ‘आमेन’ भन्न सक्दैनन् र आज्ञा पालन पनि गर्न सक्दैनन् ।

केही मानिसहरू शूरुमा अति नै हठी हुन्छन्, तर एक पटक उहाँहरूले अनुग्रह पाउनु भएर उहाँहरूका विचारहरू परिवर्तन भएपछि, उहाँहरू विश्वासमा धेरै उत्साही बन्नुहुन्छ । योचाहिँ बाहिरी मन कठोर तर भित्री हृदयचाहिँ कोमल र नम्र भएका हरूको उदाहरण हो । तर बाटोको छेउ जस्ता मानिसहरू यस्ता मानिसहरूभन्दा फरक हुँदछन् । तिनीहरूको भित्री हृदय पनि कठोर हुँदछन् । बाहिरबाट कठोर तर भित्रबाट कोमल हृदयलाई बरफको पातलो सतहसँग तुलना गर्न सकिन्छ, तर बाटो छेउको हृदयलाई चाहिँ पींधसम्मै बरफ जमेको पानीको पोखरीसँग तुलना गर्न सकिन्छ ।

किनभने बाटोछेउको भूमि जस्तो हृदय लामो समयसम्म दुष्टता र असत्यताले गर्दा कठोर भएको हुन्छ, यसलाई छोटो समयमै तोड्न सजिलो हुँदैन । यस्तो हृदयलाई सम्वर्द्धन गर्नको लागि मानिसले आफूलाई बारम्बार तोडिरहनु पर्दछ। परमेश्वरको वचन आफ्ना विचारहरूसित मेल नखाँदा, के आफ्ना विचारहरू वास्तवमै सही छन् त भनी तिनीहरूले सोच्नु पर्दछ । त्यस्तै, परमेश्वरबाट अनुग्रह प्राप्त गर्नका लागि तिनीहरूले भलाइका कार्यहरू संचय गर्नु पर्दछ ।

कहिलेकाहीँ केही मानिसहरू विश्वास प्राप्त गर्नका लागि मसँग प्रार्थना गरी माग्नुहुन्छ । निश्चय नै, परमेश्वरको शक्ति देखेर अनि परमेश्वरको वचन धेरै पटक सुनेर पनि विश्वास प्राप्त गर्नु नसक्नु दुःख लाग्दो कुरा हो, तरैपनि प्रयास नै नगर्नु भन्दा यति गर्नु पनि ठीकै हो । बाटो छेउको भूमि समान हृदय भएकाहरूको लागि, परिवारका सदस्यहरू र चर्चका अगुवाहरूले तिनीहरूका निम्ति प्रार्थना गरिदिनु पर्छ र तिनीहरूलाई अगुवाइ गर्नुपर्छ, तर त्यस्ता मानिसहरूले आफै परिश्रम गर्नु पनि अत्यावश्यक छ । अनि कुनै, समयमा वचनको बीउ तिनीहरूका हृदयमा अङ्कुरित हुन थाल्दछ ।

ढुङ्गेनी जमीन जस्तो हृदय भएकाहरूले संसारप्रतिको प्रेमलाई त्याग्नु पर्दछ

यदि तपाईंले ढुङ्गेनी जमीनमा बीउ छर्नु भयो भने, ती बीउहरू टुसाउँछन् तर ढुङ्गाहरूको कारणले राम्रोसित बढ्न सक्दैनन् । सोही प्रकारले, ढुङ्गेनी जमीन समान हृदय भएकाहरू परीक्षा, सतावट, वा प्रलोभन आउँदा चाँडै ढल्छन् ।

परमेश्वरको अनुग्रह प्राप्त गर्दा, साँच्चै परमेश्वरको वचनअनुसार जिउनलाई परिश्रम गर्ने चाहना आफूमा भएको तिनीहरूले अनुभव गर्दछन् । तिनीहरूले पवित्र आत्माको ज्वालामय कार्यहरू पनि अनुभव गर्न सक्छन् । यस्तो हुनुचाहिँ वचनको बीउ

तिनीहरूको हृदयमा परेर टुसा उर्मनु हो । तर यस्तो अनुग्रह प्राप्त गरिसकेपछि पनि, अर्को आइतबार चर्च जाने कि नजाने भनी तिनीहरूको सोचाइमा द्वन्द्व हुने गर्दछ । तिनीहरूले निश्चय नै पवित्र आत्मालाई अनुभव गरेका हुन्छन्, तर त्यो कतै भावनात्मक उत्तेजनाको मात्र पो थियो कि भनी तिनीहरू शंका गर्न शुरू गर्दछन् । शंका उत्पन्न गराउने विचारहरू तिनीहरूमा आउँछन्, र तिनीहरूले फेरि आफ्नो हृदयको ढो का बन्द गर्दछन् ।

कतिपयलाई चाहिँ आफूलाई मन पर्ने कुरा वा अन्य मनोरञ्जनहरू त्याग्न गाह्रो हुँदछ र तिनीहरूले प्रभुको दिन पालन गर्दैनन् । आत्माको भरिपूरीमा विश्वासी जीवन जिउने क्रममा यदि तिनीहरूले परिवारका सदस्यहरू वा कार्यलयको हाकिमबाट सतावट भोग्नु परेको खण्डमा तिनीहरू चर्च आउन छोड्छन् । तिनीहरूले धेरै अनुग्रह प्राप्त गर्छन् र केही समयका लागि तिनीहरूले जोशिलो विश्वासी जीवन जिएको जस्तो दे खिन्छ, तर चर्चमा अरू विश्वासीहरूसित तिनीहरूको केही समस्या हुँदा, तिनीहरूलाई चित्त दुख्न सक्छ र तिनीहरू चर्च आउन छोड्छन् ।

त्यसोभए, वचनको बीउले जरा हाल्न नसक्नुको कारण के हो त ? योचाहिँ हृदयमा रहेका 'ढुङ्गाहरू'का कारणले गर्दा हो । साङ्केतिक रूपमा 'ढुङ्गाहरू'ले हृदयको दुष्टतालाई जनाउँदछन्, र यस्ता असत्यताहरूले तिनीहरूलाई वचन पालना गर्ने क्रममा बाधा दिन्छन् । थुप्रै असत्यता पूर्ण कुराहरूमध्ये पनि, यी ढुङ्गाहरू त्यस्ता असत्यताहरू हुन् जो यति कठोर हुन्छन् कि तिनीहरूले वचनको बीउलाई जरा हाल्नबाट रोक्छन् । विशेषतगर ी यो हृदयको त्यस्तो पापमय स्वभाव हो जसले यस संसारलाई प्रेम गर्दछ ।

यदि तिनीहरूले सांसारिक मनोरञ्जनका कुराहरूलाई प्रेम गर्दछन् भने, "शबाथ पवित्र राख्नु" भन्ने वचन पालन गर्न तिनीहरूलाई गाह्रो हुँदछ । हृदयमा लोभको ढुङ्गा हुनेहरू चर्चमा आउँदैनन् किनभने परमेश्वरलाई दशाशं र भेटी दिनु तिनीहरूलाई मन पर्दैन । कतिपय मानिसहरूको हृदयमा घृणाका ढुङ्गाहरू हुन्छन्, त्यसैले प्रेमको वचनले तिनीहरूमा जरा हाल्न सक्दैन ।

राम्रोसित चर्चमा आउने मानिसहरूमध्ये पनि, कतिपयको हृदय ढुङ्गेनी जमीन जस्तै हुन्छ । उदाहरणको लागि, इसाई परिवारमै जन्मिएर हुर्किएका मानिसहरूले बाल्यकालदेखि नै वचन सिकेका हुन्छन् तर तिनीहरू वचनअनुसार जिउँदैनन् । तिनीहरूले पवित्र आत्मालाई अनुभव गरेका हुन्छन् र कहिलेकाहीँ अनुग्रह पनि पाएका हुन्छन्, तर तिनीहरूले संसारप्रतिको आफ्नो प्रेमलाई त्यागेका हुँदैनन् । वचन सुन्दा तिनीहरू अब सुध्रिनुपर्छ भनी सोच्दछन् तर घर गएपछि तिनीहरू फेरि संसारमा फर्कि जान्छन् । तिनीहरू एउटा खुट्टा परमेश्वरपट्टि र अर्को खुट्टा संसारपट्टि राखेर जीवन जिउँदछन् । वचन सुनेका कारण तिनीहरूले परमेश्वरलाई त्याग्दैनन्, तर तिनीहरूको हृदयमा धेरै ढुङ्गाहरू हुन्छन् जसले गर्दा परमेश्वरको वचनले जरा हाल्न पाउँदैन ।

साथै, केही ढुङ्गेनी जमीनहरू आशिंक रूपले मात्रै ढुङ्गेनी हुन्छन् । उदाहरणको लागि, केही मानिसहरू मन परिवर्तन नगरी विश्वासयोग्य भइरहन्छन् । तिनीहरूले केही फलपनि फलाउँछन् । तर तिनीहरूको हृदयमा घृणा हुँदछ र सबै मामलाहरूमा तिनीहरूको अरूहरूसित द्वन्द्व हुँदछ । तिनीहरूले न्याय गर्ने र दोष लगाउने पनि गर्दछन् यसरी सबै ठाउँहरूमा शान्ति भङ्ग गर्दछन् । यहि कारणले गर्दा, धेरै वर्षपछि पनि तिनीहरूले प्रेमको फल र नम्रताको फल फलाएका हुँदैनन् । कतिपय मानिसहरूसित चाहिँ नम्र र असल हृदय हुन्छ । तिनीहरू अरूप्रति विचारशील र अरूका कुरा बुझ्ने खालका हुन्छन् तर तिनीहरू विश्वासयोग्य हुँदैनन् । तिनीहरू सजिलैसित प्रतिज्ञाहरू भङ्ग गर्दछन् र धेरै पक्षहरूमा गैरजिम्मेवार हुन्छन् । त्यसैले, हृदयको भूमिलाई असल भूमिमा सम्वर्द्धन गर्न तिनीहरूले आफ्नो कमजोरीहरूलाई सुधार्नु पर्दछ ।

अब, ढुङ्गेनी जमीनलाई खनजोत गर्न हामीले के गर्नु पर्दछ त ?

सर्वप्रथम, हामीले परिश्रमपूर्वक वचनलाई पछ्याउनु पर्दछ । विश्वासोग्य हुनु पर्छ भन्ने वचन आज्ञापालन गर्नलाई कुनै विश्वासीले आफ्नो जिम्मेवारीहरू पूरा गर्न प्रयत्न

गर्नु हुन्छ। तर त्यो उहाँले सोचे जस्तो सजिलो हुँदैन।

उहाँ कुनै ओहदा वा पद विना चर्चको साधारण सदस्य मात्रै हुनुहुँदा अन्य सदस्यहरूले उहाँको सेवा गर्नु हुन्थ्यो। तर अब कुनै पदमा पुगेपछि उहाँले अरू सदस्यहरूको सेवा गर्नु पर्ने हुन्छ। उहाँले प्रयत्न गरिरहनु भएको हुन सक्छ, तर काम गर्दा आफ्नो तरिकासित सहमत नहुने व्यक्तिप्रति उहाँमा वैमनस्यका भावनाहरू आउँदछन्। जस्तै अप्रसन्नता र क्रोधजस्ता खराब भावनाहरू उहाँको हृदयमा आउँदछन्। विस्तारै उहाँले आत्माको भरपूरी गुमाउनुहुन्छ, र उहाँले आफ्नो जिम्मेवारी त्याग्ने कुरा पनि सोच्नु हुन्छ।

यस्ता खराब भावनाहरू ती ढुङ्गाहरू हुन् जसलाई उहाँले आफ्नो हृदयको भूमिबाट हाउनु पर्दछ। यस्ता खराब भावनाहरू 'घृणा' नामक ठूलो ढुङ्गाबाट उत्पन्न भएका हुन्छन्। 'विश्वासयोग्य होऊ' भन्ने वचनलाई पालना गर्न कोशिश गर्दा, अब उहाँले 'घृणा' नामक ढुङ्गाको सामना गर्नु पर्ने हुन्छ। यो कुरा पत्ता लगेपछि, उहाँले 'घृणा' नाम ढुङ्गालाई प्रहार गरेर हटाउनु पर्दछ। तब मात्रै उहाँले प्रेम गर र शान्तिमा रहो भन्ने वचन पालना गर्न सक्नुहुन्छ। साथै, उहाँले आफ्नो जिम्मेवारी कठिन भएकोले त्यसलाई त्याग्ने होइन तर त्यसलाई अझ बढी दृढतापूर्वक अङ्गाल्नु पर्दछ र यसलाई बढी जोशका साथ पूरा गर्नु पर्दछ। यस प्रकारले ऊ नम्र सेवकमा परिवर्तन हुन सक्छ।

दोस्रो, हामीले परमेश्वरको वचन पालन गर्दा हार्दिकताका साथ प्रार्थना गर्नु पर्दछ। जब खेतमा पानी पर्दछ, तब त्यो चिसो र नरम बन्दछ। योचाहिँ ढुङ्गा हटाउनका लागि उपयुक्त समय हो। यसैगरी, जब हामी प्रार्थना गर्दछौं, हामी आत्माले भरिन्छौं, र हाम्रो हृद नरम बन्दछ। प्रार्थनाहरूद्वारा जब हामी पवित्र आत्माले भरिन्छौं, हामीले त्यो मौ कालाई गुमाउनु हुँदैन। हामीले चाँडै ढुङ्गाहरूलाई निकाली फ्याँक्नु पर्दछ। अर्थात्, हामीले पहिला पालन गर्न नसकेका कुराहरूलाई तुरुन्तै व्यवहारमा उतार्नु पर्दछ। हामीले यस्तो कार्य लगातार रूपमा गरिरहेमा, गहिराइमा रहेका ठूला ढुङ्गाहरू हल्लिनेछन् र बाहिर निक्लनेछन्। जब हामी परमेश्वरले माथिबाट दिनुभएको अनुग्रह र

सामर्थ्य अनि पवित्र आत्माको भरपूरी प्राप्त गर्दछौं, तब हामीले आफ्नो इच्छा शक्तिद्वारा त्याग्न नसकेका पाप र दुष्टतालाई त्याग्न सक्छौं ।

संसारको फिक्री र धन-सम्पत्तिको छलले गर्दा काँढे जमीनले फल फलाउँदैन

हामीले काँढे जमीनमा बीउ छरेकाछौं भने, ती बीउहरू टुसा पलाएर बढ्दछन् तर काँढाहरूको कारणले गर्दा तिनीहरूले कुनै फल फलाउन सक्दैनन् । यसैगरी, काँढे जमीन जस्तै हृदय भएकाहरूले दिइएको वचन विश्वास गरेर त्यसलाई पालन गर्न प्रयत्न गरेतापनि, वचनलाई पूर्ण रूपले व्यवहारमा उतार्न सक्दैनन् । योचाहिँ तिनीहरूमा यस संसारको फिक्री, र धन-सम्पत्तिको छल अर्थात् पैसा, प्रतिष्ठा र शक्तिप्रतिको लोभ भएको कारणले गर्दा हो । यसकारणले गर्दा तिनीहरू पीडा र परीक्षाहरूमा जिउँदछन् ।

यस्ता मानिसहरू चर्चमा आएतापनि तिनीहरूमा घरधन्दा, व्यापार वा भोलिको काम जस्ता शारीरिक कुराहरूको बारेमा निरन्तर फिक्री हुँदछ । चर्चको सेवामा उपस्थित हुँदा तिनीहरूले सान्त्वना र नयाँ सामर्थ्य पाउनुपर्ने हो, तर तिनीहरूमा केवल बढ्दो चिन्ता र फिक्री मात्र हुँदछ । तिनीहरूले धेरै विश्राम दिनहरू चर्चमा बिताएतापनि, विश्राम दिनलाई पवित्र राख्दा प्राप्त हुने साँचो आनन्द र शान्ति तिनीहरूले महसूस गर्न सकेका हुँदैनन् । यदि तिनीहरूले साँचो रूपमा विश्राम दिनलाई पवित्र राखेका भए तिनीहरूको प्राणको उन्नति हुने थियो र तिनीहरूले आत्मिक र भौतिक आशिष्हरू प्राप्त गर्ने थिए । तर, तिनीहरू यस्ता प्रकारका आशिष्हरू प्राप्त गर्न सकेका हुँदैनन् । त्यसैले, तिनीहरूले असल भूमि जस्तो हृदय प्राप्त गर्नका लागि काँढाहरू हटाउनु पर्दछ र ठीकसित परमेश्वरको वचन आज्ञा पालन गर्नु पर्दछ ।

अब, हामीले काँढे जमीनलाई कसरी खनजोत गर्न सक्छौं ?

हामीले काँढाहरूलाई जरैदेखि उखेल्नु पर्दछ । काँढाहरूले शारीरिक सोचाइहरूलाई जनाउँदछन् । तिनीहरूका जराहरूले हृदयभित्रको दुष्टता र पापमय स्वभावलाई जनाउँदछन् । अर्थात्, हृदयमा रहेको दुष्टता र पापमय स्वभाव नै शारीरिक सोचाइहरूका स्रोत हुन् । यदि हामीले काँढाको झ्याङ्गका हाँगाहरू मात्रै काट्यौं भने ती फेरि बढेर आउँछन् । यसैगरी, शारीरिक सोचाइहरूलाई आउन नदिन हामीले निर्णय गरेतापनि, हाम्रो हृदयमा दुष्टता रहेसम्म हामी यसलाई रोक्न सक्दैनौं । हामीले हृदयभित्रका शरीरका कुराहरूलाई जरैदेखि निकाल्नु पर्दछ ।

धेरै जराहरूमध्ये, यदि हामीले लोभ र घमण्ड नामको जरालाई उखेल्यौं भने, हामीले आफ्नो हृदयबाट शारीरिक कुराहरूलाई उल्लेखनीय मात्रामा फाल्न सक्छौं । हामीमा शारीरिक कुराहरूप्रतिको मोह भएको कारणले गर्दा हामी संसारको बन्धनमा पर्ने र हामीले शारीरिक कुराहरूका बारेमा चिन्ता गर्ने सम्भावना रहन्छ । अनि हामी परमेश्वरको वचनअनुसार जिइरहेका छौं भनी भनेतापनि, हामीले सधैं आफ्नो भलाइ मात्र सोच्दछौं र आफ्नै मार्गलाई पछ्याइरहेका हुन्छौं । साथै यदि हामीमा घमण्ड छ भने हामी पूर्ण रूपले आज्ञा पालन पनि गर्न सक्दैनौं । हामीले शारीरिक बुद्धि र आफ्ना शारीरिक सोचाइहरूलाई प्रयोग गर्ने कारणले गर्दा हामी केही कुरा गर्न सक्षम छौं भनी हामी सोच्दछौं । त्यसकारण, पहिला हामीले लोभ र घमण्ड नामको जरालाई उखेल्नु पर्दछ ।

असल भूमि सम्वर्द्धन गर्नुहोस्

असल भूमिमा बीउ छरेपछि, ती बीउहरूको टुसा पलाउँदछ अनि तिनीहरू ३०, ६०, वा १०० गुणा बढी फल फलाउनका लागि बढ्दछन् । बाटोछेउको जमीन जस्तै हृदयभएकाहरूमा हुने स्व-धार्मिकता र संरचनाहरू यस्तो प्रकारको हृदयको भूमि हुनेहरूमा हुँदैन । तिनीहरूमा कुनै पनि काँढा वा ढुङ्गा हुँदैन र त्यसैले तिनीहरूले परमेश्वरको वचनलाई 'हो' र 'आमिन' भनेर पालन गर्दछन् । यस प्रकारले तिनीहरूले प्रशस्त

फलहरू फलाउँदछन् ।

निश्चय नै, कुनै नापद्वारा जाँचेकोझैं गरी मानिसको हृदयलाई बाटो छेउको जमीन, ढुङ्गेनी जमीन, काँढे जमीन र असल जमीनको रूपमा स्पष्टतः वर्गीकरण गर्न कठिन हुन्छ । बाटो छेउको जमीन जस्तो हृदयमा केही ढुङ्गेनी जमीन पनि पर्न सक्छ । हुर्कने क्रममा असल जमीनमा पनि ढुङ्गाहरू जस्ता केही असत्यताहरू भरण भएका हुन सक्दछन् । तर जस्तो सुकै प्रकारको भूमि भएतापनि, यदि हामी परिश्रमपूर्वक यसलाई खनजोत गर्दछौं भने हामी त्यसलाई असल भूमि बनाउन सक्छौं । यसैगरी, हामीमा कस्तो प्रकारको हृदयको भूमि छ भन्दा पनि हामी कति परिश्रमपूर्वक यसलाई खनजोत गरिरहेका छौं भन्ने कुरा महत्वपूर्ण हुन्छ ।

यदि किसानले परिश्रमपूर्वक खनजोत गर्ने हो भने, अति नै रूखो र बाँझो जमीन पनि मलिलो माटो भएको जमीनको रूपमा सम्वर्द्धन हुनसक्छ । त्यसैगरी, मानिसको हृदयको भूमि परमेश्वरको शक्तिद्वारा परिवर्तन हुन सक्छ । बाटो छेउको जमीन जस्तै अति कठोर हृदय पनि पवित्र आत्माको सहायताद्वारा खनजोत गर्न सकिन्छ ।

निश्चय नै, पवित्र आत्मा प्राप्त गर्दैमा हाम्रो हृदय स्वतः परिवर्तन हुँदैन । हामी आफैले पनि परिश्रम गर्नु पर्दछ । हामीले हार्दिकतापूर्वक प्रार्थना गर्न, सबै कुराहरू केवल सत्यतामा मात्र सोच्न, र सत्यतामा चल्न कोशिश गर्नु पर्दछ । केही हप्ता वा केही महिना कोशिश गरेर हामीले छोड्नु हुँदैन, तर निरन्तर प्रयास गरिरहनु पर्दछ ।

परमेश्वरले हामीलाई उहाँको अनुग्रह र शक्ति अनि पवित्र आत्माको सहायता दिनुभन्दा अघि हाम्रो प्रयासलाई विचार गर्नुहुन्छ । यदि हामीले परिवर्तन गर्नु पर्ने कुर ालाई ध्यानमा राखेर त्यस्ता स्वभावहरूलाई परमेश्वरको अनुग्रह र शक्ति अनि पवित्र आत्माको सहायताद्वारा साँच्चै परिवर्तन गर्दछौं भने हामी निश्चय नै एक वर्षपछि धेरै फरक हुनेछौं । सत्यतालाई पछ्याएर हामी असल कुरा बोल्नेछौं, हाम्रा विचारहरू सत्यताले भरिएका विचारहरूमा परिवर्तन हुनेछन् ।

हामीले हाम्रो हृदयलाई जति मात्रामा असल भूमिमा सम्वर्द्धन गर्छौं, त्यति नै मात्रामा हामीमा पवित्र आत्माका अन्य फलहरू फल्नेछन् । विशेषगरी, हाम्रो हृदय-

भूमिको सम्वर्द्धनसित नम्रताको घनिष्ठ सम्बन्ध छ । रीस, घृणा, ईर्ष्या, लोभ, झगडा, शेखी, र स्व-धार्मिकता जस्ता सबै प्रकारका असत्यताहरूलाई बाहिर नफालेसम्म हामीमा नम्रता हुन सक्दैन । तब, अरू आत्माहरूले हामीमा विश्राम पाउन सक्दैनन् ।

यस कारणले गर्दा पवित्र आत्माका अन्य फलहरूको तुलनामा पवित्रतासँग नम्रताको प्रत्यक्ष सम्बन्ध छ । यदि हामी आत्मिक नम्रता सम्वर्द्धन गर्दछौं भने, असल जमीनले फल फलाएझैं हामीले पनि प्रार्थनामा मागेका जुनसुकै कुराहरू पनि शीघ्र प्राप्त गर्न सक्छौं । हामीले स्पष्टसित पवित्र आत्माको स्वर सुन्न सक्नेछौं, जसले गर्दा हामी सबै कुराहरूमा समृद्धिको मार्गमा डोऱ्याइन सक्छौं ।

नम्रहरूले पाउने आशिष्हरू

सयौंको संख्यामा कामदारहरू भएको कम्पनीलाई संचालन गर्नु सजिलो छैन । चुनावद्धारा तपाईं कुनै समूहको नेता वा अगुवा बन्नुभएतापनि, सम्पूर्ण समूहलाई नै अगुवाइ गर्नु सजिलो छैन । धेरै मानिसहरूलाई एकतामा ल्याएर तिनीहरूलाई अगुवाइ गर्नका लागि, आत्मिक नम्रताद्धारा मानिसहरूको हृदयलाई जित्न सक्नु पर्दछ ।

निश्चय नै, मानिसहरूले शक्तिशाली व्यक्तिहरू, वा यस संसारमा खाँचोमा परेकाहरूलाई सहायता गर्ने धनी व्यक्तिहरूलाई पछ्याउन सक्छन् । एउटा यस्तो कोरियन भनाइ छ, "कुनै मन्त्रीको कुकुर मर्दा त्यहाँ शोक गर्नेहरूको भीँड हुँदछ, तर स्वयम् मन्त्री मर्दाचाहिँ शोक गर्ने कोही हुँदैन ।" यस भनाइमा भनिएझैं, कुनै व्यक्तिले उसको शक्ति र धन सम्पत्ति गुमाएपछि उसमा साँच्चै उदारताको गुण थियो कि थिएन भनी हामी थाहा पाउन सक्छौं । धनी र शक्तिशाली व्यक्तिलाई धेरै मानिसहरूले पछ्याएको जस्तो देखिन्छ, तर त्यस व्यक्तिले आफ्नो सबै धन र शक्ति गुमाएको खण्डमा ऊसित अन्त्यसम्मै रहने मानिस भेट्टाउन गाह्रो हुँदछ ।

तर सदाचार र उदारता भएको व्यक्तिले आफ्नो शक्ति र धन गुमाएतापनि धेरै

मानिसहरूले उहाँलाई पछ्याइ नै रहन्छन् । तिनीहरूले उहाँलाई आर्थिक फाइदाको लागि नभई उहाँमा विश्राम पाउनको लागि पछ्याएका हुन्छन् ।

चर्चमा पनि केही अगुवाहरूले सानो झुण्डमा रहेका थोरै सदस्यहरूलाई समेत स्वीकार गर्न र अँगाल्न नसक्दा आफूलाई कठिनाइ भएको कुरा बताउनुहुन्छ । यदि उहाँहरू आफ्नो झुण्डमा जागृति ल्याउन चाहनु हुन्छ भने, सर्वप्रथम उहाँहरूले आफूमा कपास जस्तै नरम हुने नम्रताको हृदय सम्वर्द्धन गर्नु पर्दछ । तब, सदस्यहरूले आफ्ना अगुवाहरूमा विश्राम पाउनु हुनेछ, शान्ति र खुशी अनुभव गर्नुहुनेछ, जसले गर्दा जागृति स्वतः आउनेछ । पास्टर र सेवकसेविकाहरू धेरै नम्र हुनुपर्दछ र धेरै आत्माहरूलाई ग्रहण गर्न सक्नुपर्दछ ।

नम्रहरूले आशिष् प्राप्त गर्नुहुनेछ । मत्ती ५:५ ले भन्दछ, “धन्य नम्रहरू, किनभने तिनीहरूले पृथ्वीको अधिकार पाउनेछन् ।” अघि उल्लेख गरिएझैं, पृथ्वीमा अधिकार प्राप्त गर्नु भन्नुको अर्थ हामीले यस संसारमा जमीन प्राप्त गर्नेछौं भन्ने होइन । यसको अर्थ यो हो कि हामीले आफ्नो हृदयमा जति आत्मिक नम्रता सम्वर्द्धन गरेका हुन्छौं सोही अनुरूप हामी स्वर्गमा भूमि प्राप्त गर्नेछौं । हामीले स्वर्गमा ठूलो घर प्राप्त गर्नेछौं जहाँ हामीमा विश्राम पाउने सबै आत्माहरूलाई हामीले निम्त्याउन सक्छौं ।

स्वर्गमा यस्तो विशाल निवासस्थान प्राप्त गर्नुको अर्थ यो पनि हो कि, हामी निकै सम्मानजनक स्थानमा हुनेछौं । यस पृथ्वीमा हामीसित जति धेरै जमीन भएतापनि हामी त्यसलाई स्वर्गमा लैजान सक्दैनौं । तर नम्र हृदय सम्वर्द्धन गरेर हामीले स्वर्गमा प्राप्त गरेको जमीन हाम्रो उत्तराधिकार हुनेछ जुन कहिल्यै पनि हराउने छैन । प्रभु र आफ्ना प्रियजनहरूका साथमा हामी आफ्नो निवासस्थानमा अनन्तकालसम्म खुशी अनुभव गर्नेछौं ।

त्यसकारण, तपाईंहरूले परिश्रमपूर्वक आफ्नो हृदय खनजोत गरी नम्रताको सुन्दर फल फलाउनु भएर स्वर्गीय राज्यमा मोशालेझैं धेरै जमीन उत्तराधिकारको रूपमा प्राप्त गर्नुहुनेछ भनी म आशा गर्दछु ।

१ कोरिन्थी ९:२५

"खेलमा भाग लिने खेलाडी सबै थोकमा आत्मसंयमी हुनुपर्छ। तिनीहरू नष्ट भएर जाने मुकुट पाउनलाई यसो गर्दछन्, तर हामीचाहिँ अविनाशी मुकुट पाउनलाई यसो गर्दछौं।"

अध्याय १०

संयम

जीवनका सबै पक्षहरूमा संयमको आवश्यकता हुँदछ
संयम, परमेश्वरका सन्तानहरूको निम्ति आधारभूत कुरा हो
संयमले पवित्र आत्माका फलहरूलाई सिद्ध तुल्याउँदछ
संयमको फल फलेका प्रमाणहरू
यदि तपाईं संयमको फल फलाउन चाहनु हुन्छ भने

संयम

म्याराथन ४२.१९५ कि.मी (२६ माइल र ३८५ गज) दूरी भएको दौड हो । धावकहरूले समापन रेखासम्म पुग्नका लागि आफ्नो गतिलाई ठीकसित व्यवस्थित गर्नु पर्दछ । यो छिटै सकिने छोटो दूरीको दौड नभएकोले उहाँहरू अन्धाधुन्धमा तीव्र गतिमा दौड्नु हुँदैन । उहाँहरूले पूरै अवधिभरि नै आफ्नो गतिलाई स्थिर राख्नुपर्दछ, र उपयुक्त विन्दुमा पुगेपछि, वेगसित दौडिनु पर्दछ ।

यही सिद्धान्त हाम्रो जीवनमा पनि लागू हुन्छ । हामी हाम्रो विश्वासको दौडमा अन्त्यसम्म नपुगुञ्जेल दृढतापूर्वक विश्वासयोग्य हुनुपर्दछ र विजयी हुनका लागि आफै विरुद्धको संघर्षलाई जित्नु पर्दछ । थपअझ, स्वर्गीय राज्यमा महिमामय मुकुट प्राप्त गर्न चाहनु हुनेहरूले, सबै कुराहरूमा संयम अपनाउनु पर्दछ ।

जीवनका सबै पक्षहरूमा संयमको आवश्यकता हुँदछ

यस संसारमा हामी देख्दछौं कि संयम नभएकाहरूले आफ्नो जीवनलाई कठिन बनाउँदछन् र आफ्नै लागि कठिनाइहरू खडा गर्दछन् । उदाहरणको लागि, यदि आमाबुवाहरूले आफ्नो छोरालाई एक्लो सन्तान भएको कारण उसलाई बढी माया दिनुहुन्छ भने त्यो बच्चा बिग्रन सक्छ । त्यस्तै, आफ्नो परिवारको हेरचाह गर्नु पर्छ भनी थाहा भएतापनि जुवातास वा अन्य प्रकारका मनोरञ्जनको लत बसेकाहरूले आफूलाई नियन्त्रण गर्न नसकेर परिवार बिगार्दछन् । "यो अन्तिम पल्ट हो । म अब फेरि यस्तो गर्नेछैन," भनी तिनीहरू भन्दछन् तर त्यो 'अन्तिम पल्ट' पटक पटक दोहोरिरहन्छ ।

प्रख्यात चिनियाँ ऐतिहासिक उपन्यास तीन राज्यको कथा मा, जाङ्ग फेइमा माया र बहादुरी भएतापनि तिनी छिटै रिसाउने र आक्रामक स्वभावका थिए । तिनले कुनै पनि बेला गल्ती गर्न सक्छन् भनेर तिनीसित भाइचाराको सपथ लिएका ल्यू बेइ र गुआन यू सधैं चिन्तित् रहन्थे । जाङ्ग फेइले धेरै सुझाव पाएता थिए, तिनले आफ्नो स्वभावलाई

परिवर्तन गर्न सकेनन् । अन्ततः आफ्नो क्रोधको कारण तिनी समस्यामा परे । आफूले भनेजस्तो नगर्ने दुइजाना सैनिकहरूलाई तिनले पिटे र कोर्रा लगाए, र आफूमाथि अन्याय भएको ठानेर ती दुइजानाले बदला लिनको लागि तिनको हत्या गरिदिए र आफै लाई शत्रुको शिविरमा समर्पण गरे ।

त्यसैगरी, आफ्नो क्रोधलाई नियन्त्रण गर्न नसक्नेहरूले घर र कार्यक्षेत्रमा धेरै मानिसहरूको भावनालाई चोट पुऱ्याउँदछन् । तिनीहरू सजिलैसित अफू र अरूबीच शत्रुता कमाउँदछन् र त्यसैले गर्दा तिनीहरूको जीवनमा उन्नति हुँदैन । तर बुद्धिमानहरूले सबै दोष आफूमा नै लिन्छन् र रीसलाई उत्तेजित पार्ने परिस्थितिमा पनि अरूलाई सहन्छन् । अरूले ठूलै भूल गरेतापनि तिनीहरूले आफ्नो रीसलाई नियन्त्रण गर्दछन् र सान्तवनाको वचनद्वारा अरूको हृदयलाई पगाल्छन् । यस्ता कार्यहरू बुद्धिमानी कार्यहरू हुन् जसले धेरै मानिसहरूको हृदय जित्नेछ र त्यस्ता व्यक्तिहरूको जीवन समृद्ध बन्नेछ ।

संयम, परमेश्वरका सन्तानहरूको निम्ति आधारभूत कुरा हो

हामी परमेश्वरको छोराछोरीलाई पाप फाल्नको लागि आधारभूत रूपमा संयमको आवश्यकता पर्दछ । हामीमा संयम कम भएमा पाप फाल्ने कार्यमा हामीलाई धेरै कठिनाइ महसूस हुनेछ । परमेश्वरको वचन सुन्दा र उहाँको अनुग्रह पाउँदा, हामी आफूलाई परिवर्तन गर्ने निर्णय गर्दछौं, तर अझै पनि हामी सांसारिक कुराहरू प्रलो भनमा पर्न सक्छौं ।

हाम्रो ओठबाट निस्कने शब्दहरूमा हामी यो कुरा देख्न सक्छौं । धेरै मानिसहरूले आफ्नो ओठलाई पवित्र र सिद्ध बनाउनका लागि प्रार्थना गर्नुहुन्छ । तर दैनिक जीवनमा, आफूले प्रार्थना गरेका कुराहरूलाई उहाँहरू बिर्सनुहुन्छ, र पुरानै बानीलाई पछ्याएर मन लागे अनुसार बोल्नु हुन्छ । आफूले सोचेको र विश्वास गरेको कुराभन्दा विपरीत कुनै

कुरा भएको देख्दा उहाँहरूलाई त्यो बुझ्न कठिन लाग्दछ र चाँडै नै उहाँहरू गनगन र गुनासो गर्न थाल्नुहुन्छ ।

गुनासो गरेपछि उहाँहरूलाई पछुतो लाग्न सक्छ, तर आफ्ना भावनाहरू अत्तेजित हुँदा उहाँहरू आफैलाई नियन्त्रण गर्न सक्नु हुन्न । साथै, केही मानिसहरूलाई धेरै बोल्न मनपर्छ तर एक पटक बोल्न थालेपछि उहाँहरू आफूलाई रोक्न सक्नुहुन्न । उहाँहरू सत्य र असत्यका वचनहरू अनि बोल्न हुने र नहुने कुराहरूबीच फरक छुटचाउन सक्नुहुन्न, त्यसैले उहाँहरू धेरै गल्तीहरू गर्नु हुन्छ ।

हाम्रा बोलीवचनहरू नियन्त्रण गर्ने उदाहरणबाटै संयम कति महत्वपूर्ण छ भनी हामी बुझ्न सक्छौं ।

संयमले पवित्र आत्माका फलहरूलाई सिद्ध तुल्याउँदछ

तर पवित्र आत्माका फलहरूमध्येको एक, संयमको फलले साधरणतया पाप गर्नुबाट आफैलाई रोक्नुलाई मात्र जनाउँदैन । पवित्र आत्माका फलहरूमध्येको एक संयमले पवित्र आत्माका अन्य फलहरूलाई नियन्त्रण गर्दछ जसले गर्दा ती फलहरू सिद्ध बन्न सक्छन् । यसैकारणले गर्दा आत्माको पहिलो फल प्रेम र अन्तिमचाहिँ संयम हो । संयम अरू फलहरूभन्दा तुलनात्मक रूपले कम महत्वको जस्तो लागेतापनि, यो धेरै महत्वपूर्ण छ । स्थिरता, सु-व्यवस्था र निश्चितता कायम गर्नका लागि यसले सबै कुरहरूलाई नियन्त्रण गर्दछ । आत्माका अन्य सबै फलहरू संयमद्वारा सिद्ध हुने कारणले गर्दा यसलाई सबै फलहरूको अन्तमा उल्लेख गरिएको छ ।

उदाहरणको लागि, हामीमा आनन्दको फल भएतापनि, हामी जुनसुकै बेला र जतासुकै हाम्रो आनन्द व्यक्त गर्न सक्दैनौं । दाहसंस्कारको समयमा अन्य मानिसहरूले शोक गरिरहेको बेला, यदि तपाईंको मुहारमा ठूलो मुस्कान छ भने, अरूले तपाईंलाई के

भन्छन् ? आनन्दको फल फलाएको कारण तपाईं शालीन देखिनु भएको छ भनी मानिसहरूले भन्ने छैनन् । मुक्ति प्राप्त गर्दाको आनन्द धेरै भएतापनि, परिस्थिति अनुसार हामीले यसलाई नियन्त्रण गर्नु पर्दछ । यसरी हामीले यसलाई पवित्र आत्माको साँचो फल बनाउन सक्छौं ।

हामी परमेश्वरप्रति विश्वासीलो हुँदा पनि संयमी हुनु आवश्यक छ । विशेषगरी, यदि तपाईंका धेरै जिम्मेवारीहरू छन् भने प्रत्येकको निम्ति तपाईंले उपयुक्त तवरले आफ्नो समय छुटचाउनु पर्दछ जसले गर्दा तपाईं उपयुक्त समयमा सही स्थानमा पुग्न सक्नु हुन्छ । कुनै सभा अत्यन्तै अनुग्रहिपूर्ण भएतापनि त्यो समापन हुनु पर्ने समयमा नै त्यसलाई समापन गर्नु पर्दछ । त्यसैगरी, परमेश्वरको सम्पूर्ण घरानामा विश्वासयोग्य हुनको लागि हामीलाई संयमको फल चाहिन्छ ।

प्रेम, दया, भलाइ, इत्यादि जस्ता पवित्र आत्माका अन्य सबै फलहरूमा पनि यही कुरा लागू हुन्छ । हृदयमा उत्पन्न भएका फलहरूलाई कार्यमा प्रकट गर्दा, तिनलाई अझ उपयुक्त बनाउनका लागि हामीले पवित्र आत्माको अगुवाइ र स्वरलाई पछ्याउनु पर्दछ । कुन काम पहिला गर्ने र कुनचाहिँ पछि भनी हामीले कार्यहरूलाई समुचित तवर ले प्राथमिकता दिनसक्छौं । कुन अवस्थामा हामी अगाडि बढ्नु पर्छ वा पछि हट्नु पर्छ भन्ने कुरा हामी निर्धारण गर्न सक्छौं । संयमको यस्तो फलद्वारा हामी विभिन्न प्रकारका परिस्थितिहरू पहिचान गर्न सक्छौं ।

यदि कसैले पवित्र आत्माका सबै फलहरू पूर्ण रूपले फलाउनु भएको छ भने यसको मतलब उहाँले सबै कुरामा पवित्र आत्माका इच्छाहरू पछ्याइ रहनु भएको छ । पवित्र आत्माको इच्छाहरू पछ्याउन र सिद्धतामा कार्य गर्न हामीमा संयमको फल चाहिन्छ । यसकारण यो अन्तिम फल, संयमको फलले नै पवित्र आत्माका सबै फलहरूलाई पूर्ण गर्दछ भनी हामी भन्ने गर्दछौं ।

संयमको फल फलेका प्रमाणहरू

जब पवित्र आत्माका अन्य फलहरू हृदय भित्र फलेपछि बाहिर देखा पर्दछन्, तब संयमको फलले समन्वय र सुव्यवस्था कायम गर्ने मध्यस्थता केन्द्रको भूमिका निर्वाह गर्दछ । हामीले प्रभुमा केही राम्रो कुरा लिएतापनि, आफूले सक्ने जति सबै लिनु सधैं असल हुँदैन । हामीले कुनै कुरा बोल्दा थोरै बोल्नु भन्दा धेरै बोल्नु अझ बढी खराबी हो । आत्मामा पनि, हामीले पवित्र आत्माको इच्छालाई पछ्याउँदै सबै कुरा संयमी भएर गर्नुपर्दछ ।

संयमको फललाई कसरी विस्तृत रूपमा प्रकट गर्न सकिन्छ भनी अब मलाई व्याख्या गर्न दिनु होस् ।

सर्वप्रथम, हामी सबै कुराहरूमा क्रमिकता र मर्यादाक्रमलाई पछ्याउनेछौं ।

यदि हामीले श्रेणी वर्गीकरणमा आफ्नो स्थानलाई बुझेकाछौं भने, हामीले कहिले कार्य गर्ने अथवा नगर्ने र बोल्न हुने अनि नहुने कुराहरूका बारेमा बुझ्नेछौं । तब, त्यहाँ कुनै विवाद, झगडा, वा असमझदारी हुनेछैन । साथै, हामी कुनै पनि अनुचित कार्य वा आफ्नो सीमा नाघेर केही कुरा गर्नेछैनौं । उदाहरणको लागि, मानौं मिशन समूहको कुनै अगुवाले व्यवस्थापकलाई कुनै कामको जिम्मा दिनु भएको छ । यी व्यवस्थापक जोशले भरिपूर्ण हुनुहुन्छ र आफ्ना विचारहरू अझ राम्रा छन् भन्ने सोचेर कतिपय कुराहरूलाई परिवर्तन गरी उहाँले आफू खुशी काम गर्नुहुन्छ । यस्तो अवस्थामा, त्यति धेरै जोशका साथ काम गरेतापनि, संयमको अभावमा उहाँले कतिपय कुराहरू आफू खुशी परिवर्तन गर्नु भएर क्रमिकतालाई भङ्ग गर्नुभयो ।

अध्यक्ष, उपाध्यक्ष, व्यवस्थापक, सचिव, वा कोषाध्यक्ष जस्ता चर्चका विभिन्न मिशन समूहहरूका पदहरूको क्रमिकतालाई हामीले पछ्यायौं भने परमेश्वरले हामीलाई उच्च

मान्यता दिन सक्नुहुन्छ । हाम्रा अगुवाहरूको काम गर्ने तरिका हाम्रो भन्दा फरक हुन सक्छ । हाम्रो काम गर्ने तरिका अझ राम्रो जस्तो देखिएतापनि र हामीले धेरै फल फलाउने संभावना भएतापनि, यदि क्रमिकता र शान्ति भङ्ग भएको छ भने हामी असल फल फलाउन सक्दैनौं । शान्ति भङ्ग हुँदा सधैं शैतानले हस्तक्षेप गर्दछ, र परमेश्वरको काममा बाधा पुग्नेछ । कुनै कुरा पूर्ण रूपले असत्य नभएसम्म, हामीले सम्पूर्ण समूहको बारेमा विचार गर्नु पर्दछ, र सबै कुरा सुन्दर तवरले पूरा हुन सकोस् भन्ने हेतुले हामीले क्रमिकतालाई पछ्याएर आज्ञापालन गर्नुपर्छ र शान्ति कायम गर्नुपर्दछ ।

दोस्रो, हामीले कुनै असल काम गर्दा समेत त्यसको विषय वस्तु, समय र स्थानलाई हामीले ध्यानमा राख्नु पर्दछ ।

उदाहरणको लागि, स्वर उचालेर प्रार्थना गर्नु राम्रो हो, तर यदि तपाईं विवेक प्रयोग नगरी जुनसुकै ठाउँमा स्वर उचाल्नु हुन्छ भने, यसले परमेश्वरलाई महिमा दिँदैन । साथै, सुसमाचार प्रचार गर्दा वा आत्मिक अगुवाइ प्रदान गर्न सदस्यहरूलाई भेट्न जाँदा आफूले बोल्ने कुरामा तपाईं होशियार हुनु पर्दछ । तपाईंले केही गहिरा आत्मिक कुराहरू बुझ्नु भएतापनि, ती कुराहरू सबैलाई भन्नु ठीक हुँदैन । श्रोताको विश्वासको नापसँग अनुकूल नभएको कुनै कुरा तपाईंले भन्नु भएमा, त्यसले त्यो व्यक्तिलाई ठेस लाग्न सक्छ वा उसले त्यो कुराको न्याय गर्न र त्यसलाई दोष लगाउन सक्छ ।

कतिपय परिस्थितिहरूमा, कुनै व्यक्तिले अन्य कामहरूमा व्यस्त रहेका मानिसहरूलाई आफ्नो गवाही सुनाउन वा आफूले बुझेका आत्मिक कुराहरू बताउन सक्नुहुन्छ । विषय वस्तु साह्रै राम्रो भएतापनि, यदि त्यो कुरा उपयुक्त परिस्थितिमा भनिएको छैन भने उहाँले अरूमा सुधार ल्याउन सक्नुहुन्न । उहाँप्रति रूखो नहुनका लागि अरूले उहाँको कुरा सुने जस्तो गरेतापनि, ती मानिसहरू व्यस्त र अधीर हुनुभएको कारणले गर्दा, उहाँहरूले त्यो व्यक्तिको गवाहीलाई ध्यान दिएर सुन्नु भएको हुँदैन । मलाई अर्को उदाहरण बताउन दिनुहोस् । सम्पूर्ण प्यारिश वा कुनै समूहका

मानिसहरूले मसित परामर्श लिनका लागि भेट्नु हुँदा, यदि एक जना व्यक्तिले मात्रै आफ्ना गवाहीहरू भनी रहनुहुन्छ भने, त्यो सभामा के हुनेछ ? त्यो व्यक्ति अनुग्रह र आत्माले भरिनु भएकोले गर्दा उहाँले परमेश्वरलाई महिमा दिइरहनु भएको हुन्छ । तर यसको परिणाम स्वरूप, यो व्यक्तिले सम्पूर्ण समूहको लागि छुटचाइएको सबै समय आफैले प्रयोग गर्नु हुन्छ । योचाहिँ संयमको कमीले गर्दा हो । केही असल कुरा गर्दा पनि, तपाईंले सबै परिस्थितिहरूलाई विचार गर्नु पर्दछ र संयम अपनाउनु पर्दछ ।

तेस्रो, हामी अधीर हुने छैनौं वा हतार गर्ने छैनौं, तर शान्त भएर प्रत्येक परि स्थितिलाई ठीकसित पहिचान गर्नेछौं

संयमको अभाव हुनेहरू अधीर हुन्छन् र तिनीहरूले अरूका बारेमा विचार पुऱ्याउन सक्दैनन् । हतार गर्ने क्रममा, तिनीहरूमा दृष्टिगत गर्ने शक्तिको कमी हुँदछ, र तिनीहरूले केही महत्वपूर्ण कुराहरू छुटाउन सक्छन् । तिनीहरूले आतुरताका साथ अरूको न्याय गर्दछन् र दोष लगाउँदछन् जसले अरूमाझ असहजता ल्याउँदछ । अधीर हुनेहरूले अरूको कुरा सुन्दा वा जवाफ दिँदा, धेरै गल्तीहरू गर्दछन् । अरूहरू बोलिरहे को बेलामा हामीले अधीर बनी बीचमा हस्तक्षेप गर्नुहुँदैन । गलत निष्कर्षमा नपुग्नका लागि हामीले अन्त्यसम्मै ध्यान दिएर सुन्नुपर्दछ । थपअझ, यस प्रकारले हामी त्यो व्यक्तिको अभिप्रायलाई बुझ्न सक्छौं र सोही अनुरूप प्रतिक्रिया दिन सक्छौं ।

पवित्र आत्मा प्राप्त गर्नुभन्दा अगाडि पत्रुसमा अधीर र हक्की स्वभाव थियो । उहाँले येशूको अगाडि आफूलाई नियन्त्रण गर्न किनै प्रयत्न गर्नुहुन्थ्यो तर यसो गर्दा पनि कहिले काहीँ उहाँको स्वभाव प्रकट भइहाल्थ्यो । येशूले आफू क्रूसमा जानुभन्दा अगाडि पत्रुसले उहाँलाई इन्कार गर्नुहुनेछ भनी भन्नुहुँदा आफूले प्रभुलाई कहिल्यै इन्कार गर्नेछैन भनी पत्रुसले येशूको भनाइलाई तुरुन्तै खण्डन गर्नुभयो ।

यदि पत्रुसमा संयमको फल भएको भए, येशूसँग असहमत नभईकन, उहाँले सही प्रतिक्रिया दिन प्रयत्न गर्नु हुने थियो । येशू परमेश्वरको पुत्र हुनुहुन्छ र उहाँले कहिल्यै

पनि कुनै व्यर्थको कुरा बोल्नुहुन्न भनी उहाँलाई थाहा भएको भए, उहाँले येशूको वचनलाई आफ्नो मनमा राख्नु पर्ने थियो । त्यसो गर्नाले, त्यो घटना नहुनका लागि उहाँ होशियार रहन सक्नु हुन्थ्यो । हामीमा उचित प्रतिक्रिया दिने उपयुक्त विवेक संयमबाट आउँदछ ।

यहूदीहरूलाई आफूमा अभिमान थियो । परमेश्वरको व्यवस्था कडाइका साथ पालन गरेकोमा तिनीहरू घमण्ड गर्दथे । अनि त्यस समयका राजनीति र धार्मिक अगुवाहरूको रूपमा रहेका फरिसी र सदुकीहरूलाई येशूले हप्काउनु हुँदा, तिनीहरूले उहाँलाई मन पराएनन् । विशेषगरी येशूले उहाँ परमेश्वरको पुत्र हुनुहुन्छ भनी भन्नु हुँदा तिनीहरूले त्यसलाई ईश्वर निन्दा ठाने । त्यो समयमा छाप्रो वासको चाड नजीकै थियो । फसल कटनीको समयमा, तिनीहरूले प्रस्थानको समयलाई याद राख्न र परमेश्वरलाई धन्यवाद दिनका लागि छाप्राहरू बनाउने गर्दथे । यो चाड मनाउनका लागि मानिसहरू प्राय जसो यरूशलेम जाने गर्दथे ।

चाड नजीकै थियो तरैपनि येशू येरुशलेममा जानुभएको थिएन र यरूशलेममा गएर, चिन्ह देखाउन अनि मानिसहरूबाट समर्थन पाउनका लागि आफैलाई प्रकट गर्न उहाँका भाइहरूले उहाँलाई आग्रह गर्दै हुनुहुन्थ्यो (यूहन्ना ७:३-५) । उहाँहरूले भने, “जुन मानिसले ख्याति प्राप्त गर्न चाहन्छ, त्यसले गुप्तमा काम गर्दैन” (पद ४) । कुनै कुरा उचित जस्तो लागेतापनि यदि त्यो परमेश्वरको इच्छा अनुसार होइन भने त्यसको परमेश्वरसँग कुनै सम्बन्ध हुँदैन । येशूले चुपचाप आफ्नो समयलाई पर्खिरहनु भएको देख्दा उहाँका भाइहरूले समेत आफ्नै सोचाइ प्रयोग गरेर उहाँले गर्नु भएको कुरा सही होइन भनी सोचे ।

यदि येशूमा संयम नभएको भए, उहाँ आफैलाई प्रकट गर्नको लागि तुरुन्तै येरुशलेम जानुहुने थियो । तर उहाँ आफ्ना भाइहरूका कुराहरूद्वारा बहकिनु भएन । उहाँले केवल उपयुक्त समयको पर्खाइमा र परमेश्वरको प्रबन्ध प्रकटहुने प्रतीक्षामा हुनुहुन्थ्यो । अनि सबै भाइहरू यरूशलेम गइसकेपछि उहाँ पनि चुपचाप र गुप्तरूपमा यरूशलेम जानुभयो । कहिले जाने र कहिले बस्ने भन्ने जस्ता कुरा स्पष्टसित जानेर उहाँले परमे

श्वरको इच्छानुसार काम गर्नुभयो ।

यदि तपाईं संयमको फल फलाउन चाहनु हुन्छ भने

हामीले अरूसित कुराकानी गर्दा, धेरै चोटी तिनीहरूले बोल्ने कुरा र तिनीहरूका भित्री हृदय फरक हुँदछन् । केही मानिसहरूले आफ्नो गल्ती ढाकछोप गर्नका लागि अरूको दोष देखाउन कोशिश गर्दछन् । कसैले आफ्नो अभिलाषा पूरा गर्नका लागि केही वस्तु माग्दाखेरि तिनीहरू अरू कसैको खातिर मागिदिएको जस्तो गर्दछन् । तिनीहरूले परमेश्वरको इच्छा बुझ्नको लागि प्रश्न गरेको जस्तो देखिन्छ तर वास्तवमा, तिनीहरूले आफूले चाहेको उत्तर पाउन खोजिरहेका हुन्छन् । तर यदि तपाईं शान्त भएर तिनीहरूसित कुरा गर्नुहुन्छ भने, अन्ततः तिनीहरूको हृदयका कुराहरू प्रकट हुन्छन् ।

संयम भएका मानिसहरू अरूका कुराबाट सजिलै डगमगाउनु हुन्न । उहाँहरू शान्त भएर अरूको कुरा सुन्न सक्नुहुन्छ र पवित्र आत्माका कार्यहरूद्वारा सत्यतालाई चिन्न सक्नुहुन्छ । संयमका साथ उत्तर दिएको खण्डमा गलत निर्णयहरूबाट हुने थुप्रै गल्तीहरूलाई उहाँहरूले कम गर्न सक्नु हुन्छ । त्यती नै मात्रामा उहाँहरूको शब्दहरू अख्तियारपूर्ण र प्रभावकारी हुनेछन् जसले गर्दा उहाँहरूका शब्दहरूले अरूलाई बढी प्रभावित तुल्याउन सक्नेछन् । अब, हामीले कसरी संयमको यो महत्वपूर्ण फल फलाउन सक्छौं त ?

पहिलो, हामीमा अपरिवर्तनीय फदय हुनुपर्दछ

हामीले असत्यता वा धुर्त्याइँ विनाको सत्यतापूर्ण हृदय सम्वर्द्धन गर्नु पर्दछ । तब आफूले निर्णय गरेका कुरा पूरा गर्ने शक्ति हामीसित हुँदछ । निश्चय नै हामीले यस्तो

प्रकारको हृदय एकै रातमा सम्वर्द्धन गर्न सक्दैनौं । ससाना कुराहरूबाट शुरू गरेर हामीले आफ्नो हृदयलाई दृढ बनाई आफैलाई तालीम दिनु पर्दछ ।

एक जना गुरु र उहाँका केही शिष्यहरू हुनुहुन्थ्यो । एक दिन उहाँहरू बजार हिंड्दै हुनुहुन्थ्यो र बजारमा केही व्यापारीहरूले उहाँहरूलाई गलत रूपमा बुझेर उहाँहरूसित बहस गर्न थाले । ती शिष्यहरू क्रोधित भएर झगडा गर्न थाल्नुभयो तर ती गुरुचाहिँ शान्त हुनुहुन्थ्यो । उहाँहरू बजारबाट फर्कनु भएपछि, ती गुरुले आलमारीबाट चिट्ठीको पोको निकाल्नु भयो । त्यो चिट्ठीहरूमा कुनै पनि आधार विना नै उहाँको आलोचना गरि एको थियो र उहाँले ती चिट्ठीहरू आफ्ना शिष्यहरूलाई देखाउनु भयो ।

त्यसपछि उहाँले भन्नुभयो, “मलाई गलत रूपमा बुझ्नेहरूबाट म बच्न सक्दिनँ । तर मानिसहरूले मलाई गलत बुझ्ने कुराको निम्ति म फिक्री गर्दिनँ । मकहाँ आउने पहिलो अशुद्धताबाट म बच्न सक्दिनँ, तर दोस्रो अशुद्धता लिने मूर्खताबाट म बच्न सक्छु ।”

यहाँ, पहिलो अशुद्धताचाहिँ अन्य मानिसहरूको आलोचनाको विषय वस्तु बन्नु हो । दोस्रो अशुद्धताचाहिँ त्यस्तो निराधार कुराको कारण असजिलो महसूस गर्नु र विवाद अनि झगडामा सामेल हुनु हो ।

यदि हामीमा यो शिक्षकको जस्तो हृदय भएमा, हामी कुनै पनि परिस्थितिमा डगमगाउने छैनौं । तर उल्टो हामीले आफ्नो हृदयलाई सुरक्षित राख्न सक्नेछौं, र हाम्रो जीवनमा शान्ति हुनेछ । आफ्नो हृदयलाई वशमा राख्न सक्नेहरूले, सबै कुराहरूमा आफूलाई नियन्त्रण गर्न सक्नुहुन्छ । घृणा, ईर्ष्या, र डाह जस्ता सबै प्रकारका दुष्टताहरू हामी जति मात्रामा फाल्दछौं, त्यति नै मात्रामा परमेश्वरले हामीलाई भरोसा र प्रेम गर्नुहुन्छ ।

मेरा आमाबुबाले मलाई बाल्यकालमा सिकाउनु भएका कुराहरूले मेरो पास्टरीय से वकाइमा धेरै सहायता पुर्‍यायो । बालीचाली, हिंड्ने शैली, शिष्टाचार र आनिबानी ठीकसित सिकेको हुँदा, मैले आफ्नो हृदयलाई सुरक्षित राख्न र नियन्त्रण गर्न सिकें । हामीले एक पटक आफ्नो मनमा कुनै निर्णय गरेपछि त्यसलाई पूरा गर्नुपर्दछ र आफ्नो

फाइदा खोजेर त्यसलाई परिवर्तन गर्नु हुँदैन । यस्ता परिश्रमहरू सञ्चय गर्दै गएपछि हामीमा अन्ततः अपरिवर्तनीय हृदय हुनेछ र हामीले संयमको शक्ति प्राप्त गर्नेछौं ।

अर्को, हामीले पहिला आफ्ना विचारलाई मान्यता नदिईकन पवित्र आत्माका इच्छाहरूलाई सुन्नका लागि आफूलाई तालिम दिनु पर्दछ ।

हामीले जति मात्रामा परमेश्वरको वचन सिक्छौं त्यति नै पवित्र आत्माले त्यो सिकेको वचनद्वारा हामीलाई पवित्र आत्माको स्वर सुन्न दिनु हुन्छ । हामीलाई कुनै गलत आरोप लाग्दा पनि, पवित्र आत्माले हामीलाई क्षमा र प्रेम गर्न भन्नु हुन्छ । तब, हामी यसरी सोच्न सक्छौं, 'यो मानिसले जे गर्दैछ, यो गर्नका लागि ऊसित केही कारण हुन सक्छ । ऊसँग राम्ररी कुरा गरेर त्यो गलत बुझाइलाई हटाउन म प्रयास गर्नेछु ।' तर यदि हाम्रो हृदयमा धेरै असत्यता छन् भने, हामीले पहिला शैतानको स्वर सुन्नेछौं । "यदि मैले त्यसलाई त्यतिकै छोडिदिएँ भने, त्यसले मलाई हेप्नेछ । म त्यसलाई पाठ सिकाउने छु ।" हामीले पवित्र आत्माको स्वर सुनेतापनि, हामीले यसलाई गुमाउने छौं किनभने ठूलो परिमाणमा रहेका दुष्ट विचारहरूको तुलनामा यसको आवाज निकै कमजोर हुन्छ ।

त्यसकारण, हामीले परिश्रमी भएर आफ्नो हृदयमा रहेका असत्यताहरूलाई फाली हाम्रो हृदय भित्र परमेश्वरको वचन राख्यौं भने हामीले पवित्र आत्माको स्वर सुन्न सक्छौं । यदि हामीले आत्माको मधुरो स्वरलाई पनि सुनेर आज्ञा पालन गर्‍यौं भने हामीले पवित्र आत्माको स्वर अझ बढी मात्रामा सुन्न सक्नेछौं । हामीले महत्वपूर्ण र असल भनी सोचेका कुराहरू भन्दा पनि पहिला पवित्र आत्माको स्वर सुन्न प्रयत्न गर्नु पर्दछ । अनि, हामीले उहाँको स्वर सुनेर अगुवाइ प्राप्त गरे पछि, हामीले त्यसलाई आज्ञा पालन गर्नु पर्दछ र व्यवहारमा उतार्नु पर्दछ । हर समय पवित्र आत्माका इच्छाहरूलाई ध्यान दिएर आज्ञापालन गर्नका लागि हामीले आफूलाई तालिम दिँदा, हामीले पवित्र आत्माको

अत्यन्तै मधुरो स्वर पनि सुन्न सक्नेछौं । तब हामीले सबै कुरामा समन्वय राख्न सक्नेछौं ।

झट्ट हेर्दा, पवित्र आत्माका नौंवटै फलहरूमध्ये संयमको महत्व अलि कम जस्तो देखिन सक्छ । तरैपनि, यो विभिन्न फलहरूका सबै पक्षहरूमा आवश्यक छ । संयमले नै पवित्र आत्माका बाँकी आठवटा फलहरू : प्रेम, आनन्द, शान्ति, धैर्य, दया, भलाइ, विश्वस्तता र नम्रता लाई नियन्त्रण गर्दछ । थपअझ, सबै आठवटाफलहरू संयमको फलद्वारा मात्र पूर्ण हुन्छन्, र यस कारणले गर्दा संयमको फल सबै भन्दा महत्वपूर्ण छ ।

पवित्र आत्माका यी प्रत्येक फलहरू यस संसारका अति बहुमूल्य रत्नहरूभन्दा पनि अत्यन्तै बहुमूल्य र सुन्दर छन् । हामीले पवित्र आत्माका फलहरू फलाएका छौं भने, प्रार्थना मागेका सबै थोकहरू हामीले पाउनेछौं र सबै कुराहरूमा हाम्रो उन्नति हुनेछ । हामीले यस संसारमा ज्योतिको शक्ति र अख्तियारलाई प्रकट गरेर परमेश्वरको महिमालाई पनि प्रकट गर्न सक्छौं । म आशा गर्दछु कि तपाईंहरूले यस संसारका धन-सम्पत्तिहरू भन्दा पनि पवित्र आत्माका फलहरूको चाहना गर्नुहुनेछ र ती फलहरूलाई आफ्नो बनाउनु हुनेछ ।

गलाती ५:२२-२३

"तर पवित्र आत्माको फलचाहिँ

प्रेम, आनन्द, शान्ति, धैर्य, दया,

भलाइ, विश्वस्तता, नम्रता, संयम हुन् ।

यस्ता कुराहरूको विरुद्धमा कुनै व्यवस्था छैन ।"

अध्याय ११

यस्ता कुराहरूको विरुद्धमा कुनै व्यवस्था छैन

तपाईंहरू स्वतन्त्रताको लागि बोलाइनु भएको हो

आत्माको अगुवाइमा हिँड्नुहोस्

नौंवटा फलहरूमध्ये पहिलोचाहिँ प्रेम हो

यस्ता कुराहरूको विरुद्धमा कुनै व्यवस्था छैन

यस्ता कुराहरूको विरुद्धमा कुनै व्यवस्था छैन

प्रेरित पावल यहूदीहरूको पनि यहूदी हुनुहुन्थ्यो, र उहाँ इसाईहरूलाई पक्राउ गर्न दमस्कस जाँदै हुनुहुन्थ्यो । उहाँले बाटोमा प्रभुलाई भेट्नुभयो र पश्चात्ताप गर्नुभयो । उहाँले त्यो समयमा येशू ख्रीष्टमा विश्वास गर्दा प्राप्त हुने मुक्तिको सुसमाचारको सत्यतालाई बुझ्नु भएको थिएन, तर पवित्र आत्माको वरदान प्राप्त गर्नु भएपछि उहाँ पवित्र आत्माको अगुवाइमा अन्यजातिहरूलाई सुसमाचार सुनाउने प्रेरित बन्नुभयो ।

पवित्र आत्माका नौवटा फलहरूलाई गलातीको पुस्तक अध्याय ५ मा उल्लेख गरिएको छ, जुनचाहिँ उहाँले लेख्नु भएका पत्रहरूमध्ये एक हो । यदि हामीले त्यो बेलाका परिस्थितिहरूलाई बुझ्यौं भने, पावलले गलातीहरूलाई किन त्यो पत्र लेख्नु भयो र इसाईहरूका लागि आत्माका फलहरू फलाउनु कति महत्वपूर्ण छ भनी हामी बुझ्न सक्दछौं ।

तपाईंहरू स्वतन्त्रताको लागि बोलाइनु भएको हो

आफ्नो पहिलो मिशन यात्रामा पावल गलातीमा जानुभयो । सभाघरमा, उहाँले मोशाको व्यवस्था र खतनाको बारेमा सिकाउनु भएन तर केवल येशू ख्रीष्टको सुसमाचार प्रचार गर्नु भयो । उहाँका वचनहरू कार्यद्वारा प्रमाणित भएका थिए, र धेरै मानिसहरू मुक्तिमा आउनु भयो । गलातीको चर्चमा हुनुभएका विश्वासीहरूले पनि उहाँलाई यति प्रेम गर्नुहुन्थ्यो कि, सम्भव भए, उहाँहरूले आफ्नो आँखा समेत निकालेर पावललाई दिनुहुने थियो ।

पावलले आफ्नो पहिलो मिशन यात्रा पूरा गर्नु भएर एन्टिओखियामा फर्कनु भएपछि, चर्चमा समस्या खडा भयो । यहूदाबाट केही मानिसहरू आएर मुक्तिप्राप्त गर्नको लागि अन्यजातिहरूले खतना गर्नु पर्छ भनी सिकाए । पावल र बारनाबासको तिनीहरूसँग ठूलो विवाद र मतभेद भयो ।

यस मतभेदको फैसला गर्नका लागि भाइहरूले पावल, बारनाबास र केही अरूलाई, प्रेरितहरू र एल्डरहरूकहाँ यरूशलेममा जानलाई नियुक्त गर्नुभयो । दुवै एन्टिओखिया र

गलातीका चर्चहरूमा अन्य जातिहरूलाई सुसमाचार प्रचार गर्दा मोशाको व्यवस्थाबारे कुनै निष्कर्षमा पुग्नु उहाँहरूले आवश्यक ठान्नु भयो ।

प्रेरित अध्याय १५ ले यरूशलेमको परिषद्भन्दा अघि र पछिको परिस्थितिलाई चित्रण गरेको छ, र यसद्वारा त्यो समयमा परिस्थिति कति गम्भीर थियो भनी हामी अनुमान लगाउन सक्छौं । प्रेरितहरू, जो येशूका चेलाहरू हुनुहुन्थ्यो, उहाँहरूका साथमा एल्डरहरू र चर्चका प्रतिनिधिहरू भेला हुनुभयो र निकै बहस गर्नु भएर, अन्य जातिहरू मूर्तिहरूलाई बलि चढाएको थोक, रगत, गला अँठ्याएर मारेको पशुको मासु र व्यभिचारबाट अलग रहनुपर्छ भनी निष्कर्ष निकाल्नु भयो ।

उहाँहरूले एन्टिओखियामा परिषद्को निर्णय भएको औपचारिक पत्र पुऱ्याउनका लागि मानिसहरू पठाउनु भयो, किनभने एन्टिओखिया अन्यजातिहरूका लागि सुसमाचार प्रचार गरिने केन्द्रिय स्थान थियो । उहाँहरूले मोशाको व्यवस्था पालन गर्ने सम्बन्धमा अन्यजातिहरूलाई केही स्वतन्त्रता दिनुभयो, किनभने यहूदीहरू जस्तै व्यवस्था पालन गर्न अन्यजातिहरूलाई अत्यन्तै गाह्रो हुन सक्थ्यो । यसरी, जुनसुकै अन्यजातिले पनि येशू ख्रीष्टमा विश्वास गरी मुक्ति प्राप्त गर्न सक्नु हुन्छ ।

प्रेरित १५:२८-२९ ले भन्दछ, "किनभने पवित्र आत्मा र हामीहरूलाई यो उचित लाग्यो, कि यी आवश्यक कुराहरूबाहेक अरू बढी बोझ तपाईंहरूलाई बोकाउनुहुँदैन । तपाईंहरू मूर्तिहरूलाई बलि चढाएको थोक, रगत, गला अँठ्याएर मारेको पशुको मासु अलग्ग रहनुहोस् । यी कुराहरूबाट अलग्ग रहनुभयो भने असल हुनेछ । विदा ।"

यरूशलेम परिषद्को निर्णय चर्चहरूमा पठाइयो, तर सुसमाचारको सत्यता र क्रूसको मार्गबारे थाहा नपाएकाहरूले, चर्चहरूमा विश्वासीहरूले मोशाको व्यवस्था पालन गर्नुपर्दछ भनी सिकाइरहे । केही झूटा अगमवक्ताहरू पनि चर्चमा प्रवेश गरी व्यवस्था नसिकाएकोमा प्रेरित पावलको निन्दा गर्दै विश्वासीहरूलाई उक्साए ।

गलातीको चर्चमा यस्तो घटना घट्दा, प्रेरित पावलले आफ्नो पत्रमा इसाईहरूको साँचो स्वतन्त्रताको बारेमा व्याख्या गर्नुभयो । आफूले कडाइका साथ मोशाको व्यवस्था पालन गर्ने गरेको, तर प्रभुलाई भेटेपछि अन्यजातिहरूको प्रेरित बनेको कुरा उहाँले बताउनुभयो, र तिनीहरूलाई सुसमाचारको सत्यता सिकाउँदै उहाँले यसो भन्नुभयो,

"यति मात्र म तिमीहरूलाई सोध्न चाहन्छु, तिमीहरूले पवित्र आत्मालाई व्यवस्थाका कामहरूद्वारा पायौ, कि सुनेका वचनमा विश्वास गरेर ? के तिमीहरू यति मूर्ख छौ, कि आत्मामा शुरू गरेर शरीरमा शेष गर्दैछौ ? के यतिका दुःख तिमीहरूले व्यर्थमा भोग्यौ त ?- यदि यो साँच्चै व्यर्थमा भयो भनेता । जसले तिमीहरूलाई पवित्र आत्मा दिनुहुन्छ, र तिमीहरूका माझ आश्चर्यकर्महरू गर्नुहुन्छ, के यो सबै उहाँले व्यवस्थाका तिमीहरूका कामको कारणले गर्नुभएको हो, कि सुनेका वचनमा तिमीहरूले विश्वास गरेको कारणले हो ?" (गलाती ३:२-५)

येशू ख्रीष्टको बारेमा उहाँले सुनाउनु भएको सुसमाचार परमेश्वरले दिनु भएको प्रकाश भएको कारणले गर्दा सत्य छ, र सबैभन्दा महत्वपूर्ण कुरा हृदयको खतना भएको कारणले गर्दा अन्यजातिहरूले शरीरको खतना गर्नुपर्दैन भनी उहाँले दाबी गर्नुभयो । उहाँले तिनीहरूलाई शरीरका अभिलाषाहरू अनि पवित्र आत्माको इच्छाहरूका बारेमा र शरीरका कार्यहरू अनि पवित्र आत्माको फलहरूका बारेमा पनि सिकाउनुभयो । त्योचाहिँ तिनीहरूले सुसमाचारको सत्यताबाट प्राप्त गरेको स्वतन्त्रतालाई कसरी प्रयोग गर्नु पर्छ भनी तिनीहरूलाई बुझाउनको लागि थियो ।

आत्माको अगुवाइमा हिँड्नुहोस्

त्यसोभए, परमेश्वरले मोशाको व्यवस्था दिनुको कारण के थियो त ? किनभने मानिसहरू दुष्ट थिए र तिनीहरूले पापहरूलाई पाप भनी चिनेका थिएनन् । परमेश्वरले तिनीहरूलाई पापहरूका बारेमा जान्न दिनुभयो, र पापको समस्या समाधान गरेर परमेश्वरको धार्मिकतामा पुग्न दिनुभयो । तर व्यवस्थाका कार्यहरूद्वारा पापहरूका समस्याको पूर्ण समाधान हुँदैन, र यसकारणले गर्दा, परमेश्वरले येशू ख्रीष्टमा विश्वास गरेर मानिसहरूलाई परमेश्वरको धार्मिकतामा पुग्न दिनुभयो । गलाती ३:१३-१४ ले भन्दछ, "हाम्रा निम्ति सराप बनेर ख्रीष्टले हामीलाई व्यवस्थाको सरापबाट मोल तिरेर छुटाउनुभयो, किनकि 'काठमा झुण्डिने हरेक श्रापित हुन्छ' भन्ने लेखिएको छ । उहाँले

179

हामीलाई मोल तिरेर छुटाउनुभयो, ताकि अब्राहामलाई दिइएको आशिष् खीष्ट येशूद्वारा अन्यजातिहरूमा आओस्, र हामी विश्वासद्वारा प्रतिज्ञाका पवित्र आत्मा प्राप्त गर्न सकौं ।"

तर यसको मतलब व्यवस्था नै खारेज भएको भने होइन । येशूले मत्ती ५:१७ मा भन्नुभयो, "व्यवस्था अथवा अगमवक्ताहरूलाई रद्द गर्न म आएको भन्ने नसम्झ । म ती रद्द गर्न होइन, तर पूरा गर्न आएँ", र त्यसपछिको पद २० ले भन्दछ, "किनभने म तिमीहरूलाई भन्दछु, तिमीहरूको धार्मिकता शास्त्री र फरिसीहरूको भन्दा बढी भएन भने तिमीहरू कुनै रीतिले स्वर्गको राज्यमा प्रवेश गर्नेछैनौ ।"

प्रेरित पावलले गलातीको चर्चका विश्वासीहरूलाई भन्नुभयो, "मेरा साना बालक हो, खीष्ट तिमीहरूमा नबनिनुभएसम्म म फेरि प्रसवपीडामा छु" (गलाती ४:१९), र निष्कर्षमा उहाँले तिनीहरूलाई यसो भनेर सुझाव दिनुभयो, "भाइ हो, तिमीहरू त स्वतन्त्रताको निम्ति बोलाइएका हौ । केवल त्यस स्वतन्त्रतालाई पापमय स्वभावको निम्ति प्रयोग नगर । तर प्रेममा तिमीहरू एक अर्काको सेवक बन । किनभने समस्त व्यवस्था एउटै वचनमा पूरा भएको छ 'तैंले आफ्नो छिमेकीलाई आफूलाई आफूलाई झैं प्रेम गर् ।' तर तिमीहरू एउटाले अर्कालाई टोक्ने र निल्ने गर्छौ भनेता होशियार गर, तिमीहरू एक अर्काबाट नै खतम हुनु नपरोस्" (गलाती ५:१३-१५) ।

पवित्र आत्मा प्राप्त गरेका परमेश्वरका सन्तानहरू भएर, खीष्ट हामीमा नबनिनुभएसम्म प्रेमद्वारा एक अर्काको सेवा गर्न हामीले के गर्नु पर्दछ ? शरीरका अभिलाषाहरूलाई पूरा नगर्नका लागि हामी पवित्र आत्माद्वारा चल्नु पर्दछ । यदि हामीले उहाँको अगुवाइमा पवित्र आत्माको नौवटा फलहरू फलाउँछौं भने हामी आफ्ना छिमेकीहरूलाई प्रेम गर्न सक्छौं र हामीमा खीष्टको स्वरूप हुन्छ ।

येशू खीष्ट निर्दोष हुनु भएतापनि उहाँले व्यवस्थाको पाप बोक्नुभयो र क्रूसमा मर्नुभयो र उहाँद्वारा हामीले स्वतन्त्रता प्राप्त गर्दछौं । फेरि पापको दास नबन्नका लागि हामीहरूले पवित्र आत्माका फलहरू फलाउनु पर्दछ ।

यस स्वतन्त्रता पछि पनि यदि हामी फेरि पाप गर्दछौं र शरीरका कार्यहरू गरेर

प्रभुलाई फेरि क्रूसमा टाँग्छौं भने हामी परमेश्वरको राज्यमा प्रवेश गर्ने छैनौं । यसको विपरीत, यदि हामी आत्मा चलेर आत्माका फलहरू फलाउँछौं भने, परमेश्वरले हामीलाई सुरक्षा दिनुहुनेछ जसले गर्दा शत्रु शैतान र दियाबलसले हामीलाई कुनै हानि गर्ने छैन ।

"प्रिय हो, हाम्रो हृदयले हामीलाई दोष दिएन भने परमेश्वरको सामुन्ने हामीलाई साहस हुन्छ । हामी जे माग्छौं सो उहाँबाट पाउँछौं, किनभने हामी उहाँका आज्ञा पालन गर्छौं, र उहाँलाई मन पर्ने कामहरू गर्छौं । उहाँको आज्ञा यही हो कि हामीले उहाँका पुत्र येशू ख्रीष्टको नाउँमा विश्वास गर्नुपर्छ, र उहाँले हामीलाई आज्ञा दिनुभएबमोजिम एउटाले अर्कालाई प्रेम गर्नुपर्छ" (१ यूहन्ना ३:२१-२३) ।

"परमेश्वरबाट उत्पन्न भएको कसैले पनि पाप गरिरहँदैन, तर परमेश्वरका पुत्रले त्यसलाई सुरक्षित राख्नुहुन्छ, र दुष्टले त्यसलाई छुँदैन" (१ यूहन्ना ५:१८) ।

हामीमा आत्माको अगुवाइमा हिँड्ने विश्वास र प्रेमद्वारा कार्य गर्ने विश्वास भएको खण्डमा हामीले आत्माका फल फलाउन सक्छौं र इसाई भएर साँचो स्वतन्त्रता अनुभव गर्न सक्छौं ।

नौंवटा फलहरूमध्ये पहिलोचाहिँ प्रेम हो

आत्माका नौंवटा फलहरूमध्ये पहिलोचाहिँ प्रेम हो । १ कोरिन्थी १३ अध्यायमा उल्लेख गरिएको प्रेमचाहिँ आत्मिक प्रेम सम्वर्द्धन गर्ने प्रेम हो जबकि पवित्र आत्माको फलको रूपमा रहेको प्रेमचाहिँ उच्च तहको प्रेम हो ; यो सीमा रहित र अनन्तसम्म रहने प्रेम हो, जसले व्यवस्थालाई पूरा गर्दछ । यो परमेश्वर र येशू ख्रीष्टको प्रेम हो । यदि हामीमा यस्तो प्रकारको प्रेम छ भने, पवित्र आत्माको सहायताद्वारा हामी सम्पूर्ण रूपले आफैलाई

बलिदान गर्न सक्छौं ।

हामीले जति मात्रामा यस्तो प्रेम सम्वर्द्धन गर्दछौं त्यति नै मात्रामा आनन्दको फल फलाउन सक्छौं, जसले गर्दा हामी सबै परिस्थितिहरूमा आनन्दित र खुशी हुन सक्छौं । यसरी, कसैसँग पनि हाम्रो कुनै समस्या हुनेछैन, जसले गर्दा हामी शान्तिको फल फलाउन सक्छौं ।

हामीले परमेश्वरसित, आफैसित, र सबै जनासित शान्ति कायम गर्दा, स्वभाविक रूपमा नै धैर्यको फल फलाउनेछौं । हामीमा पूर्ण भलाइ र सत्यता भएको कारणले गर्दा कुनै पनि कुरालाई जबरजस्ती सहनु नपर्ने खालको धैर्य हामीमा भएको परमेश्वर चाहनु हुन्छ । यदि हामीमा साँचो प्रेम छ भने, असहज भावना विना नै हामी जस्तो सुकै प्रकार को व्यक्तिलाई पनि बुझ्न र स्वीकार गर्न सक्छौं । तसर्थ, हामीले क्षमा दिन वा हृदयमा सहिरहनु नै पर्दैन ।

जब हामी भलाइमा रहेर अरूसित धीरज धारण गर्छौं, तब हामीले दयाको फल फलाउनेछौं । यदि हामी भलाइमा रही आफूले बुझ्नै नसक्ने मानिसहरूलाई पनि धै र्यसाथ सहन्छौं भने हामी तिनीहरूलाई दया देखाउन सक्छौं । तिनीहरूले स्थापित मूल्यमान्यताका विरुद्धमा कार्यहरू गरेतापनि, हामीले तिनीहरूको धारणालाई बुझ्नेछौं र तिनीहरूलाई स्वीकार गर्नेछौं ।

दयाको फल फलाउनेहरूसँग भलाइ पनि हुन्छ । उहाँहरूले अरूलाई आफूभन्दा र ाम्रो ठान्नुहुन्छ र आफ्नो साथसाथै अरूको पनि इच्छा खोज्नुहुन्छ । उहाँहरू कसैसँग बहस गर्नुहुन्न र ठूलो स्वरले बोल्नु हुन्न । फुटेको निगालो नभाँच्नुहुने वा धिपधिप भएर निभ्न लागेको सलेदो जस्तो मानिसलाई पनि ननिभाउनुहुने प्रभुको जस्तो हृदय उहाँहरूमा हुन्छ । यदि तपाईं यस्तो प्रकारको भलाइको फल फलाउनु हुन्छ भने, तपाईंहरूले आफ्नै धारणाहरूमा जिद्दी गर्नु हुनेछैन । तपाईं केवल परमेश्वरको सम्पूर्ण घरानामा विश्वासयोग्य र नम्र बन्नुहुनेछ ।

नम्र व्यक्तिहरू कसैको निम्ति पनि ठेस लाग्ने ढुङ्गा बन्नुहुन्न, र उहाँहरू सबैसित शान्तिमा रहन सक्नुहुन्छ । उहाँहरूसँग उदार हृदय भएकोले गर्दा, उहाँहरू न्याय

गर्नुहुन्न वा दोष लगाउनु हुन्न तर उहाँहरूले केवल अरूलाई बुझ्नु हुनेछ र स्वीकार गर्नुहुनेछ ।

प्रेम, आनन्द, शान्ति, धैर्य, दया, भलाइ, विश्वस्तता र नम्रताका फलहरू सामञ्जस्यतामा फलाउनका लागि संयमको आवश्कता पर्दछ । परमेश्वरमा प्रशस्तता असल कुरा हो, तर परमेश्वरका सबै कार्यहरू क्रमिकता अनुसार पूरा हुनु पर्दछ । कुनै कुरा असलै भएतापनि, त्यो बढी नगर्नका लागि हामीलाई संयम चाहिन्छ । यसरी हामीले पवित्र आत्माको इच्छालाई पछ्याउँदा, परमेश्वरले सबै कुरा भलाइकै लागि गर्नुहुन्छ ।

यस्ता कुराहरूको विरुद्धमा कुनै व्यवस्था छैन

सल्लाहकार पवित्र आत्माले परमेश्वरका सन्तानहरूलाई साँच्चो स्वतन्त्रता र खुशी अनुभव गराउनका लागि सत्यतामा डोऱ्याउनु हुन्छ । साँचो स्वतन्त्रता भनेको पापहरूबाट र परमेश्वरको सेवा गर्न अनि खुशीयाली जीवन जिउन हामीलाई रोक्ने प्रयास गर्ने शैतानको शक्तिबाट मुक्त हुनु हो । योचाहिँ परमेश्वरसितको सङ्गतिबाट प्राप्त हुने खुशी पनि हो ।

रोमी ८:२ मा, “पाप र मृत्युको व्यवस्थाबाट मलाई जीवनका आत्माको व्यवस्थाले ख्रीष्ट येशूमा मुक्त पारेको छ,” भनी उल्लेख गरिएझैं येशू ख्रीष्टलाई आफ्नो हृदयमा विश्वास गरेर ज्योतिमा हिँड्दा मात्रै यो स्वतन्त्रता प्राप्त गर्न सकिन्छ । यो स्वतन्त्रता मानव सामर्थ्यद्वारा प्राप्त गर्न सकिँदैन । परमेश्वरको अनुग्रह विना यसलाई कहिल्यै पनि प्राप्त गर्न सकिँदैन, र हामीले हाम्रो विश्वासलाई कायम राखुञ्जेलसम्म यो आशिष्लाई उपभोग गर्न सक्नेछौं ।

यूहन्ना ८:३२ मा येशूले पनि भन्नुभएको छ, “.....तब तिमीहरूले सत्य के हो सो जान्नेछौ, र सत्यले तिमीहरूलाई स्वतन्त्र तुल्याउनेछ ।” स्वतन्त्रता भनेको सत्यता हो, र यो अपरिवर्तनीय छ । यो हाम्रो निम्ति जीवन बन्दछ र यसले हामीलाई अनन्त

जीवनतिर डोऱ्याउँदछ । यस नाशवान् र परिवर्तनशील संसारमा कुनै सत्यता छैन ; केवल परमेश्वरको अपरिवर्तनीय वचन मात्रै सत्यता हो । सत्यता जान्नको लागि परमेश्वरको वचन सिक्नुपर्दछ, यसलाई मनमा राख्नुपर्दछ, र व्यवहारमा उतार्नु पर्दछ ।

सत्यतामा चल्न सधैं सजिलो नहुन सक्छ । मानिसहरूले परमेश्वरलाई चिन्नुभन्दा अघि तिनीहरूले असत्यताहरू सिकेका हुन्छन् र यस्ता असत्यताहरूले तिनीहरूलाई सत्यता पछ्याउने क्रममा वाधा दिन्छन् । असत्यतालाई पछ्याउन चाहने शरीरको अभिलाषा र सत्यतालाई पछ्याउन चाहने पवित्र आत्माको इच्छा एक अर्काको विरुद्धमा हुन्छन् (गलाती ५:१७) । योचाहिँ सत्यको स्वतन्त्रता प्राप्त गर्नका लागि गरिने युद्ध हो । हाम्रो विश्वास बलियो भएर हामी कहिल्यै पनि नडगमगाउने विश्वासको चट्टानमा खडा नहुञ्जेलसम्म यो लडाइँ जारी रहन्छ ।

विश्वासको चट्टानमा खडा भएपछि, असल लडन्त लड्न सहज हुनेछ । सबै दुष्टताहरूलाई त्यागेर पवित्र भइसकेपछि हामीले अन्ततः सत्यको स्वतन्त्रता प्राप्त गर्नेछौं । त्यसपछि हामीले असल लडन्त लडिरहनु पर्नेछैन किनभने हर समय हामी सत्यतामा चलिरहेका हुन्छौं । यदि हामी उहाँको अगुवाइमा पवित्र आत्माका फलहरू फलाउँछौं भने सत्यको स्वतन्ता प्राप्त गर्न हामीलाई कसैले रोक्न सक्दैन ।

त्यसैकारण गलाती ५:१८ ले भन्दछ, " तर यदि तिमीहरू पवित्र आत्माद्वारा डोऱ्याइएका हौ भनेता तिमीहरू व्यवस्थाको अधीनमा हुँदैनौ," र त्यसपछिका पद २२-२३ ले पनि भन्दछन्, "तर पवित्र आत्माको फलचाहिँ प्रेम, आनन्द, शान्ति, धैर्य, दया, भलाइ, विश्वस्तता, नम्रता, संयम हुन् । यस्ता कुराहरूको विरुद्धमा कुनै व्यवस्था छैन ।"

पवित्र आत्माका नौवटा फलहरूको वचन आशिष्को ढोका खोल्ने साँचो जस्तै हो । तर हामीसँग साँचो हुँदैमा आशिष्का ढोकाहरू आफै खुल्दैनन् । हामीले साँचोलाई ताल्चामा राखेर खोल्नु पर्दछ, र परमेश्वरको वचनमा पनि यही कुरा लागू हुन्छ । हामीले वचन जति सुनेतापनि, त्यो पूर्ण रूपले हाम्रो भइसकेको हुँदैन । यसलाई व्यवहारमा उतारेपछि मात्र हामीले परमेश्वरको वचनमा रहेका आशिषहरू प्राप्त गर्न सक्छौं ।

मत्ती ७:२१ ले भन्दछ,"मलाई 'प्रभु, प्रभु' भन्ने सबै सवर्गको राज्यमा प्रवेश गर्नेछैनन्

। स्वर्गमा हुनुहुने मेरा पिताको इच्छा पालन गर्ने मानिसले मात्र परमेश्वरको राज्यमा प्रवेश गर्नेछ ।" याकूब १:२५ ले भन्दछ, "तर त्यो मानिस जसले स्वतन्त्रता दिने शुद्ध व्यवस्थालाई हेर्दछ र त्यसैमा लागिरहन्छ, अनि सुनेर बिर्सिहाल्ने होइन तर काम गर्ने पनि हुन्छ, त्यसले चाहिँ आफूले गरेको काममा आशिष् पाउनेछ ।"

परमेश्वरको प्रेम र आशिष्हरू प्राप्त गर्नका लागि, पवित्र आत्माका फलहरू के हुन् भनी थाहा पाउन, तिनलाई याद राख्न र परमेश्वरको वचनलाई व्यवहारमा उतारेर ती फलहरू फलाउन आवश्यक छ । यदि हामीले पूर्ण रूपमा सत्यतालाई अभ्यास गरेर पवित्र आत्माका फलहरू पूर्णतया फलाउँछौं भने हामीले सत्यतामा रहेर साँचो स्वतन्त्रता अनुभव गर्नेछौं । हामीले पवित्र आत्माको स्वर स्पष्टसित सुन्नेछौं र हाम्रा सबै मार्गहरूमा अगुवाइ प्राप्त गर्नेछौं, जसले गर्दा सबै क्षेत्रमा हाम्रो उन्नति हुनेछ । तपाईंहरूले यस पृथ्वी र विश्वासको हाम्रो अन्तिम गन्तव्य, नयाँ यरूशलेम दुवैमा ठूलो सम्मान प्राप्त गर्नुभएको होस् भनी म प्रभुको नाममा प्रार्थना गर्दछु ।

लेखक:

डा.जेरक ली

डा. जेरक ली सन् १९४३ मा गणतन्त्र कोरियाको, जियोन्नाम प्रान्तको मुआनमा जन्मिनुभएको थियो । उहाँको जीवनको बीसौं वर्षहरूमा, डा. लीले सात वर्षसम्म विभिन्न प्रकारका रोगहरूबाट पीडित भई निको हुने कुनै आशा विना मृत्युलाई पर्खिरहनुभएको थियो । तापनि एक दिन सन् १९७४ को वसन्ततिर उहाँ उहाँकि दिदीद्वारा चर्चमा डोऱ्याइनु भयो र प्रार्थना गर्नको लागि उहाँले घुँडा टेक्नुहुँदा जीवित परमेश्वरले उहाँलाई त्यतिखेर नै उहाँका सबै रोगहरूबाट चङ्गाइ दिनुभयो ।

त्यस आश्चर्यजनक अनुभवद्वारा जीवित परमेश्वरलाई भेट्नुभएको समयदेखि नै डा. लीले आफ्नो सम्पूर्ण हृदय र इमान्दारिताका साथ परमेश्वरलाई प्रेम गर्नुभयो र १९७८ मा उहाँले परमेश्वरको दास हुने बोलावट पाउनुभयो । उहाँले परमेश्वरको इच्छालाई स्पष्टसँग बुझ्न, र परमेश्वरको वचनलाई पूर्ण रूपमा आज्ञापालन गर्नको निम्ति कयौं उपवासका प्रार्थनाहरूको साथमा हार्दिकताका साथ प्रार्थना गर्नुभयो । उहाँले सन् १९८२ मा कोरियाको सियोल शहरमा मानमिन केन्द्रीय चर्च स्थापना गर्नुभयो, र त्यस बेलादेखि उहाँको चर्चमा आश्चर्यजनक चङ्गाईहरू, चिन्ह र आश्चर्यकर्महरू लगायत परमेश्वरका असंख्य कार्यहरू भइरहेका छन् ।

सन् १९८६ मा डा. ली कोरियाको जिजस सुङकिल चर्चको वार्षिक सभामा पास्टरको रूपमा अभिषेक गरिनुभएको थियो र त्यसको चार वर्षपछि १९९० मा, उहाँका वचनहरू अष्ट्रेलिया, रुस र फिलिपिन्समा प्रसारण हुनथाल्यो । छोटो समयको अवधिमा नै फार ईष्ट प्रसारण कम्पनी, एशिया प्रसारण केन्द्र र वासिङ्गटन ख्रीष्टियन रेडियो सिस्टमद्वारा अझ बढी देशहरूमा यो फैलदैं गयो ।

यसको तीन वर्षपछि, १९९३ मा क्रिश्चियन वर्ल्ड म्यागेजिनले मानमिन केन्द्रीय चर्चलाई "विश्वका उत्कृष्ट ५० चर्चहरू" मा चयन गरेको थियो र उहाँले संयुक्त राज्य अमेरिकाको फ्लोरिडा राज्यको ख्रीष्टियन फेथ कलेजबाट ईश्वरशास्त्रमा सम्मानार्थ विद्यावारिधी उपाधि प्राप्त गर्नुभयो, र १९९६ मा उहाँले संयुक्त राज्य अमेरिकाको आयोवा राज्यको किङ्गस् वे थियोलोजिकल सेमिनारीबाट सेवकाइमा विद्यावारिधी उपाधि हासिल गर्नुभयो ।

१९९३ देखि डा. लीले तान्जेनिया, अर्जेन्टिना, संयुक्त राज्य अमेरिकाको लस एन्जलस्, वाल्टीमोर सिटी, हवाई र न्यूयोर्क शहर, यूगाण्डा, जापान, पाकिस्तान, केन्या, फिलिपिन्स, होण्डुरस्, भारत, रुस, जर्मनी, पेरु, प्रजातान्त्रिक गणतन्त्र कङ्गो, इस्राएल र एस्तोनिया जस्ता विभिन्न देशहरूमा थुप्रै समुद्र पारका क्रूसेडहरूद्वारा विश्वभर सुसमाचार प्रचार गरिरहनुभएको छ ।

सन् २००२ मा उहाँको शक्तिशाली सेवकाइ र समुद्रपारका विभिन्न क्रूसेडहरूका कारण उहाँलाई

कोरियाका पमुख खीष्टियन पत्रपत्रिकाहरूले “विश्वव्यापी जागरणकर्ता” को नाम दिएका थिए । विश्व पसिद्ध स्थल मेडिसन स्क्वायर गार्डेनमा आयोजित उहाँको ‘न्यूयोर्क कू्सेड २००६’ विशेष थियो । त्यो कार्यकम २२० वटा राष्ट्रहरूमा पसारण गरिएको थियो, र उहाँले यरूशलेमको अन्तराष्ट्रिय सम्मेलन केन्दमा आयोजित ‘इसाएल संयुक्त कू्सेड २००९’ मा येशू खीष्ट नै मसीह र मुक्तिदाता हुनुहुन्छ भनी पगल्भका साथ घोषणा गर्नुभयो ।

उहाँका वचनहरू जी.सी.एन टिभी लगायत सेटलाइटहरू मार्फत १७६ वटा राष्ट्रहरूमा पसारण हुँदछन् र उहाँको टिभीबाटको शक्तिशाली पसारण सेवकाइ र समुदपारका चर्चहरूको पास्टरीय सेवकाइका लागि पसिद्ध रुसी इसाई पत्रिका इन भिक्टोरी र समाचार संस्था किश्चियन टेलिगापफद्वारा सन् २००९ र २०१० को ‘उत्कृष्ट १० सर्वाधिक पभावकारी किश्चियन अगुवाहरू’ मध्ये एकमा उहाँ छानिनुभयो ।

२०१३ को मे महिना सम्ममा, मानमिन केन्दीय चर्चमा विश्वासीहरूको संख्या १२०००० भन्दा बढी छ । ५६ वटा घरेलु शाखा चर्चहरू लगायत विश्वभरिमा यस चर्चका १०००० वटा शाखा चर्चहरू छन् र संयुक्त राज्य अमेरिका, रुस, जर्मनी, क्यानडा, जापान, चीन, फान्स, भारत, केन्या, र अरू थुपै देशहरू गरी २३ वटा देशहरूमा १२९ जना मिशनरीहरू पठाइएका छन् ।

यस पुस्तकको पकाशनको मितिसम्ममा डा.लीले ८५ वटा पुस्तकहरू लेखिसक्नुभएको छ, जसमा, मृत्युअघि अनन्त जीवनको स्वाद, मेरो जीवन मेरो विश्वास भाग १ र २, कूसको सन्देश, विश्वासको नाप, स्वर्ग भाग १ र २, नरक, जाग इसाएल !, र परमेश्वरको शक्ति सर्वाधिक बिकी भएका पुस्तकहरूमा पर्दछन् । उहाँका पुस्तकहरू ७५ वटा भन्दा बढी भाषाहरूमा अनुवाद गरिएका छन् ।

हानकूक ईल्बो, जूङआङ दैनिक, चोसून ईल्बो, डोङ-ए ईल्बो, मूनह्वा ईल्बो, सियोल सिन्मून, खूङयाङ सिन्मून, कोरीया आर्थिक दैनिक, कोरीया हेरल्ड, शिसा न्यूज र किश्चियन पेस गरी विभिन्न पत्रपत्रिकाहरूमा उहाँका किश्चियन लेखहरू छापिन्छन् ।

डा. ली हाल थुपै मिशिनेरी संस्था तथा संगठनहरूको अगुवा हुनुहुन्छ । उहाँका पदहरू यस पकार छन्;, यूनाइटेड होलिनेस चर्च अफ जीजस काइस्ट-अध्यक्ष ; मानमिन वर्ल्ड मिशन-अध्यक्ष ; विश्व इसाई जागृती मिशन संगठन-स्थायी अध्यक्ष ; ग्लोबल किश्चियन नेटवर्क (जी.सी.एन)-संस्थापक तथा संचालक समितिका अध्यक्ष ; विश्व इसाई चिकित्सकिय संजाल (डब्लू.सी.डी.एन्)-संस्थापक तथा संचालक समितिका अध्यक्ष ; र, मानमिन अन्तर्राष्ट्रिय सेमिनारी (एम.आई.एस)-संस्थापक तथा संचालक समितिका अध्यक्ष ।

Heaven I & II

A detailed sketch of the gorgeous living environment the heavenly citizens enjoy and beautiful description of different levels of heavenly kingdoms.

The Message of the Cross

A powerful awakening message for all the people who are spiritually asleep! In this book you will find the reason Jesus is the only Savior and the true love of God.

Hell

An earnest message to all mankind from God, who wishes not even one soul to fall into the depths of hell! You will discover the never-before-revealed account of the cruel reality of the Lower Grave and Hell.

My Life My Faith I & II

Dr. Jaerock Lee's autobiography provides the most fragrant spiritual aroma for the readers, through his life extracted from the love of God blossomed in midst of the dark waves, cold yoke and the deepest despair.

The Measure of Faith

What kind of a dwelling place, crown and reward are prepared for you in heaven? This book provides with wisdom and guidance for you to measure your faith and cultivate the best and most mature faith.

Spirit, Soul, and Body I & II

A guidebook that gives the reader spiritual understanding of spirit, soul, and body, and helps him find what kind of 'self' he has made so that he can gain the power to defeat darkness and become a person of spirit.

Awaken, Israel

Why has God kept His eyes on Israel from the beginning of the world to this day? What kind of His providence has been prepared for Israel in the last days, who await the Messiah?

Seven Churches

The letter to the seven churches of the Lord in the book of Revelation is for all the churches that have existed up until now. It is like a signpost for them and a summary of all the words of God in both Old and New Testaments.

Footsteps of the Lord I & II

An unraveled account of secrets about the beginning of time, the origin of Jesus, and God's providence and love for allowing His only begotten Son Passion and resurrection!

The Power of God

A must-read that serves as an essential guide by which one can possess true faith and experience the wondrous power of God

www.urimbooks.com

www.ingramcontent.com/pod-product-compliance
Lightning Source LLC
LaVergne TN
LVHW021815060526
838201LV00058B/3390
* 9 7 9 1 1 2 6 3 1 0 0 0 5 *